COFFEE MOON

I

MOCHITO BOTA

INHALT

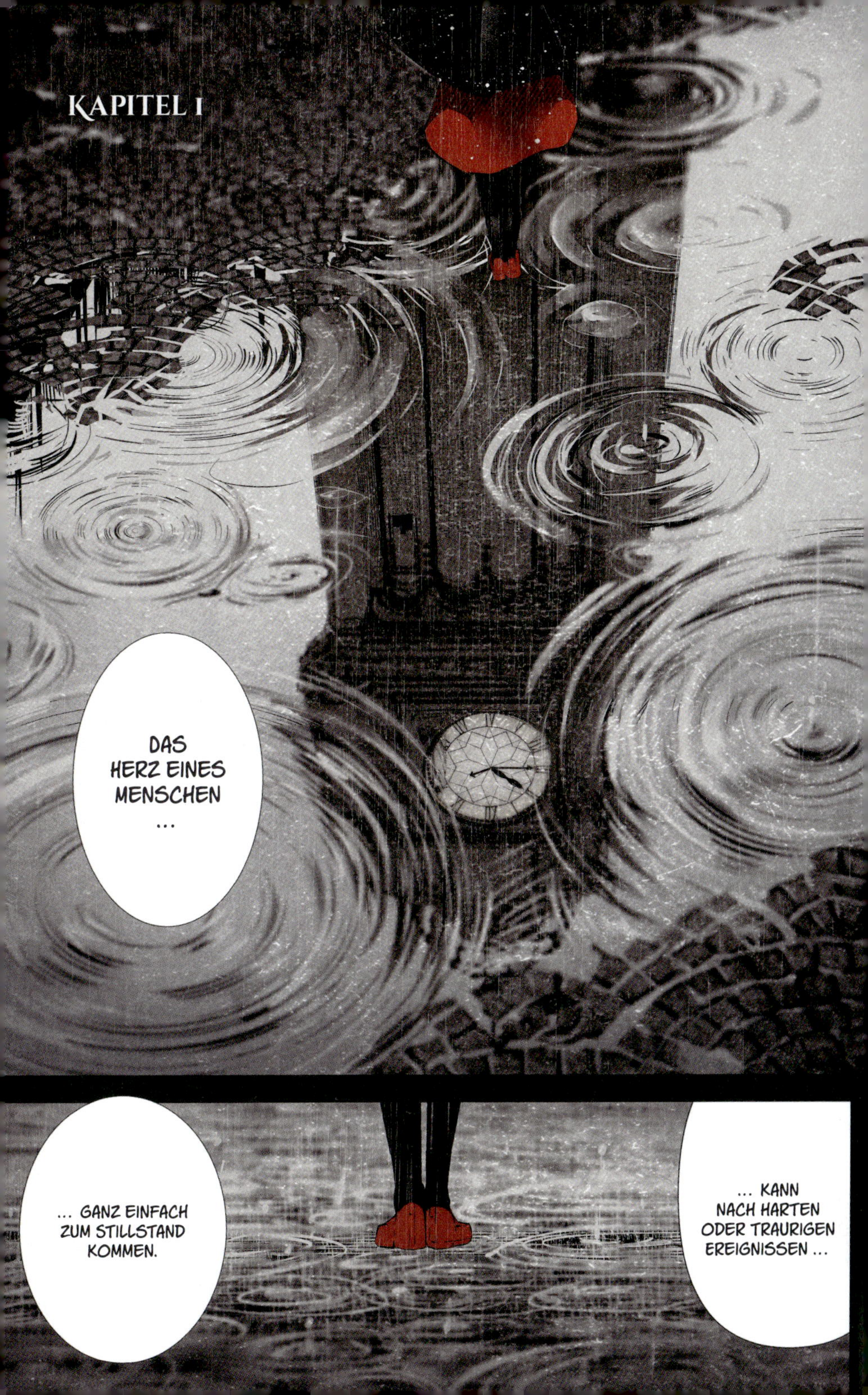
KAPITEL 1
DAS HERZ EINES MENSCHEN …
… KANN NACH HARTEN ODER TRAURIGEN EREIGNISSEN …
… GANZ EINFACH ZUM STILLSTAND KOMMEN.

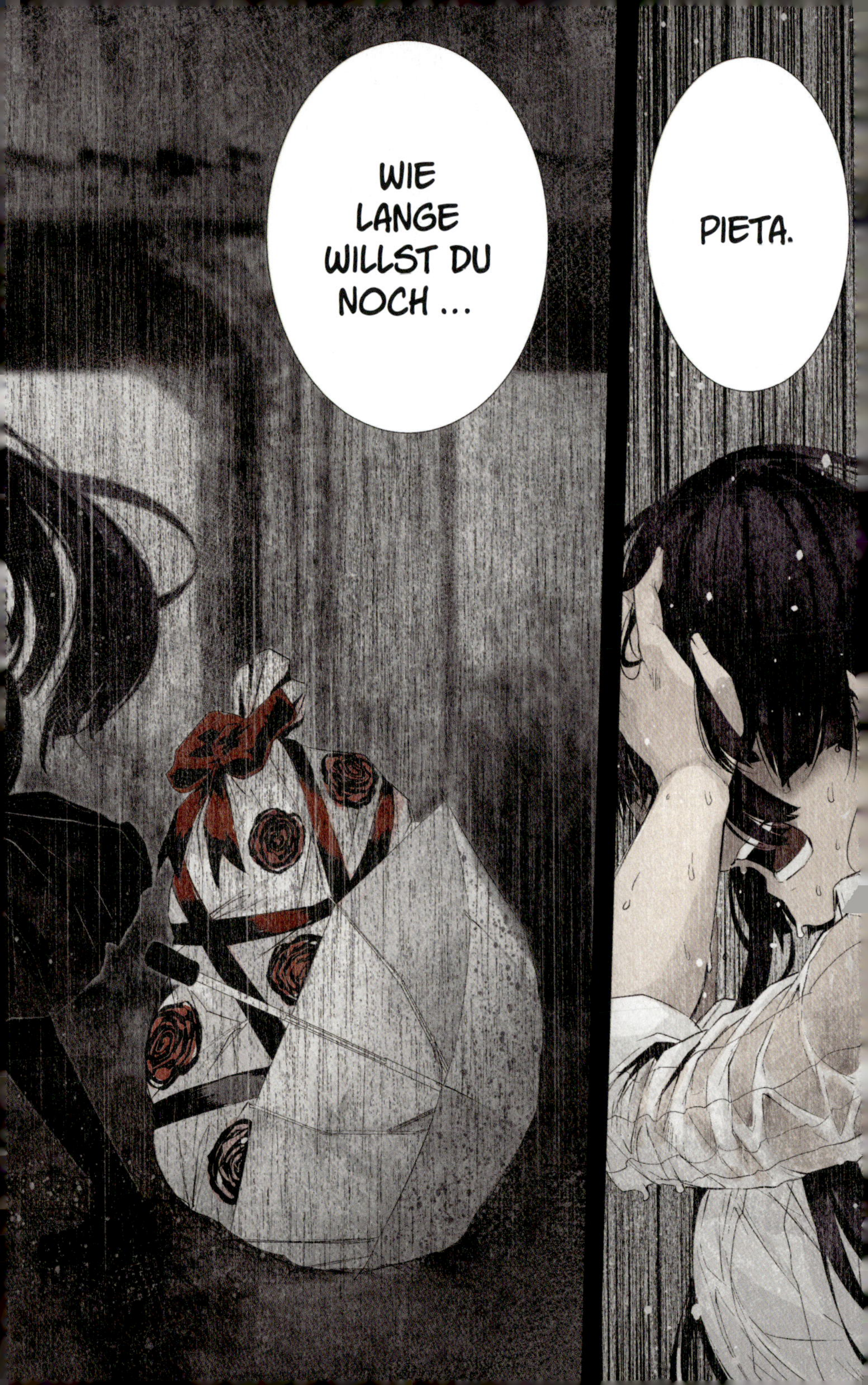
PIETA.
WIE LANGE WILLST DU NOCH …

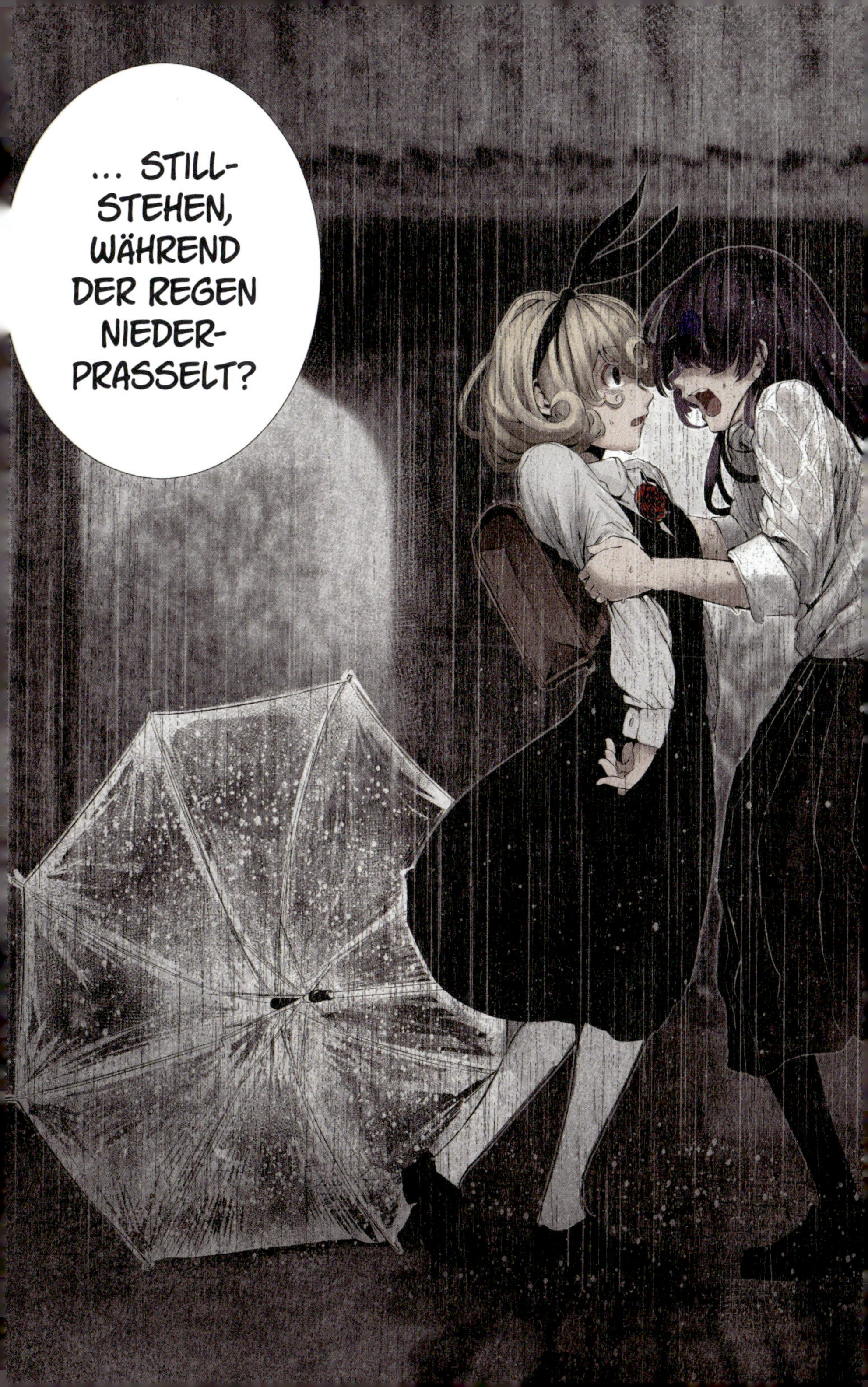
… STILL-STEHEN, WÄHREND DER REGEN NIEDER-PRASSELT?

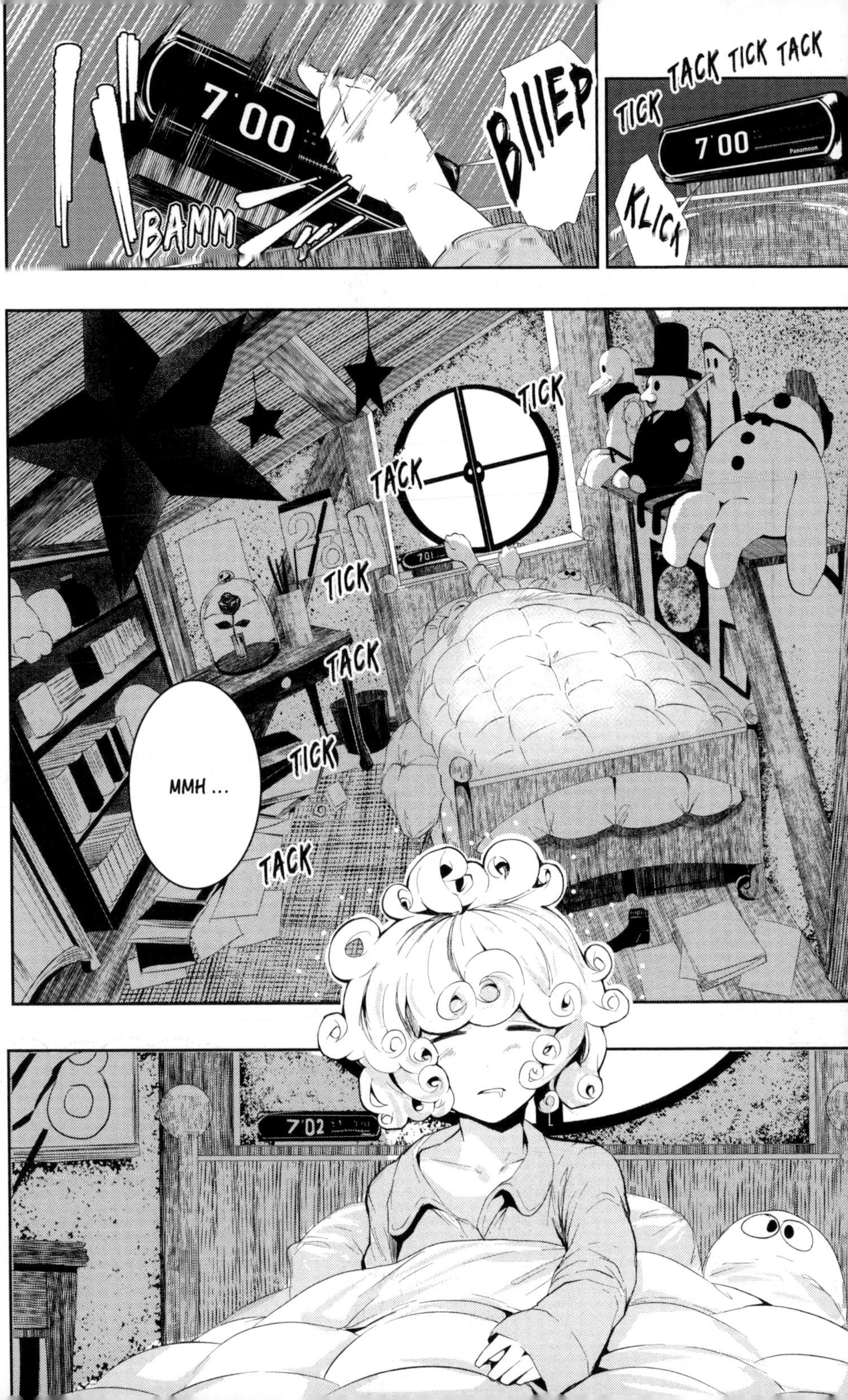
BIIIEP
BAMM
TICK
TACK TICK TACK
KLICK
TICK
TACK
TICK
TACK
TICK
TACK
MMH ...

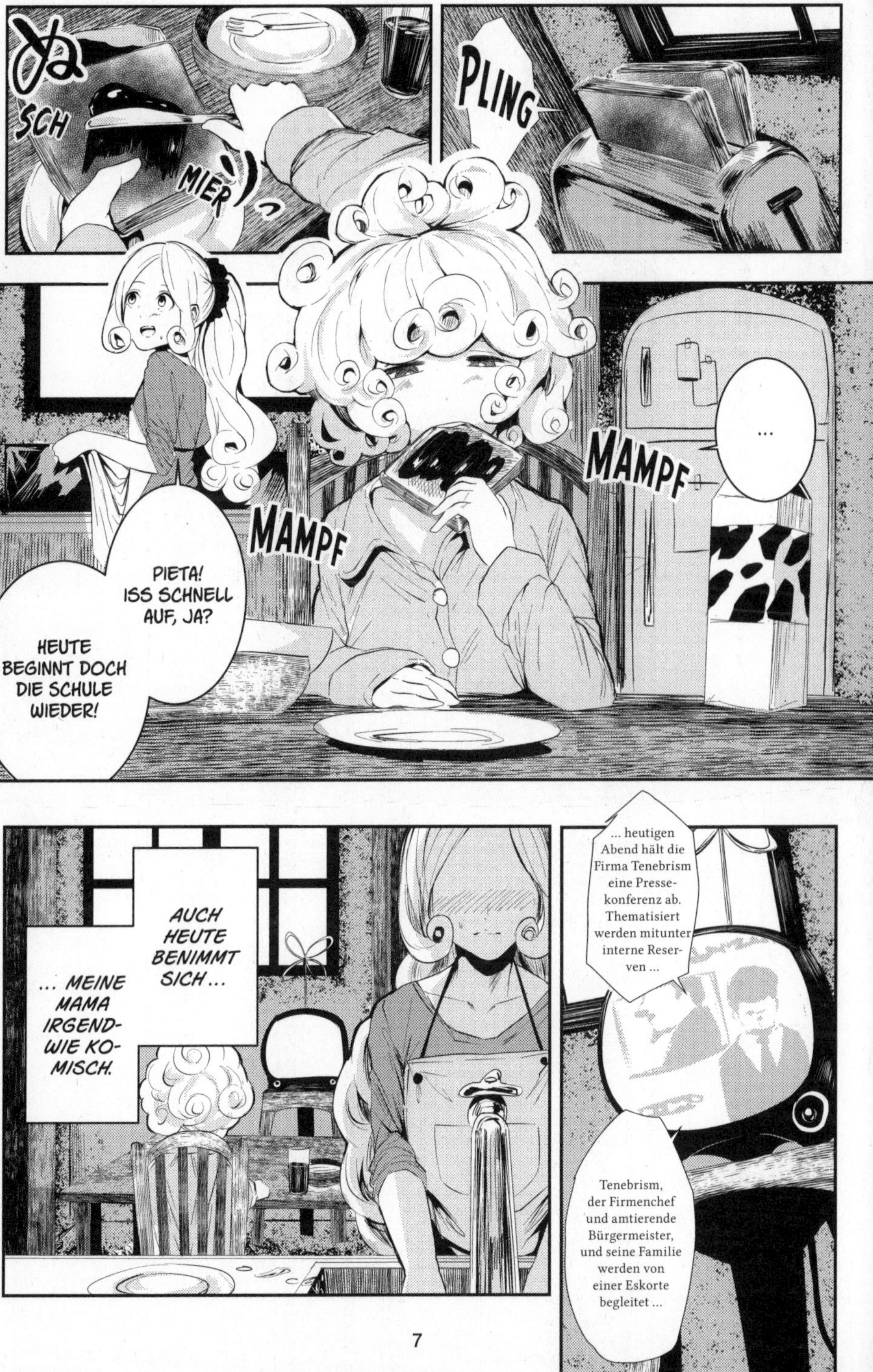
PLING
ぬ
SCH
MIER
…
MAMPF
MAMPF
PIETA! ISS SCHNELL AUF, JA?
HEUTE BEGINNT DOCH DIE SCHULE WIEDER!
… heutigen Abend hält die Firma Tenebrism eine Pressekonferenz ab. Thematisiert werden mitunter interne Reserven …
Tenebrism, der Firmenchef und amtierende Bürgermeister, und seine Familie werden von einer Eskorte begleitet …
AUCH HEUTE BENIMMT SICH …
… MEINE MAMA IRGENDWIE KOMISCH.

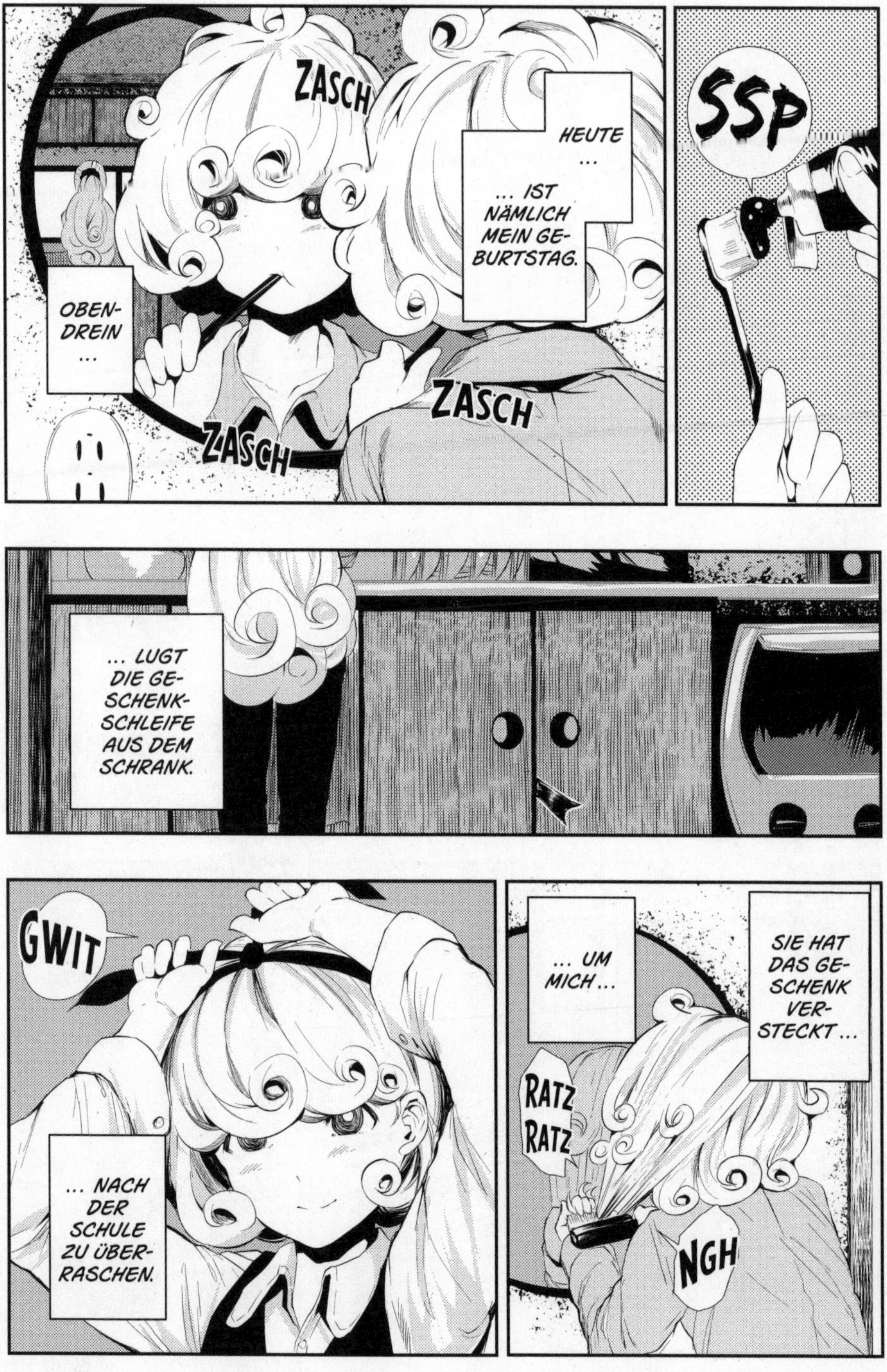

SSP
HEUTE …
… IST NÄMLICH MEIN GE-BURTSTAG.
ZASCH
ZASCH
ZASCH
OBEN-DREIN …
… LUGT DIE GE-SCHENK-SCHLEIFE AUS DEM SCHRANK.
SIE HAT DAS GE-SCHENK VER-STECKT …
… UM MICH …
RATZ RATZ
NGH
GWIT
… NACH DER SCHULE ZU ÜBER-RASCHEN.

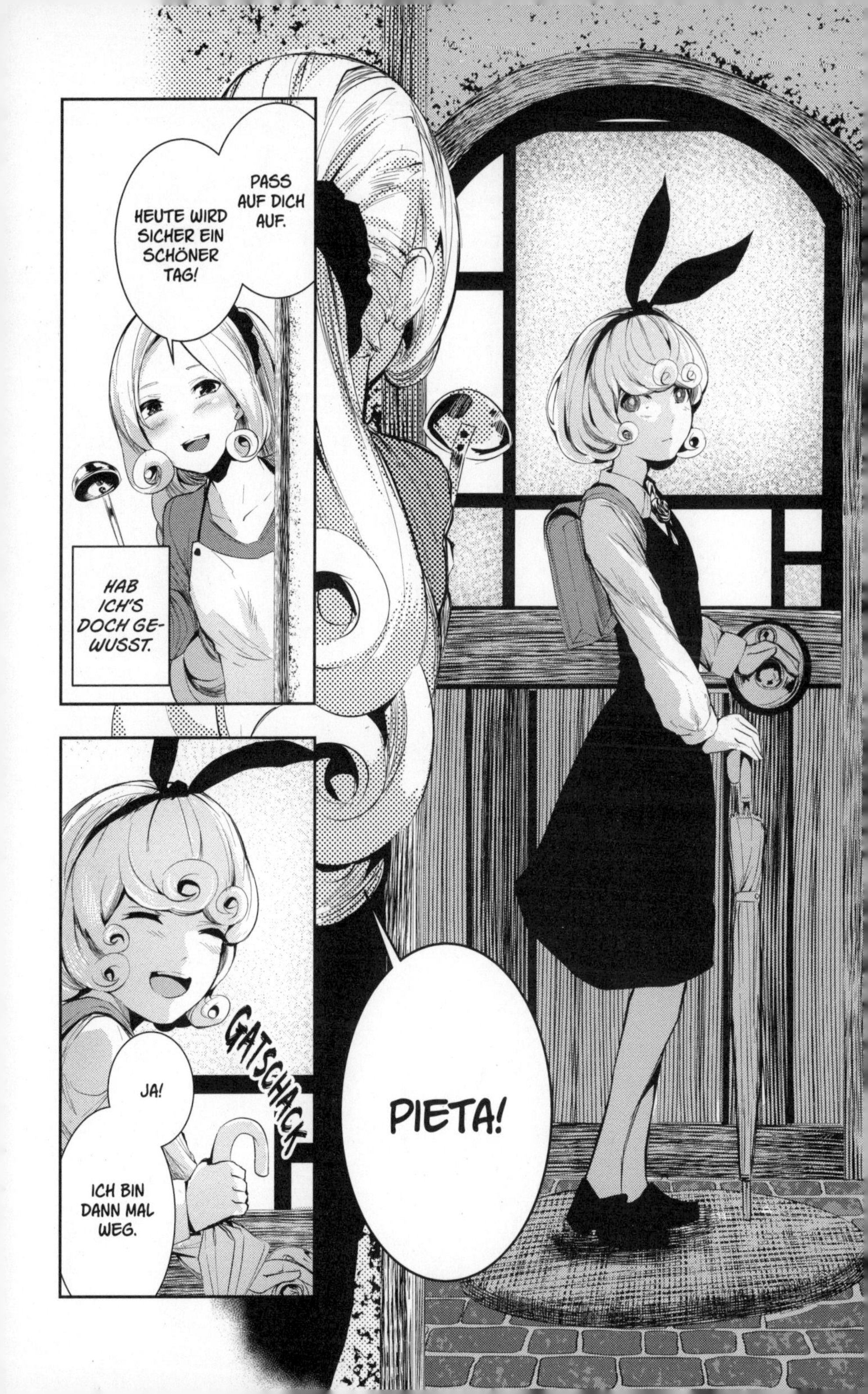
PASS AUF DICH AUF.
HEUTE WIRD SICHER EIN SCHÖNER TAG!
HAB ICH'S DOCH GE-WUSST.
PIETA!
GATSCHACK
JA!
ICH BIN DANN MAL WEG.

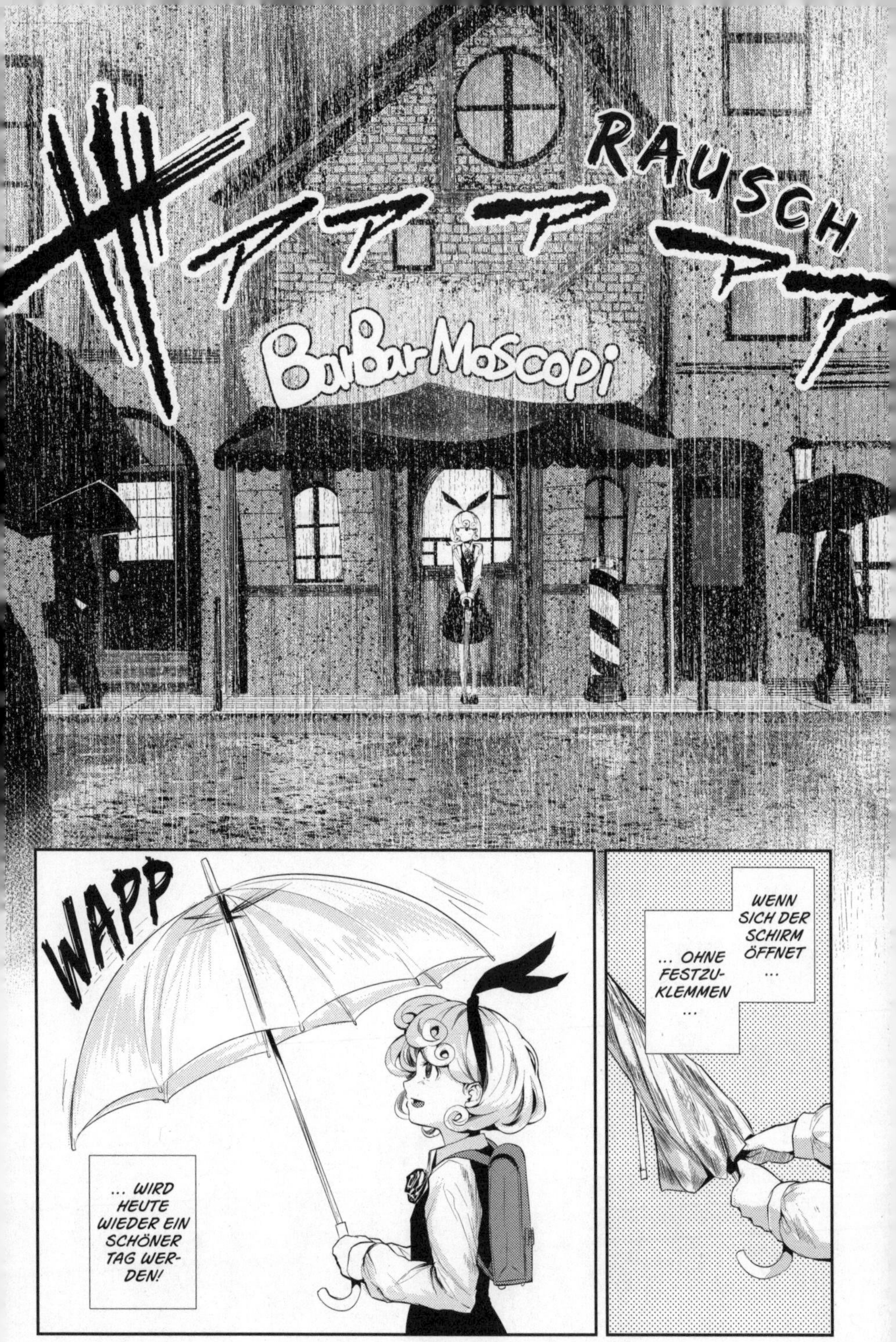
RAUSCH
BarBar Moscopi
WAPP
... WIRD HEUTE WIEDER EIN SCHÖNER TAG WER- DEN!
WENN SICH DER SCHIRM ÖFFNET ...
... OHNE FESTZU- KLEMMEN ...

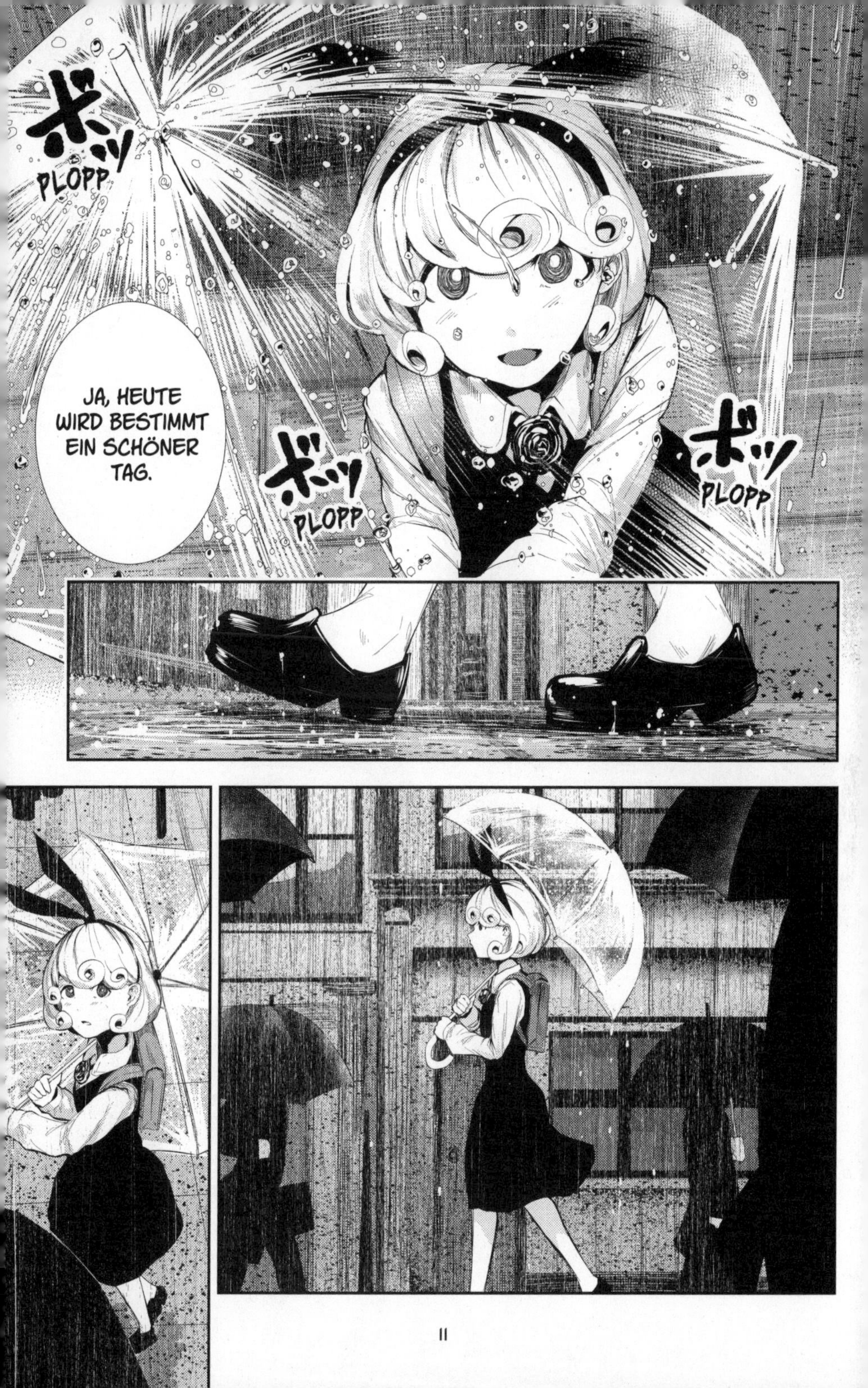
ボッ
PLOPP
JA, HEUTE WIRD BESTIMMT EIN SCHÖNER TAG.
ボッ
PLOPP
ボッ
PLOPP

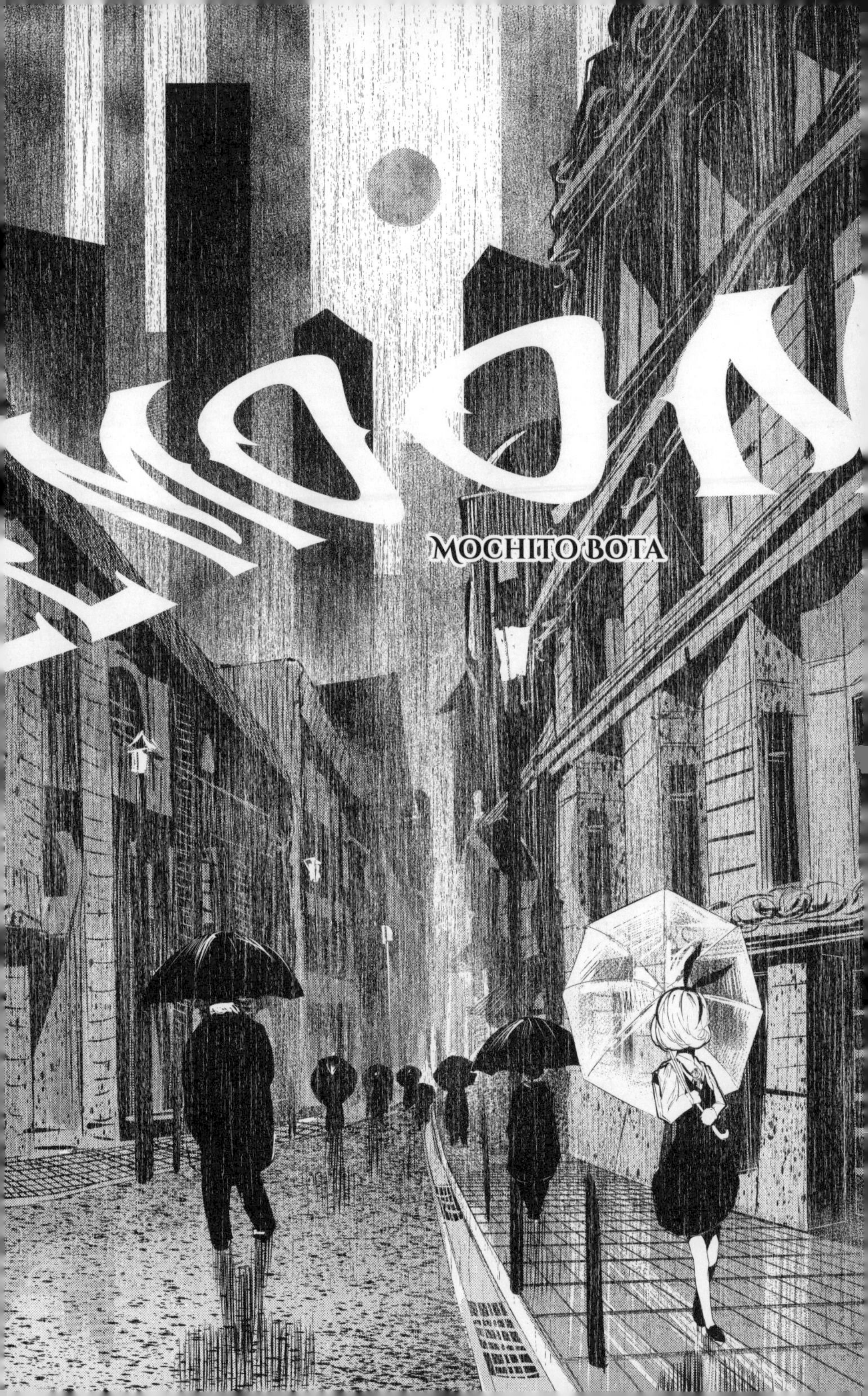
MOCHITO BOTA

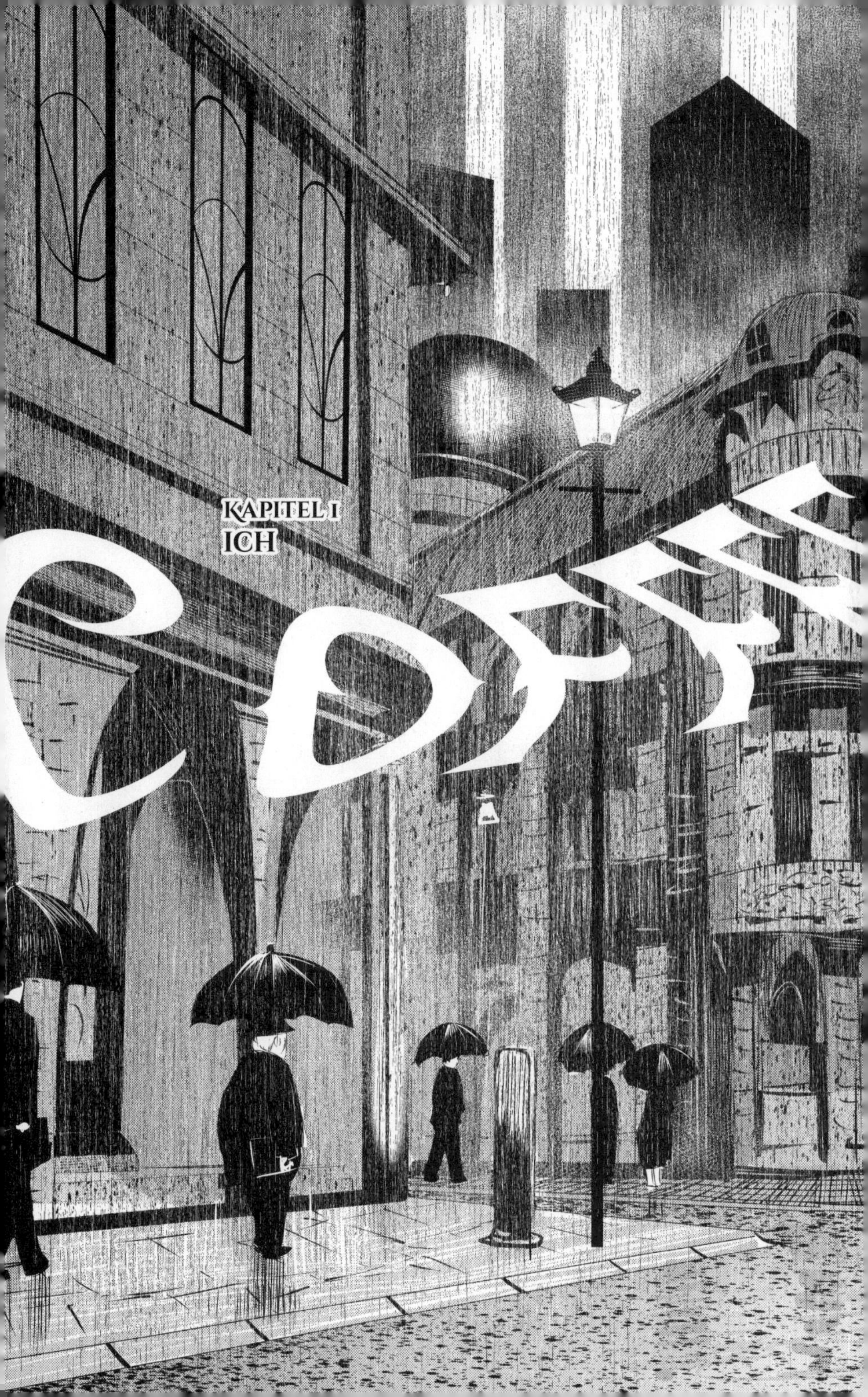
KAPITEL 1
ICH

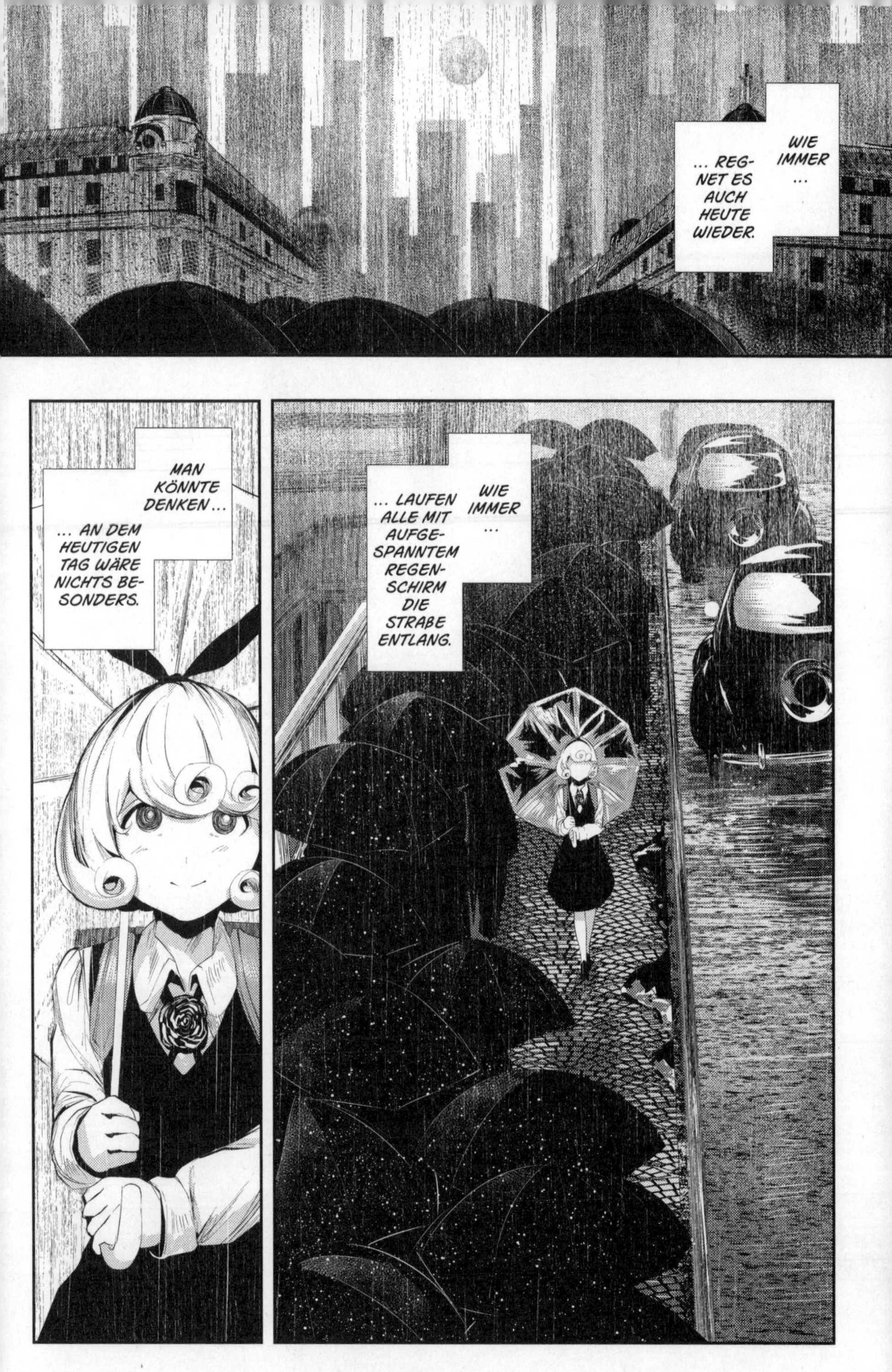
WIE IMMER …
… REGNET ES AUCH HEUTE WIEDER.
WIE IMMER …
… LAUFEN ALLE MIT AUFGESPANNTEM REGENSCHIRM DIE STRAßE ENTLANG.
MAN KÖNNTE DENKEN …
… AN DEM HEUTIGEN TAG WÄRE NICHTS BESONDERS.

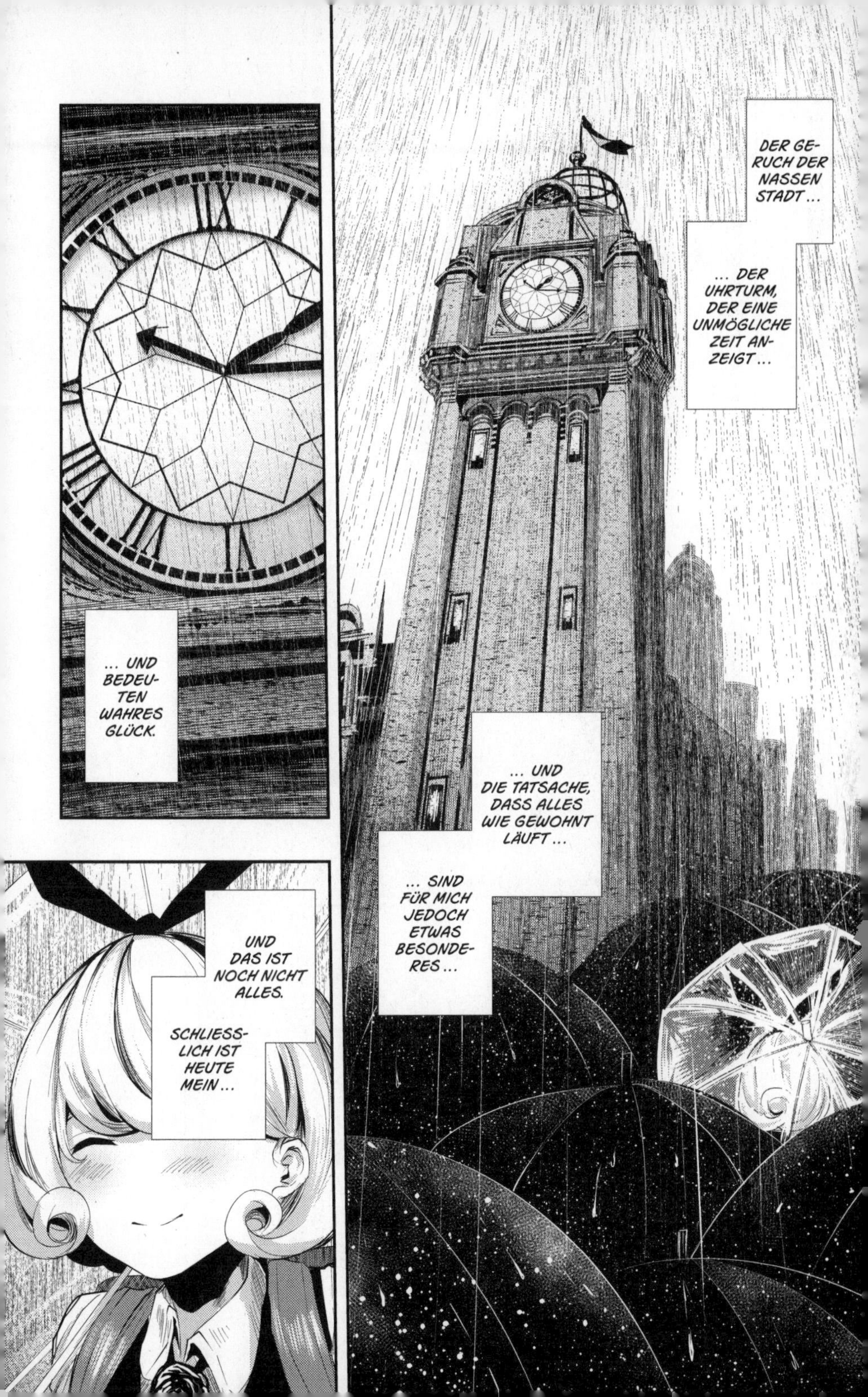
DER GERUCH DER NASSEN STADT …
… DER UHRTURM, DER EINE UNMÖGLICHE ZEIT ANZEIGT …
… UND DIE TATSACHE, DASS ALLES WIE GEWOHNT LÄUFT …
… SIND FÜR MICH JEDOCH ETWAS BESONDERES …
… UND BEDEUTEN WAHRES GLÜCK.
UND DAS IST NOCH NICHT ALLES.
SCHLIESSLICH IST HEUTE MEIN …

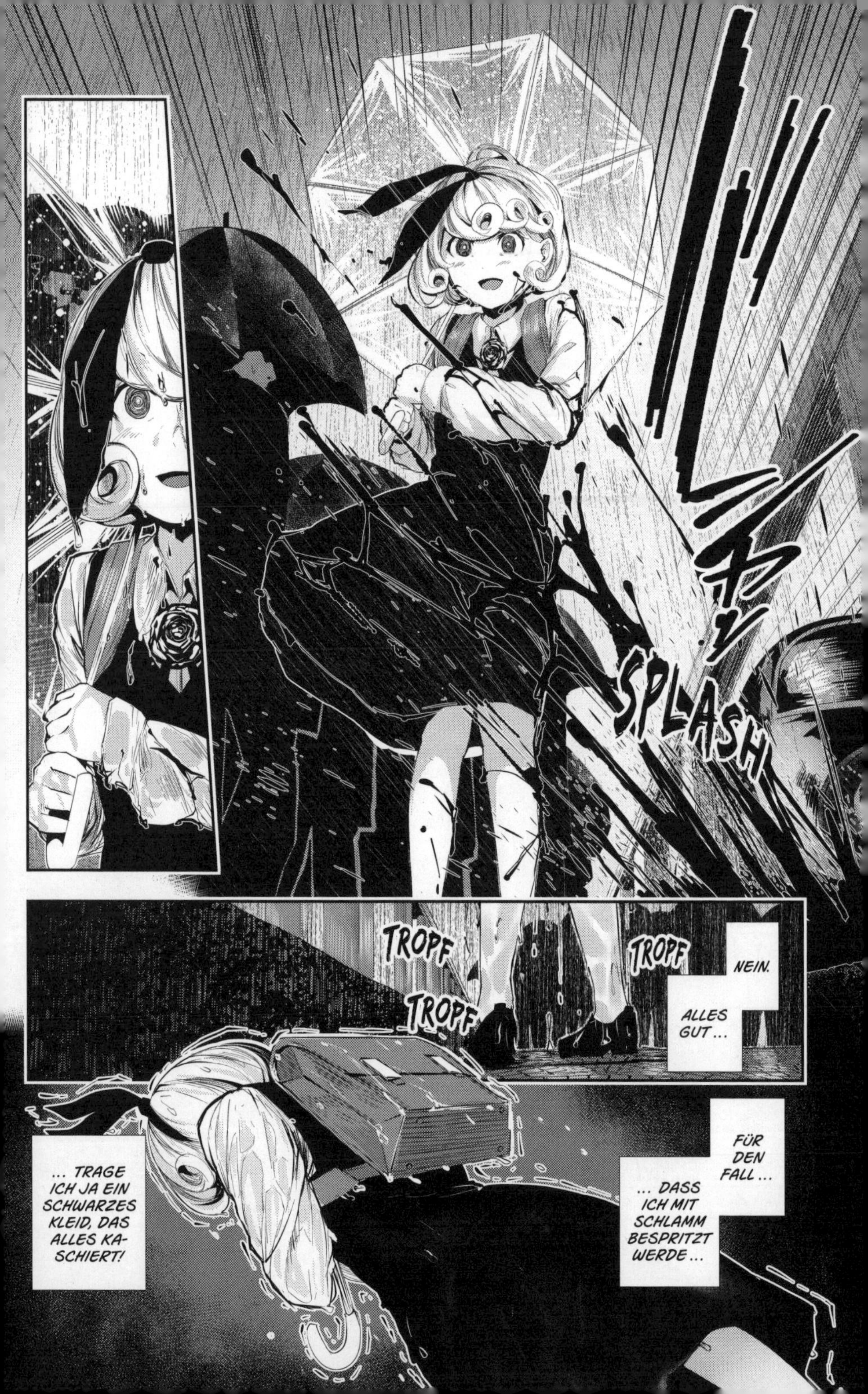
SPLASH
TROPF
TROPF
TROPF
NEIN.
ALLES GUT …
FÜR DEN FALL …
… DASS ICH MIT SCHLAMM BESPRITZT WERDE …
… TRAGE ICH JA EIN SCHWARZES KLEID, DAS ALLES KA-SCHIERT!

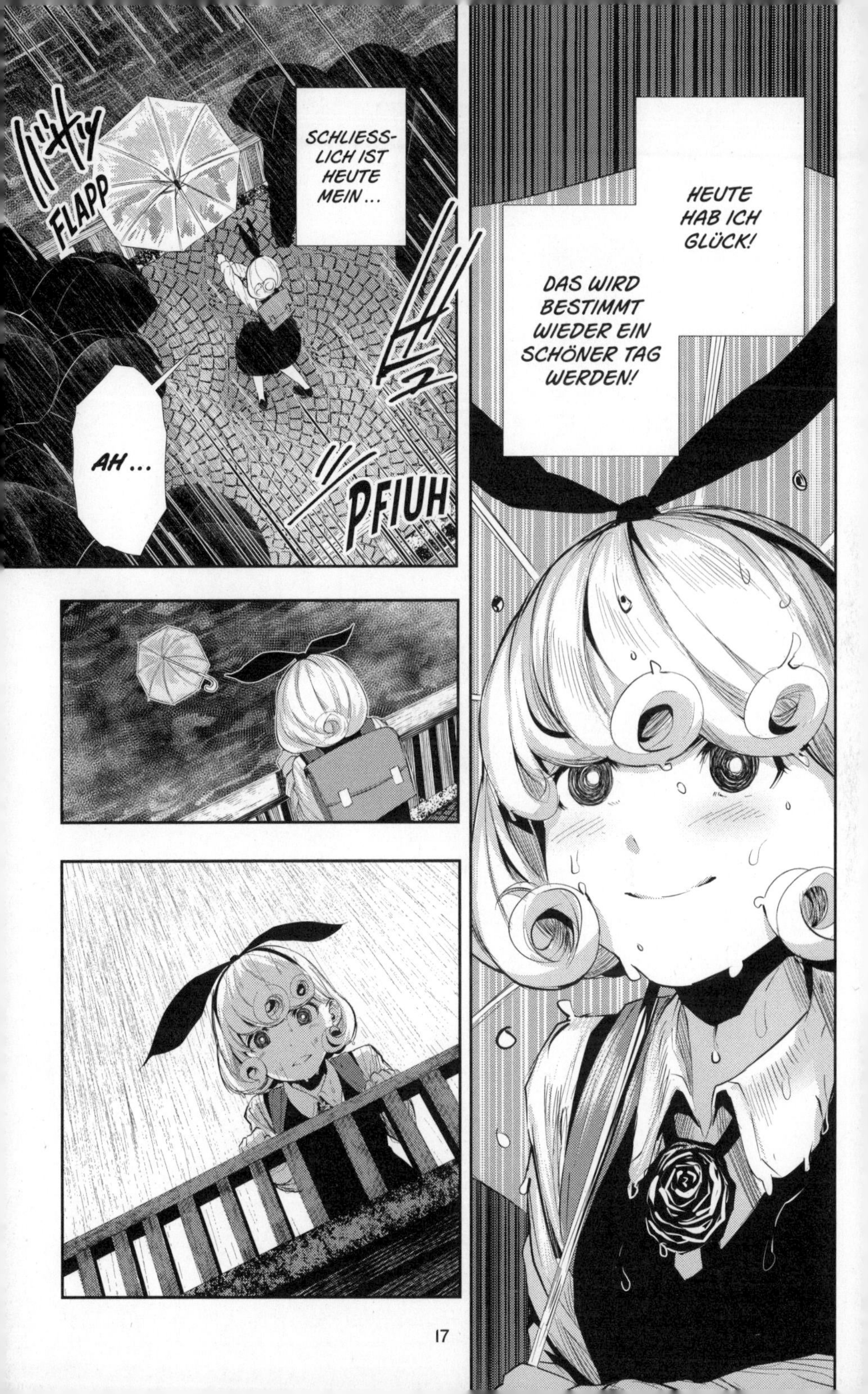
FLAPP
SCHLIESS-
LICH IST
HEUTE
MEIN ...
AH ...
PFIUH
HEUTE
HAB ICH
GLÜCK!
DAS WIRD
BESTIMMT
WIEDER EIN
SCHÖNER TAG
WERDEN!

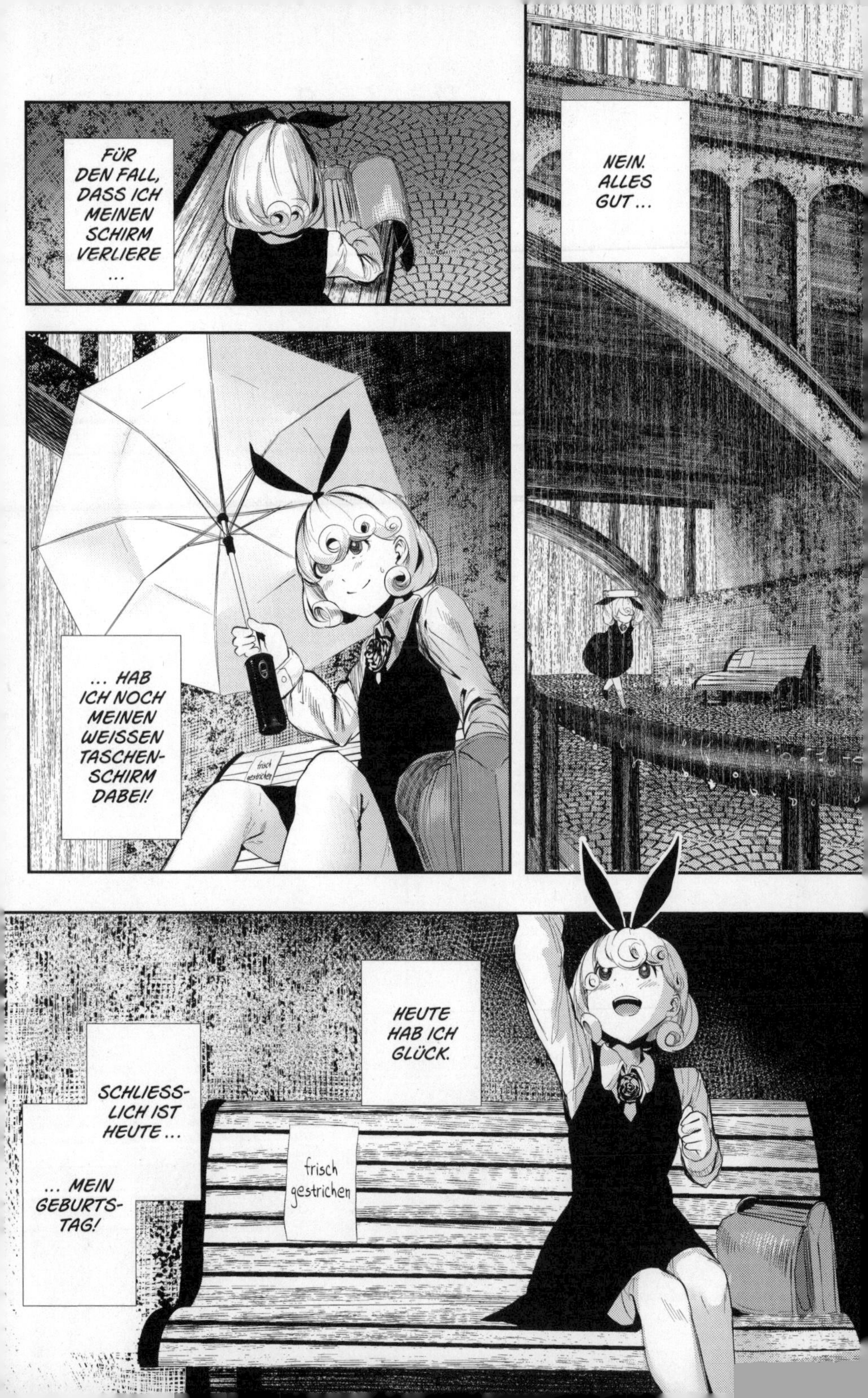
NEIN. ALLES GUT …
FÜR DEN FALL, DASS ICH MEINEN SCHIRM VERLIERE …
… HAB ICH NOCH MEINEN WEISSEN TASCHEN-SCHIRM DABEI!
frisch gestrichen
HEUTE HAB ICH GLÜCK.
SCHLIESS-LICH IST HEUTE …
… MEIN GEBURTS-TAG!
frisch gestrichen

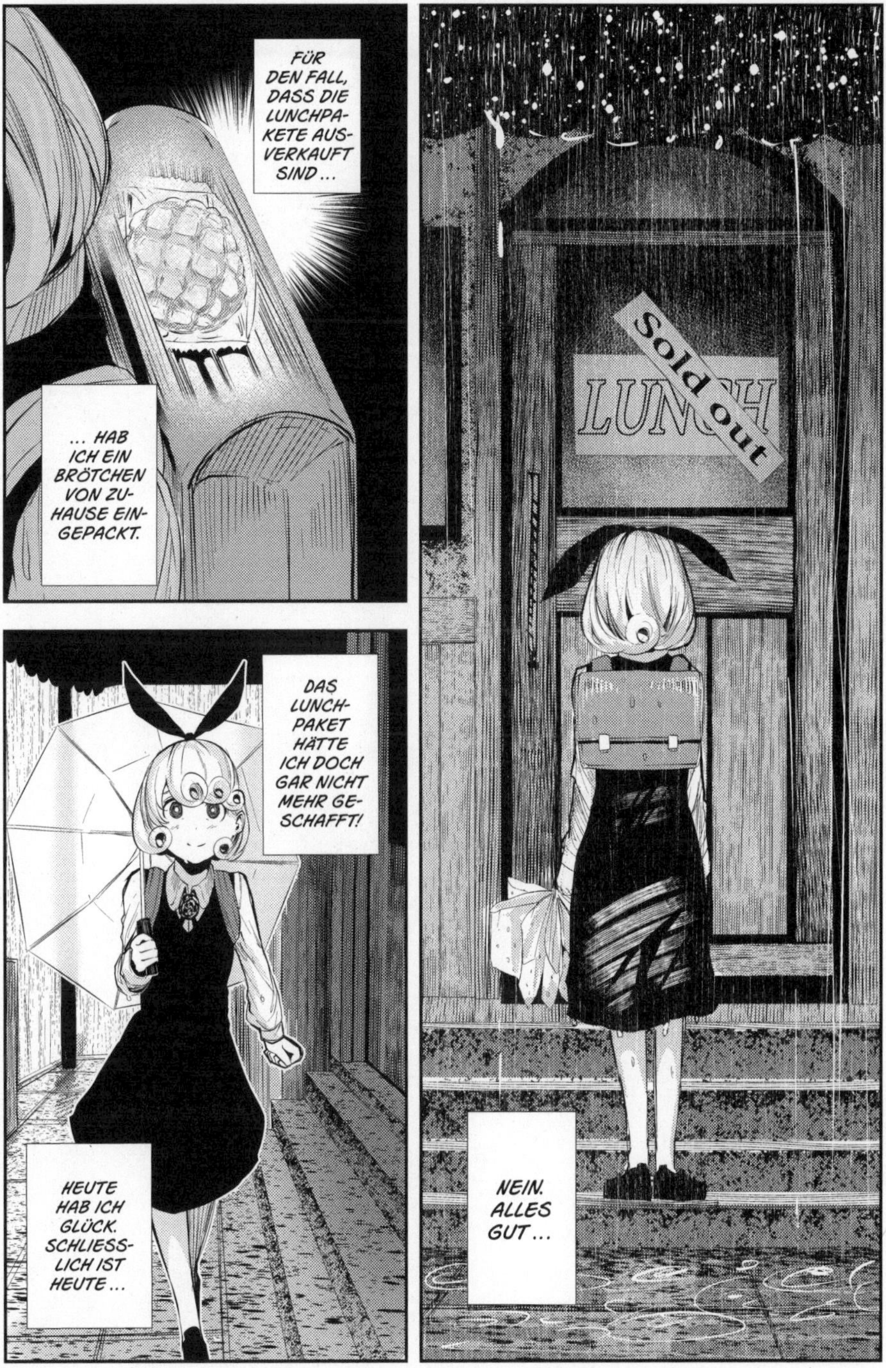
Sold out
LUNCH
NEIN. ALLES GUT …
FÜR DEN FALL, DASS DIE LUNCHPAKETE AUSVERKAUFT SIND …
… HAB ICH EIN BRÖTCHEN VON ZUHAUSE EINGEPACKT.
DAS LUNCHPAKET HÄTTE ICH DOCH GAR NICHT MEHR GESCHAFFT!
HEUTE HAB ICH GLÜCK. SCHLIESSLICH IST HEUTE …

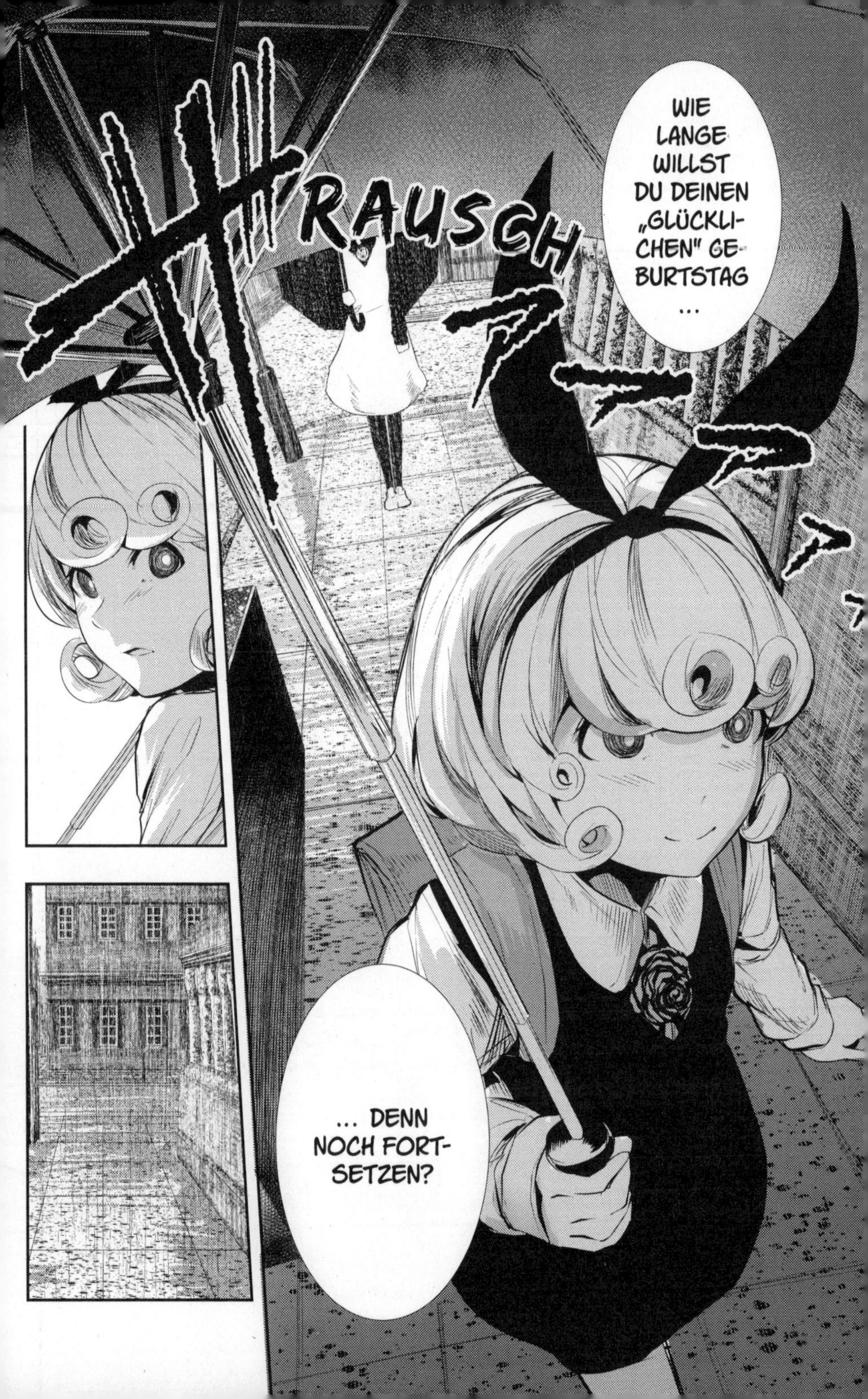
RAUSCH
WIE LANGE WILLST DU DEINEN „GLÜCKLICHEN" GEBURTSTAG …
… DENN NOCH FORTSETZEN?

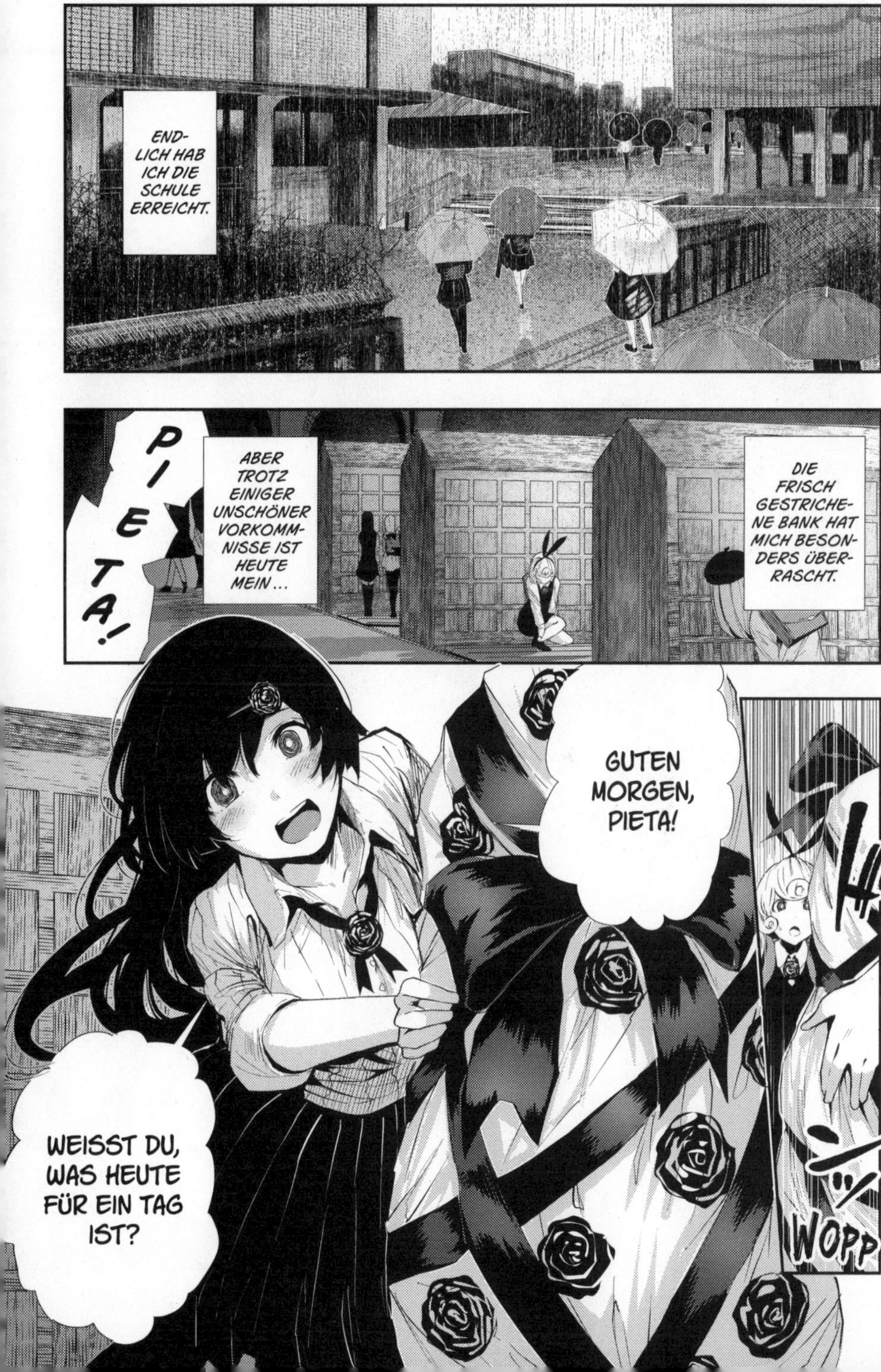
ENDLICH HAB ICH DIE SCHULE ERREICHT.
DIE FRISCH GESTRICHENE BANK HAT MICH BESONDERS ÜBERRASCHT.
ABER TROTZ EINIGER UNSCHÖNER VORKOMMNISSE IST HEUTE MEIN ...
PIETA!
WOPP
GUTEN MORGEN, PIETA!
WEISST DU, WAS HEUTE FÜR EIN TAG IST?

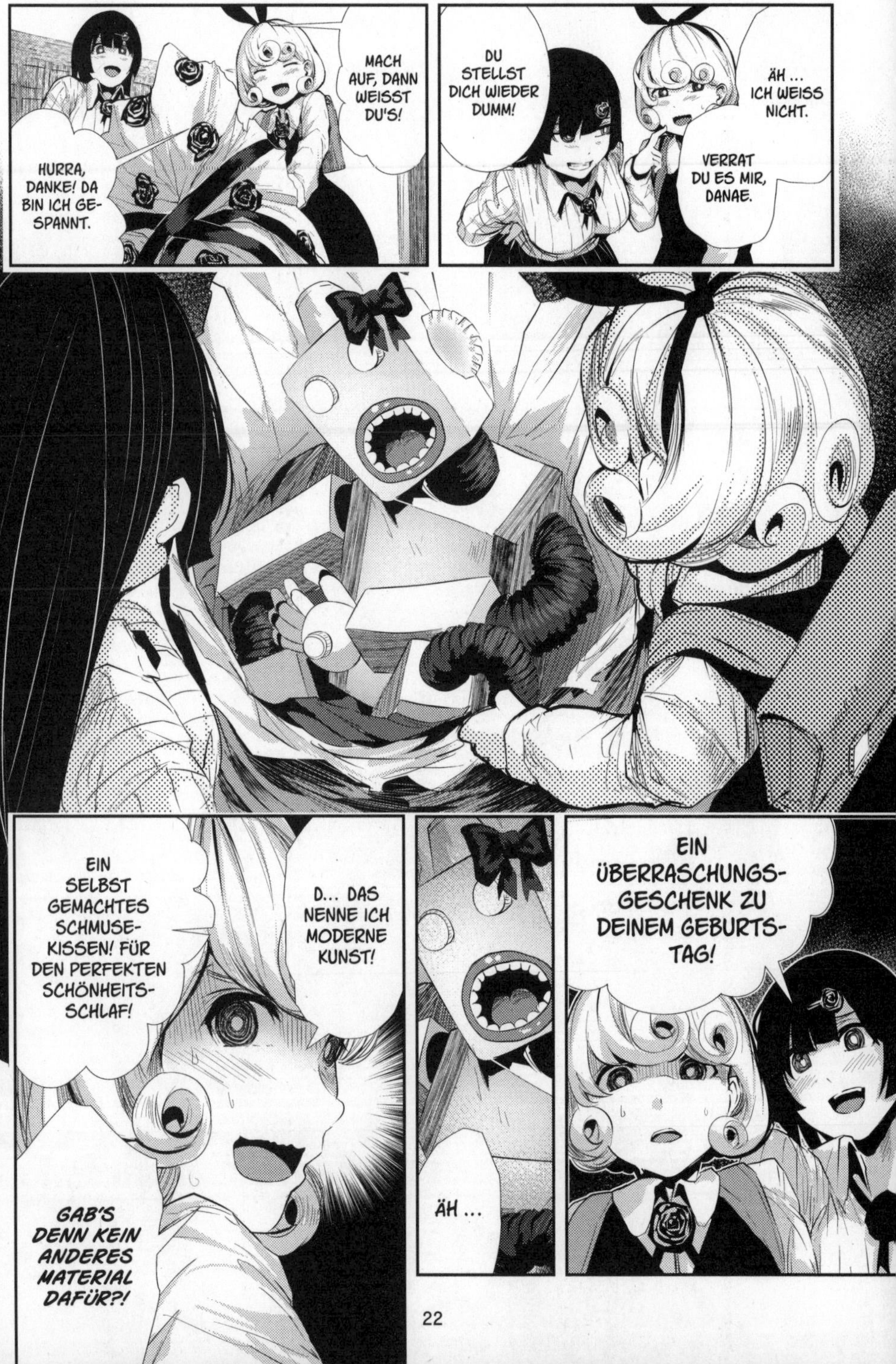
ÄH … ICH WEISS NICHT.
VERRAT DU ES MIR, DANAE.
DU STELLST DICH WIEDER DUMM!
MACH AUF, DANN WEISST DU'S!
HURRA, DANKE! DA BIN ICH GESPANNT.
EIN ÜBERRASCHUNGSGESCHENK ZU DEINEM GEBURTSTAG!
ÄH …
D… DAS NENNE ICH MODERNE KUNST!
EIN SELBST GEMACHTES SCHMUSEKISSEN! FÜR DEN PERFEKTEN SCHÖNHEITSSCHLAF!
GAB'S DENN KEIN ANDERES MATERIAL DAFÜR?!

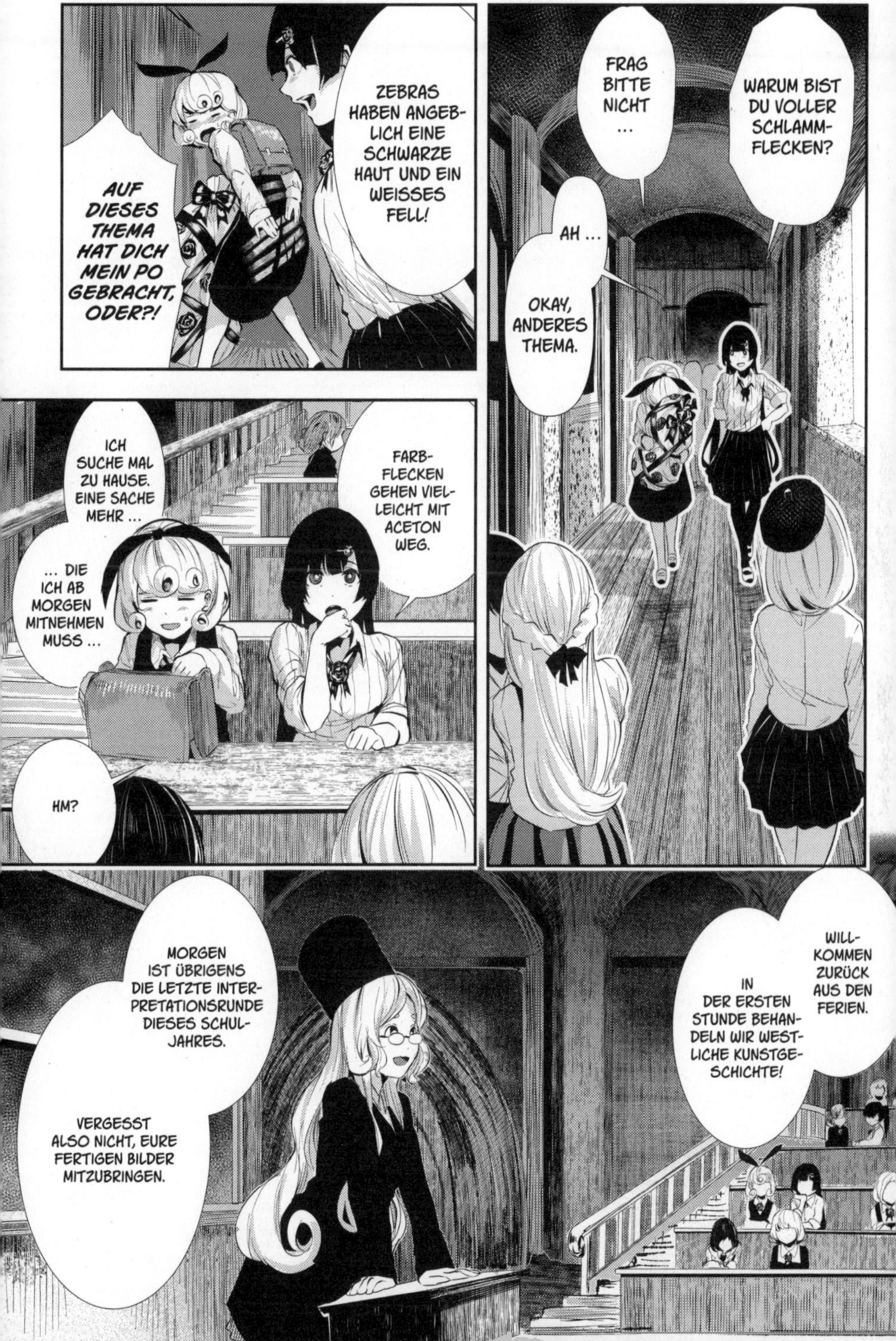
WARUM BIST DU VOLLER SCHLAMMFLECKEN?
FRAG BITTE NICHT …
AH …
OKAY, ANDERES THEMA.
ZEBRAS HABEN ANGEBLICH EINE SCHWARZE HAUT UND EIN WEISSES FELL!
AUF DIESES THEMA HAT DICH MEIN PO GEBRACHT, ODER?!
FARBFLECKEN GEHEN VIELLEICHT MIT ACETON WEG.
ICH SUCHE MAL ZU HAUSE. EINE SACHE MEHR …
… DIE ICH AB MORGEN MITNEHMEN MUSS …
HM?
WILLKOMMEN ZURÜCK AUS DEN FERIEN.
IN DER ERSTEN STUNDE BEHANDELN WIR WESTLICHE KUNSTGESCHICHTE!
MORGEN IST ÜBRIGENS DIE LETZTE INTERPRETATIONSRUNDE DIESES SCHULJAHRES.
VERGESST ALSO NICHT, EURE FERTIGEN BILDER MITZUBRINGEN.

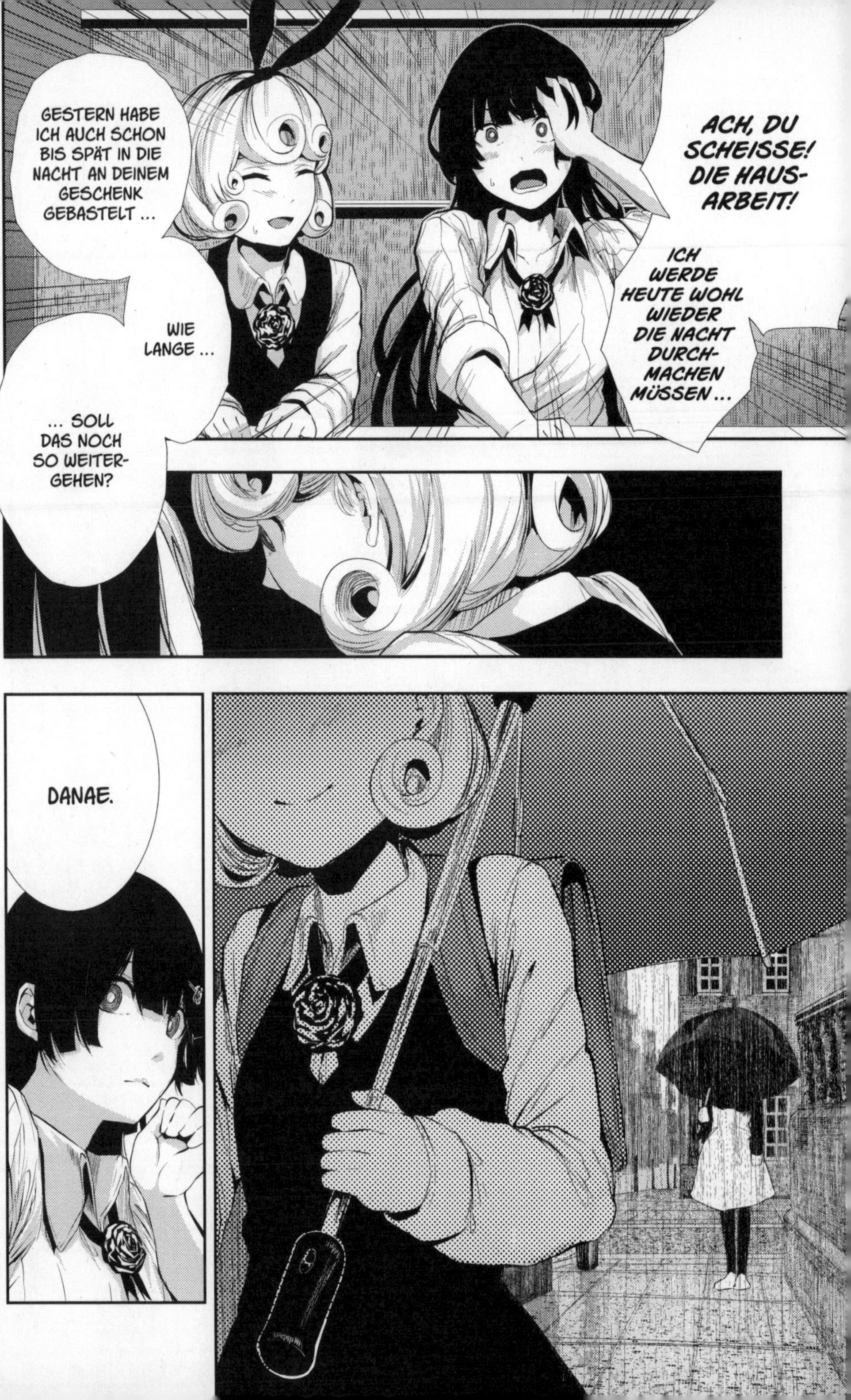
ACH, DU SCHEISSE! DIE HAUS-ARBEIT!
ICH WERDE HEUTE WOHL WIEDER DIE NACHT DURCH-MACHEN MÜSSEN …
GESTERN HABE ICH AUCH SCHON BIS SPÄT IN DIE NACHT AN DEINEM GESCHENK GEBASTELT …
WIE LANGE …
… SOLL DAS NOCH SO WEITER-GEHEN?
DANAE.

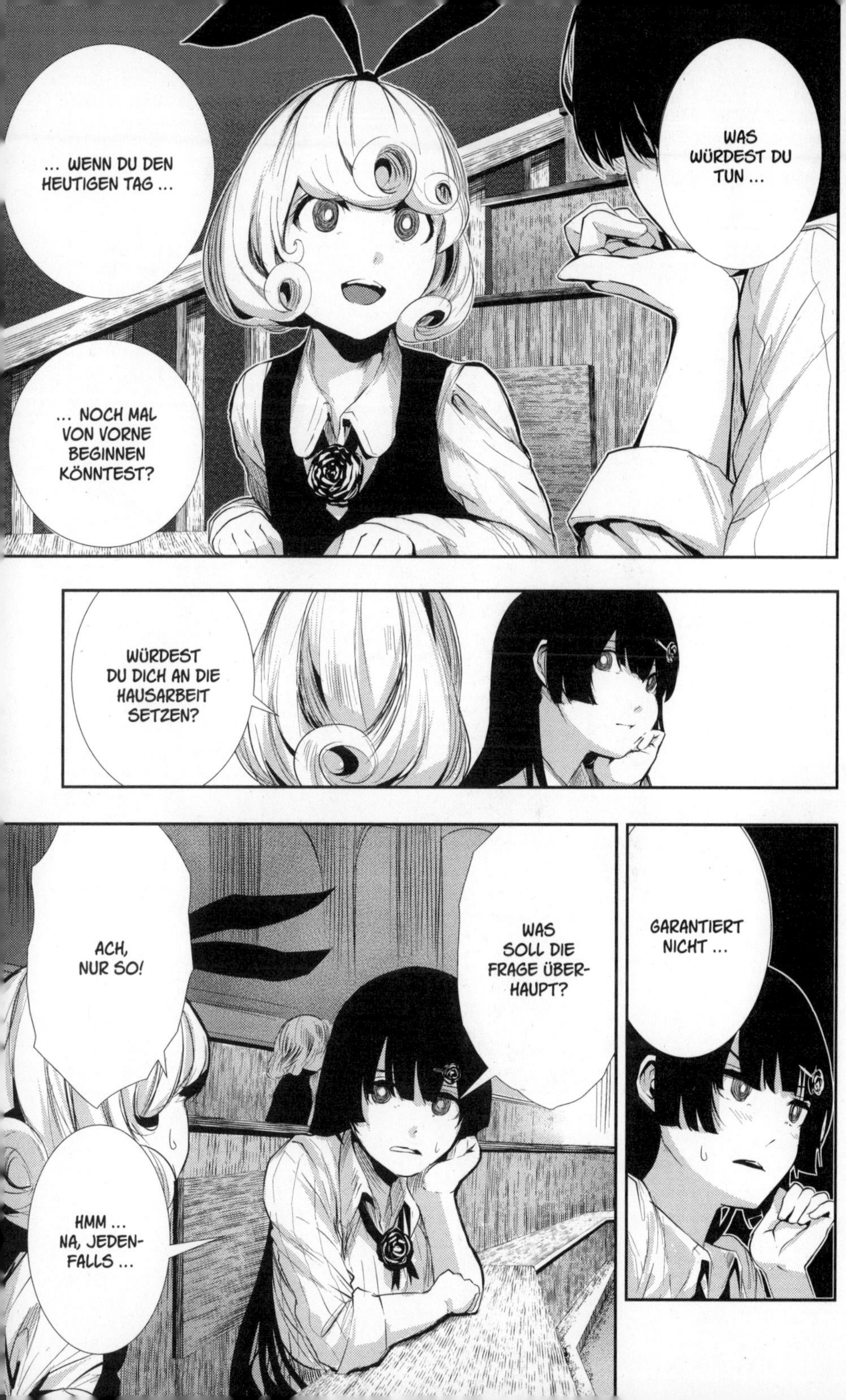
WAS WÜRDEST DU TUN …
… WENN DU DEN HEUTIGEN TAG …
… NOCH MAL VON VORNE BEGINNEN KÖNNTEST?
WÜRDEST DU DICH AN DIE HAUSARBEIT SETZEN?
GARANTIERT NICHT …
WAS SOLL DIE FRAGE ÜBER-HAUPT?
ACH, NUR SO!
HMM … NA, JEDEN-FALLS …

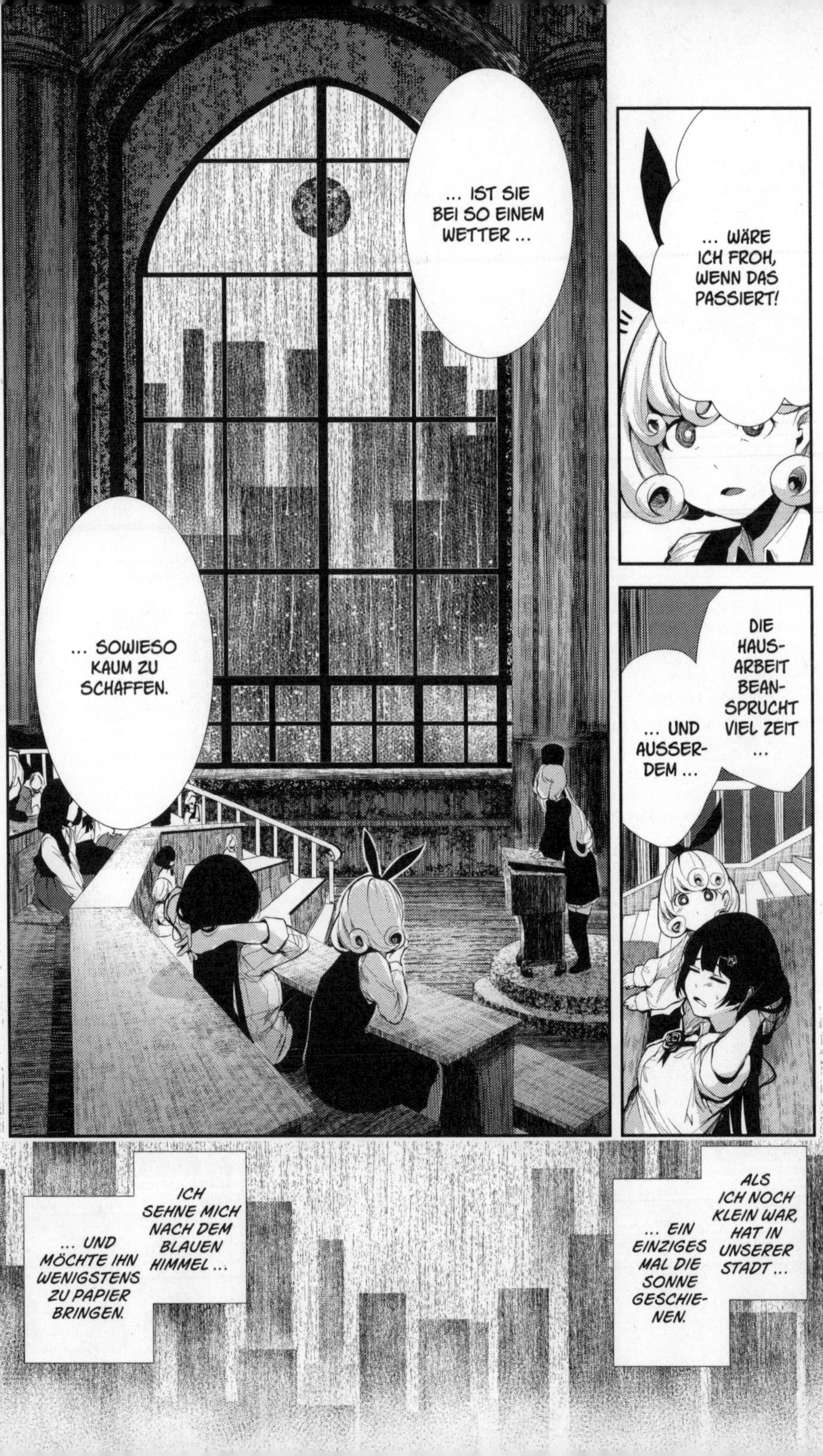
... WÄRE
ICH FROH,
WENN DAS
PASSIERT!
... IST SIE
BEI SO EINEM
WETTER ...
... SOWIESO
KAUM ZU
SCHAFFEN.
DIE HAUS-ARBEIT BEAN-SPRUCHT VIEL ZEIT ...
... UND AUSSER-DEM ...
ALS ICH NOCH KLEIN WAR, HAT IN UNSERER STADT ...
... EIN EINZIGES MAL DIE SONNE GESCHIE-NEN.
ICH SEHNE MICH NACH DEM BLAUEN HIMMEL ...
... UND MÖCHTE IHN WENIGSTENS ZU PAPIER BRINGEN.

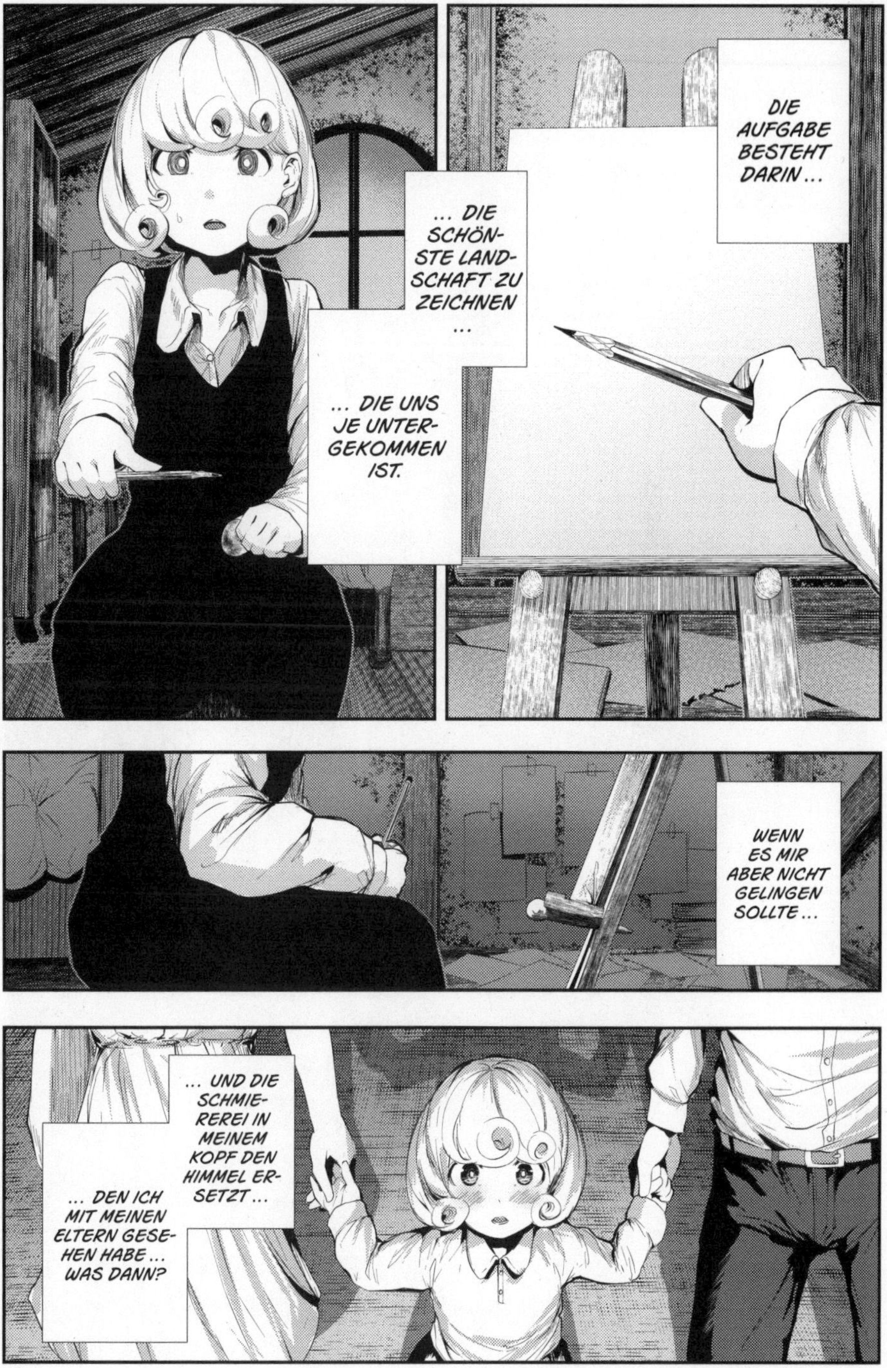
DIE AUFGABE BESTEHT DARIN …
… DIE SCHÖNSTE LANDSCHAFT ZU ZEICHNEN …
… DIE UNS JE UNTERGEKOMMEN IST.
WENN ES MIR ABER NICHT GELINGEN SOLLTE …
… UND DIE SCHMIEREREI IN MEINEM KOPF DEN HIMMEL ERSETZT …
… DEN ICH MIT MEINEN ELTERN GESEHEN HABE … WAS DANN?

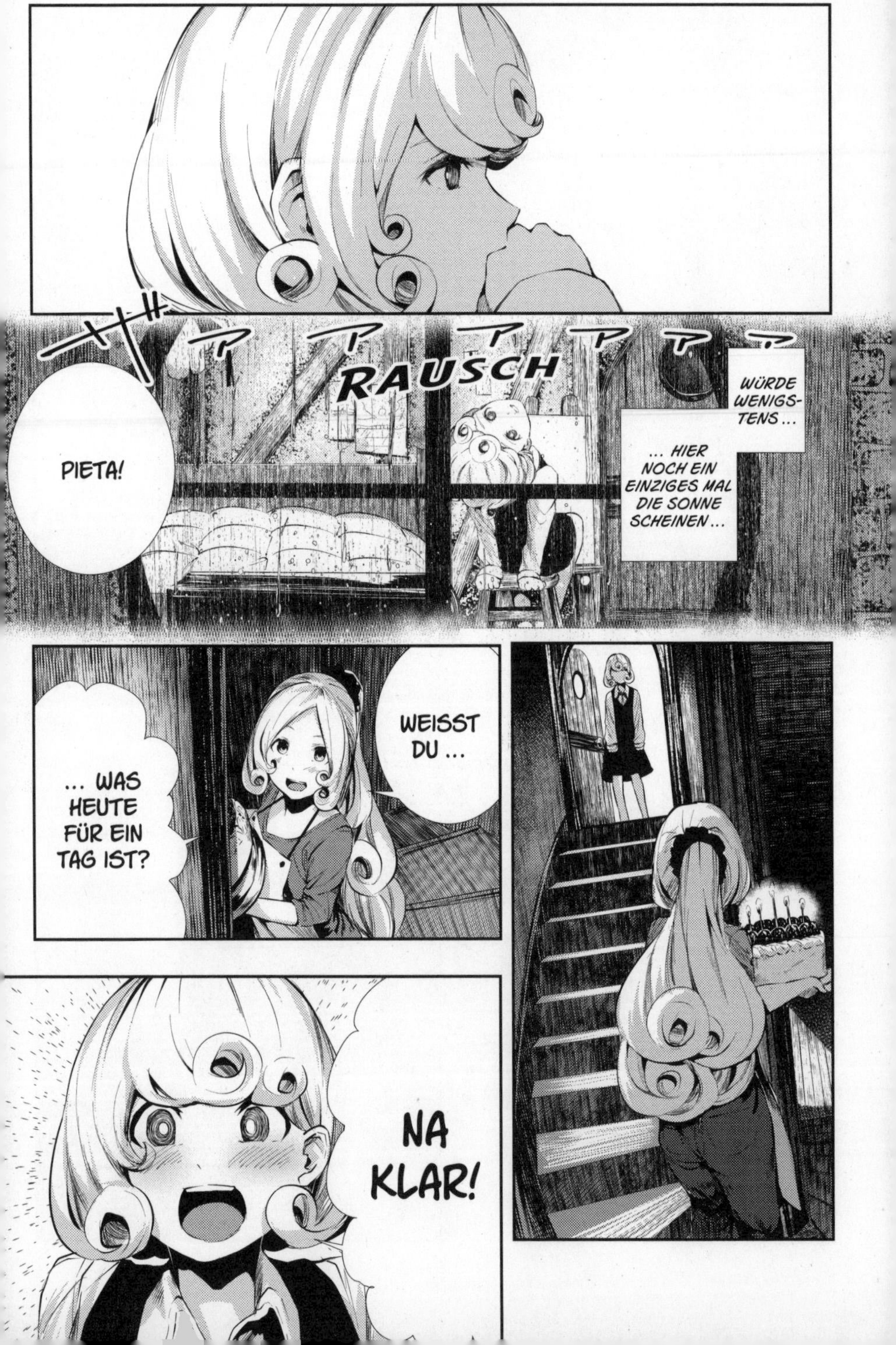
RAUSCH
WÜRDE WENIGSTENS …
… HIER NOCH EIN EINZIGES MAL DIE SONNE SCHEINEN …
PIETA!
WEISST DU …
… WAS HEUTE FÜR EIN TAG IST?
NA KLAR!

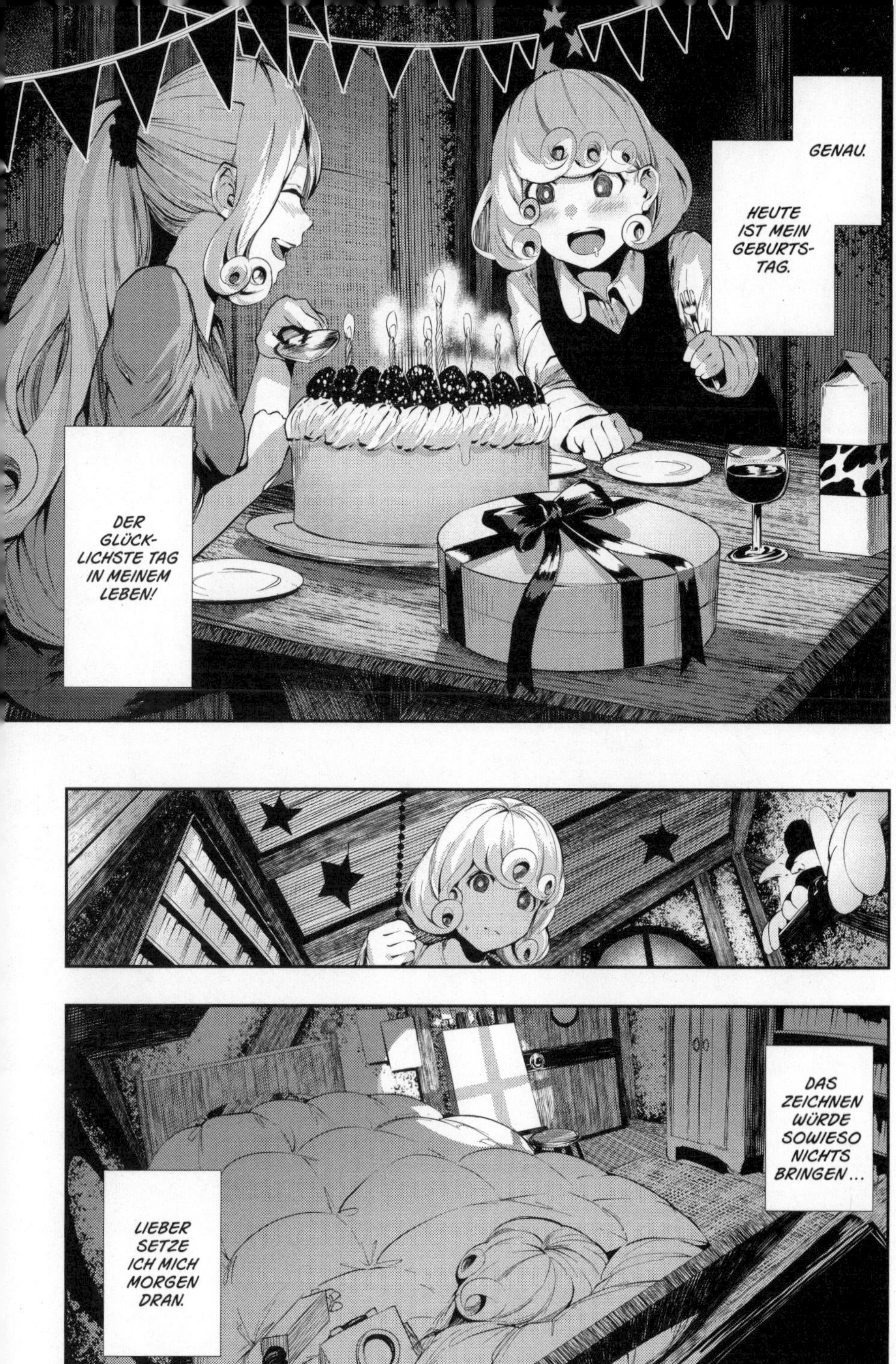
GENAU.
HEUTE IST MEIN GEBURTS-TAG.
DER GLÜCK-LICHSTE TAG IN MEINEM LEBEN!
DAS ZEICHNEN WÜRDE SOWIESO NICHTS BRINGEN …
LIEBER SETZE ICH MICH MORGEN DRAN.

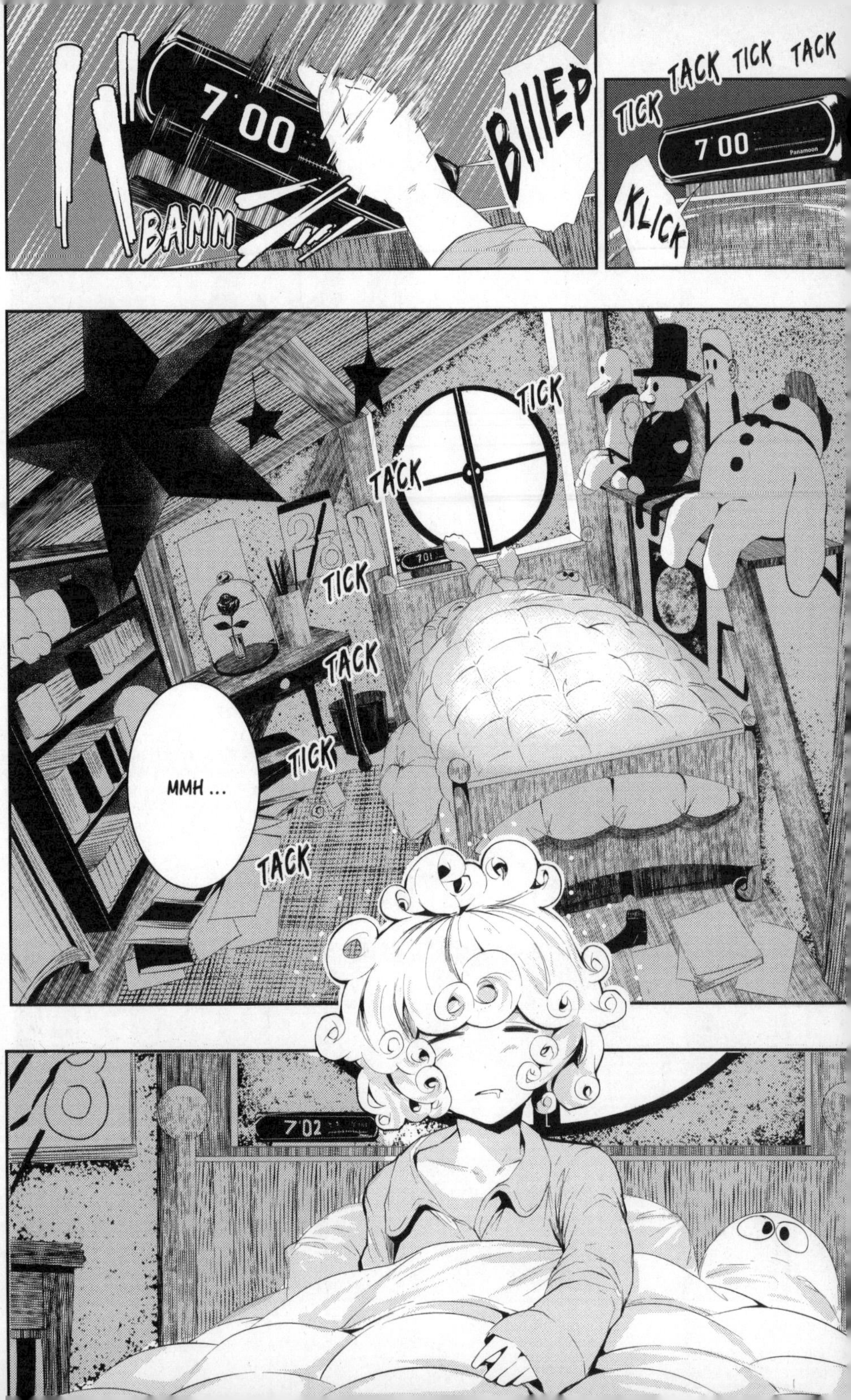
7'00
BIIIEP
BAMM
TICK
TACK TICK TACK
7'00
Panamoon
KLICK
TICK
TACK
TICK
TACK
TICK
TACK
MMH ...
7'02

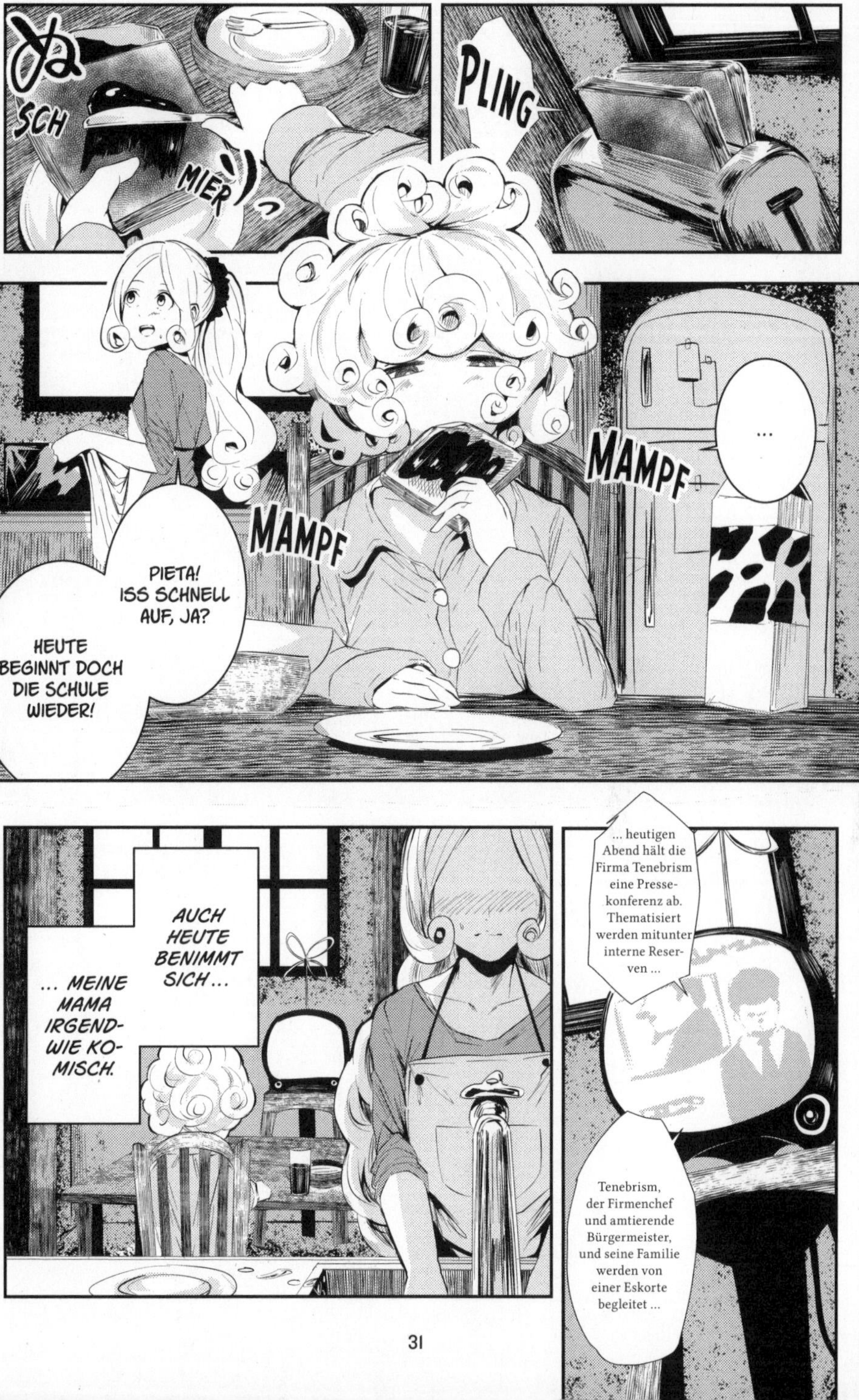
PLING
ぬ
SCH
MIER
…
MAMPF
MAMPF
PIETA! ISS SCHNELL AUF, JA?
HEUTE BEGINNT DOCH DIE SCHULE WIEDER!
… heutigen Abend hält die Firma Tenebrism eine Pressekonferenz ab. Thematisiert werden mitunter interne Reserven …
Tenebrism, der Firmenchef und amtierende Bürgermeister, und seine Familie werden von einer Eskorte begleitet …
AUCH HEUTE BENIMMT SICH …
… MEINE MAMA IRGENDWIE KOMISCH.

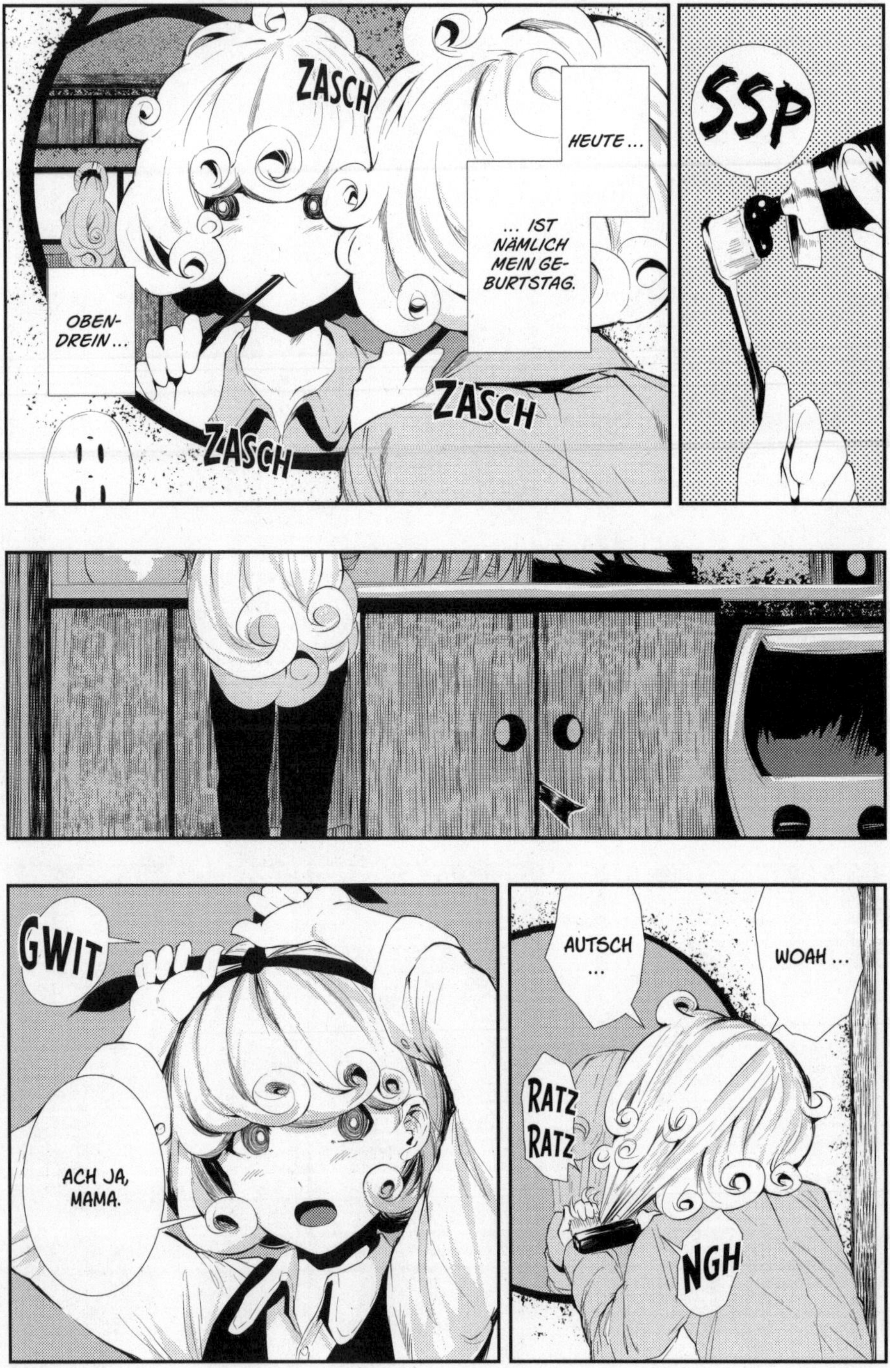
SSP
HEUTE …
… IST NÄMLICH MEIN GEBURTSTAG.
ZASCH
OBENDREIN …
ZASCH
ZASCH
WOAH …
AUTSCH …
RATZ RATZ
NGH
GWIT
ACH JA, MAMA.

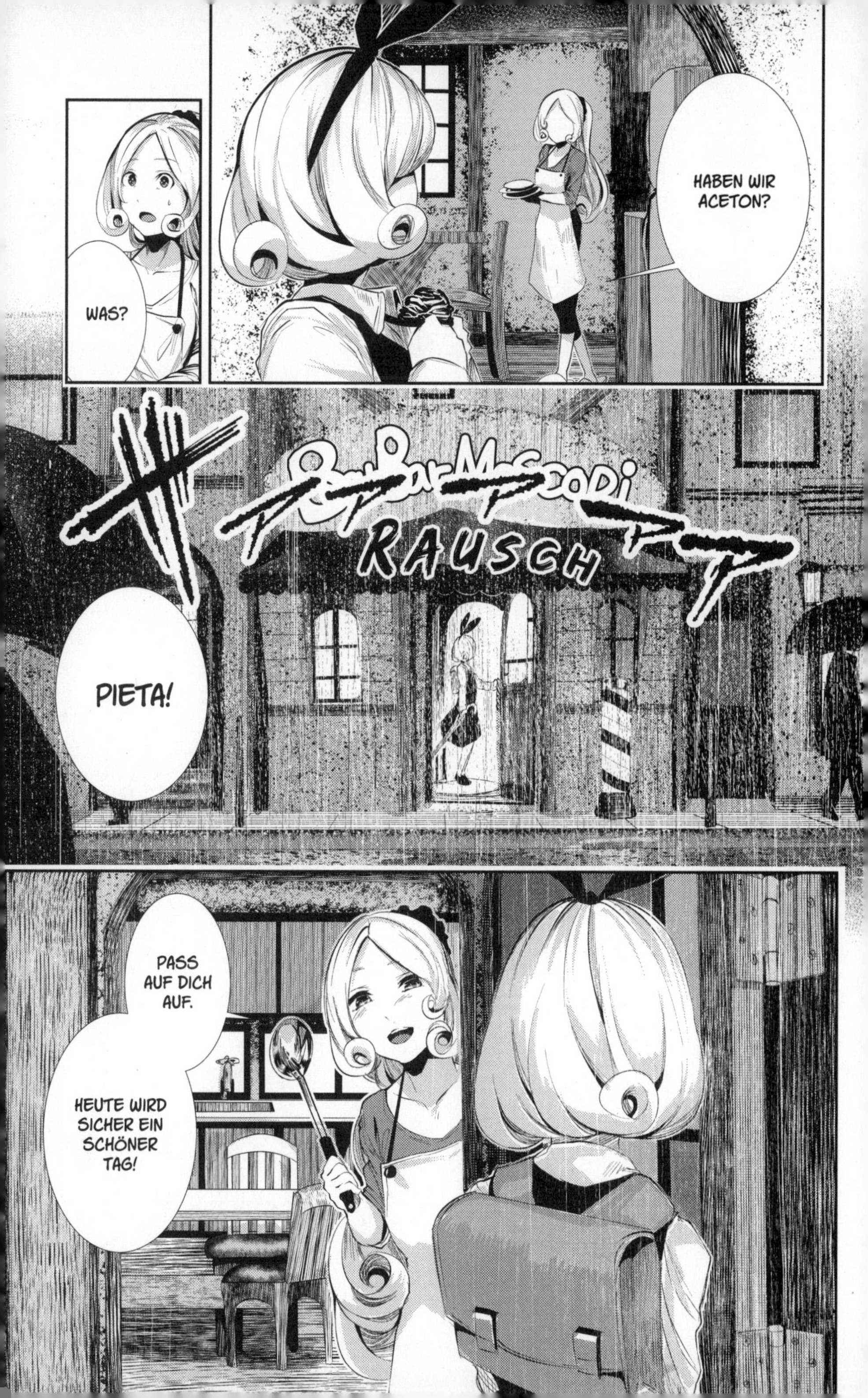
HABEN WIR ACETON?
WAS?
RAUSCH
PIETA!
PASS AUF DICH AUF.
HEUTE WIRD SICHER EIN SCHÖNER TAG!

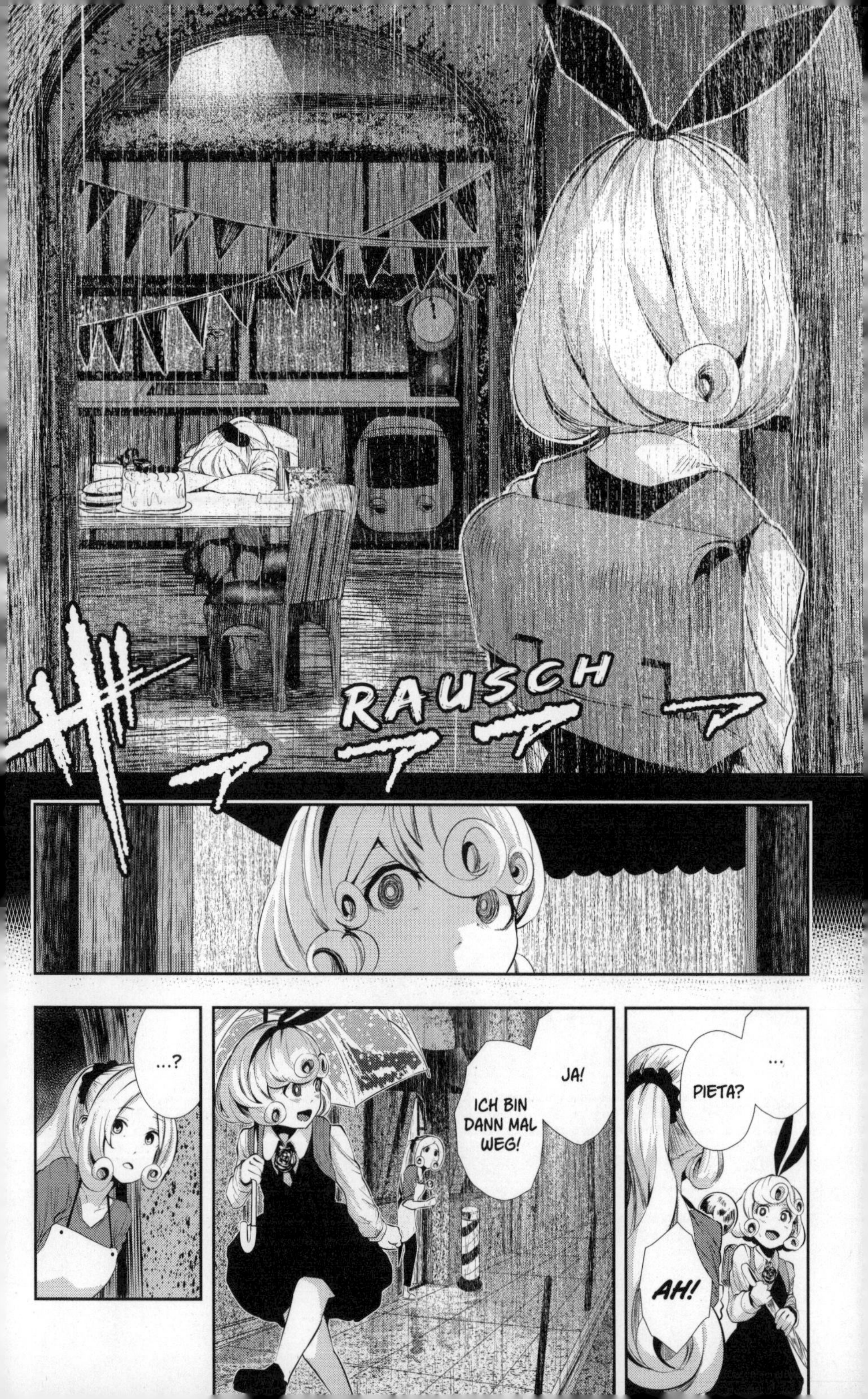
RAUSCH
...
PIETA?
AH!
JA!
ICH BIN DANN MAL WEG!
...?

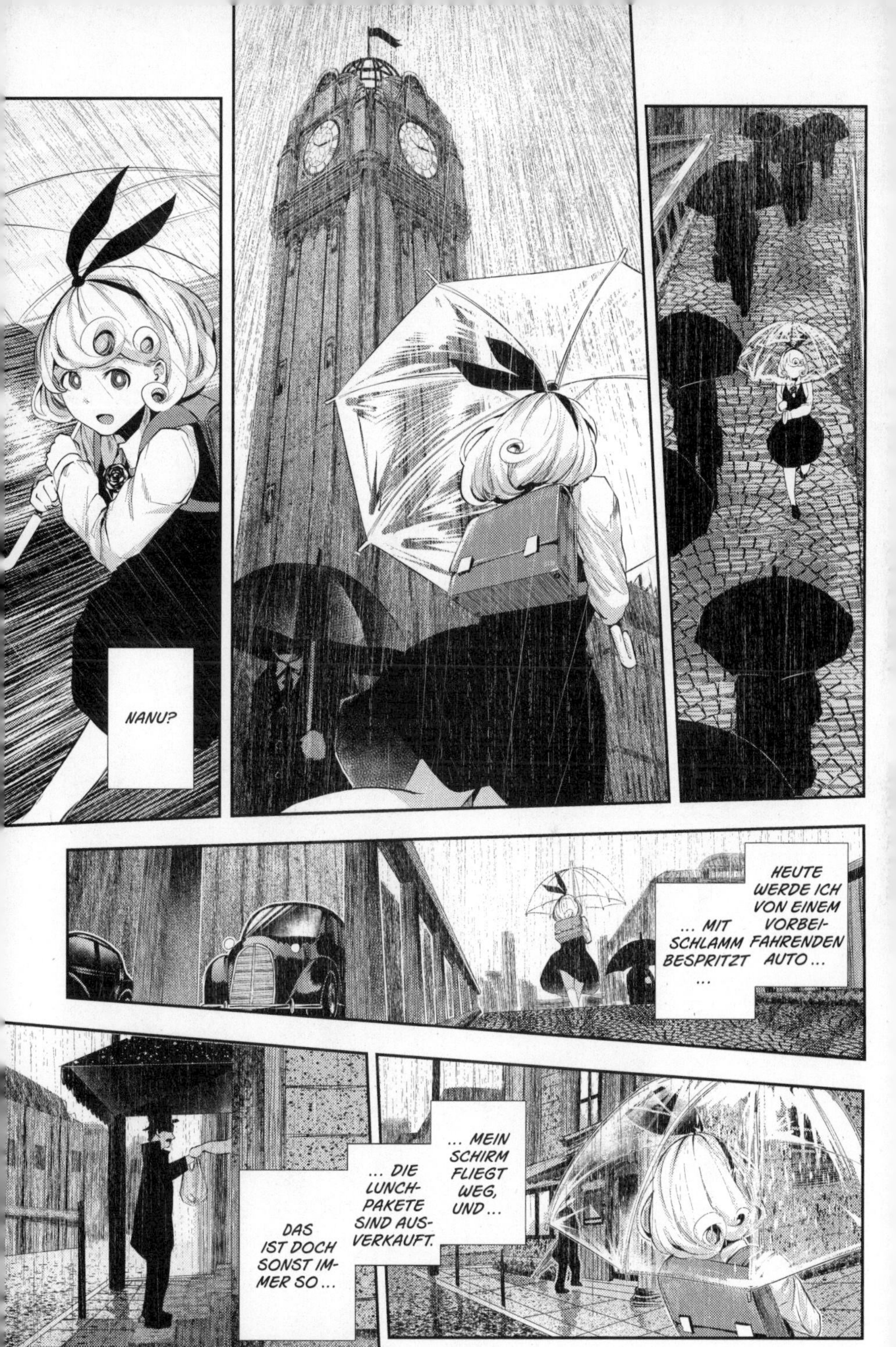
NANU?
HEUTE WERDE ICH VON EINEM VORBEI-FAHRENDEN AUTO …
… MIT SCHLAMM BESPRITZT …
… MEIN SCHIRM FLIEGT WEG, UND …
… DIE LUNCH-PAKETE SIND AUS-VERKAUFT.
DAS IST DOCH SONST IM-MER SO …

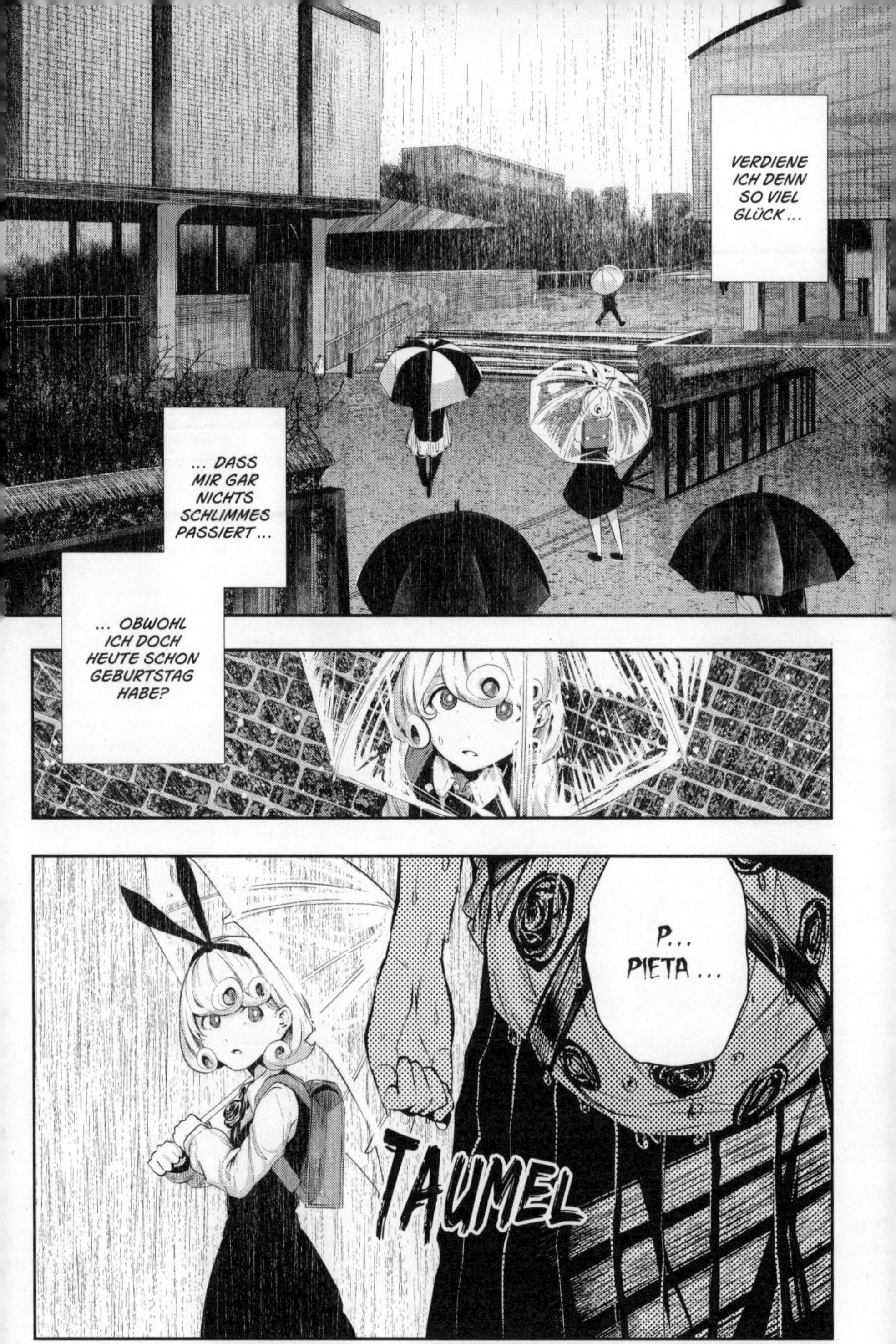
VERDIENE ICH DENN SO VIEL GLÜCK …
… DASS MIR GAR NICHTS SCHLIMMES PASSIERT …
… OBWOHL ICH DOCH HEUTE SCHON GEBURTSTAG HABE?
P… PIETA …
TAUMEL

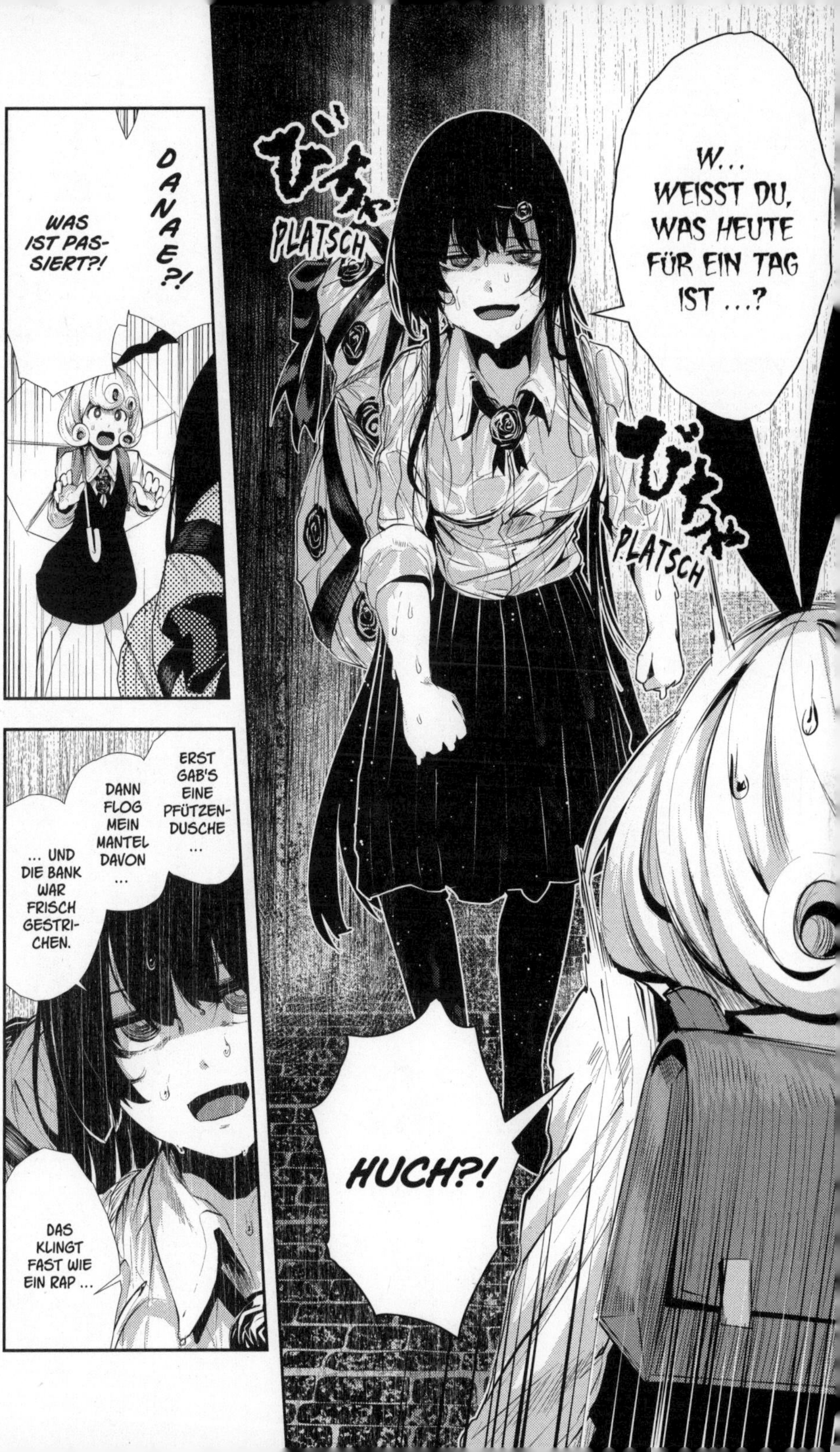

W...
WEISST DU, WAS HEUTE FÜR EIN TAG IST ...?
PLATSCH
PLATSCH
HUCH?!
DANAE?!
WAS IST PASSIERT?!
ERST GAB'S EINE PFÜTZEN-DUSCHE ...
DANN FLOG MEIN MANTEL DAVON ...
... UND DIE BANK WAR FRISCH GESTRICHEN.
DAS KLINGT FAST WIE EIN RAP ...

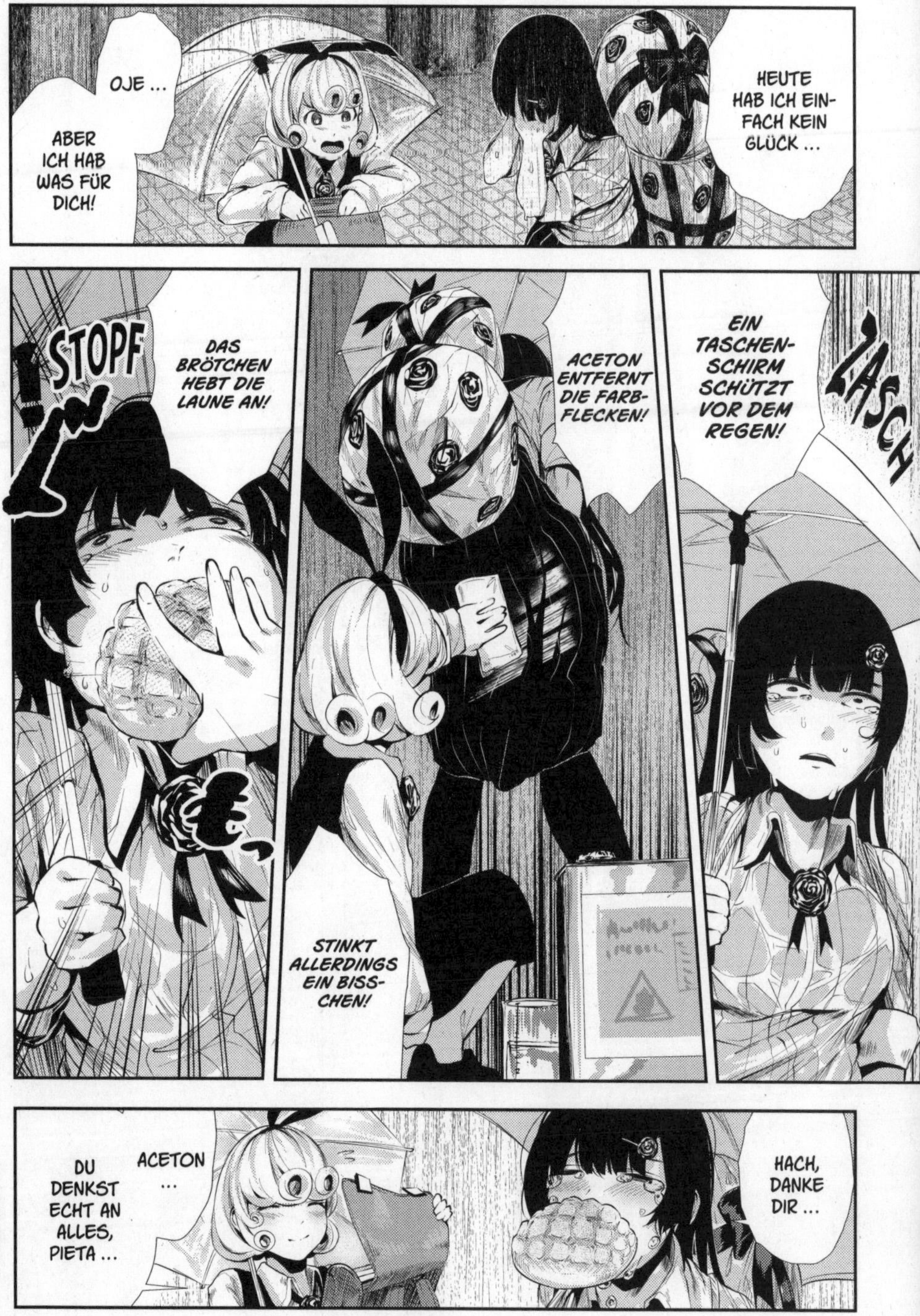
HEUTE HAB ICH EINFACH KEIN GLÜCK …
OJE …
ABER ICH HAB WAS FÜR DICH!
ZASCH
EIN TASCHENSCHIRM SCHÜTZT VOR DEM REGEN!
ACETON ENTFERNT DIE FARBFLECKEN!
STINKT ALLERDINGS EIN BISSCHEN!
STOPF
DAS BRÖTCHEN HEBT DIE LAUNE AN!
HACH, DANKE DIR …
ACETON …
DU DENKST ECHT AN ALLES, PIETA …

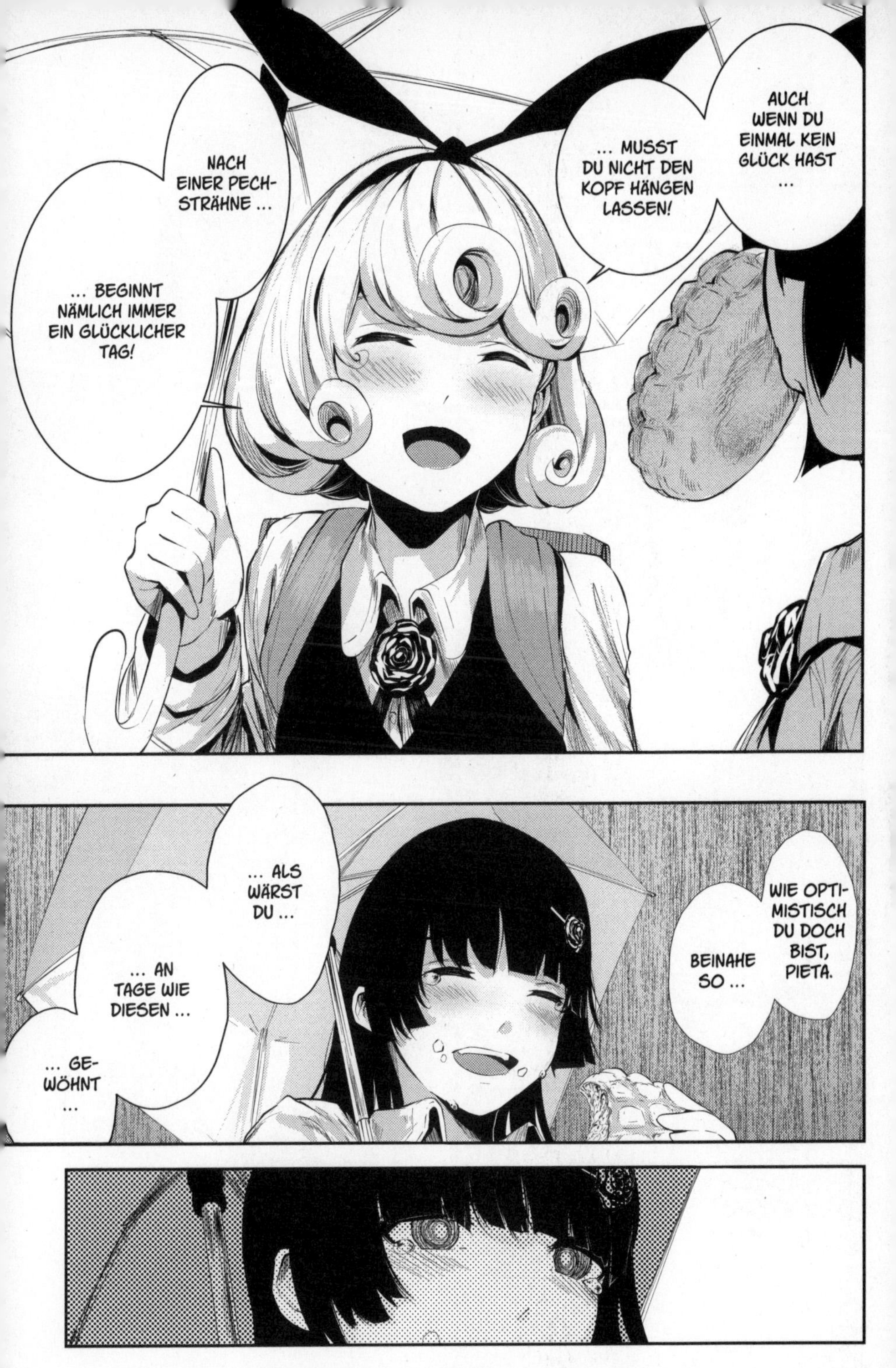
AUCH WENN DU EINMAL KEIN GLÜCK HAST …
… MUSST DU NICHT DEN KOPF HÄNGEN LASSEN!
NACH EINER PECH-STRÄHNE …
… BEGINNT NÄMLICH IMMER EIN GLÜCKLICHER TAG!
WIE OPTI-MISTISCH DU DOCH BIST, PIETA.
BEINAHE SO …
… ALS WÄRST DU …
… AN TAGE WIE DIESEN …
… GE-WÖHNT …

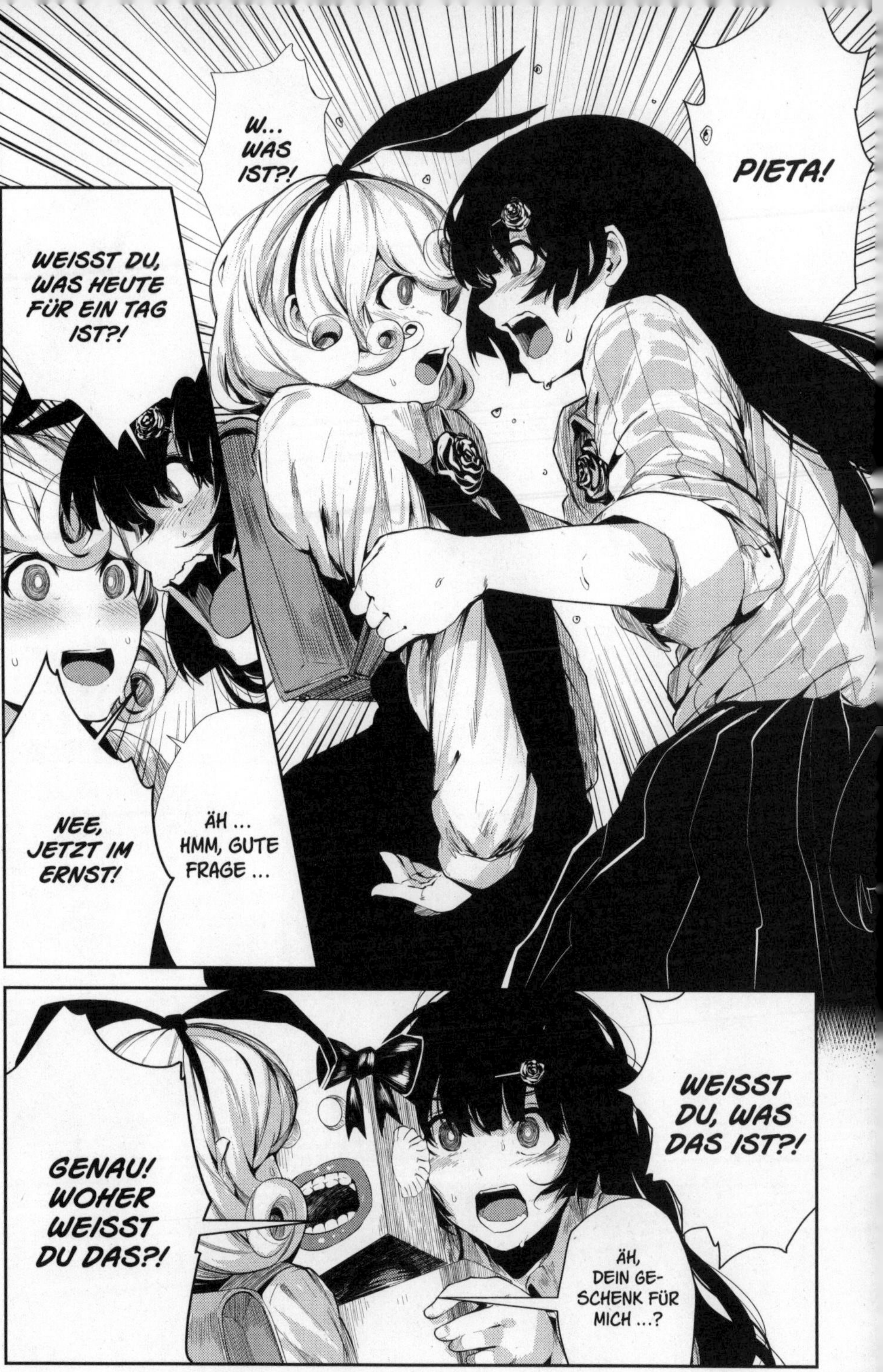
PIETA!
W... WAS IST?!
WEISST DU, WAS HEUTE FÜR EIN TAG IST?!
ÄH ... HMM, GUTE FRAGE ...
NEE, JETZT IM ERNST!
WEISST DU, WAS DAS IST?!
ÄH, DEIN GE-SCHENK FÜR MICH ...?
GENAU! WOHER WEISST DU DAS?!

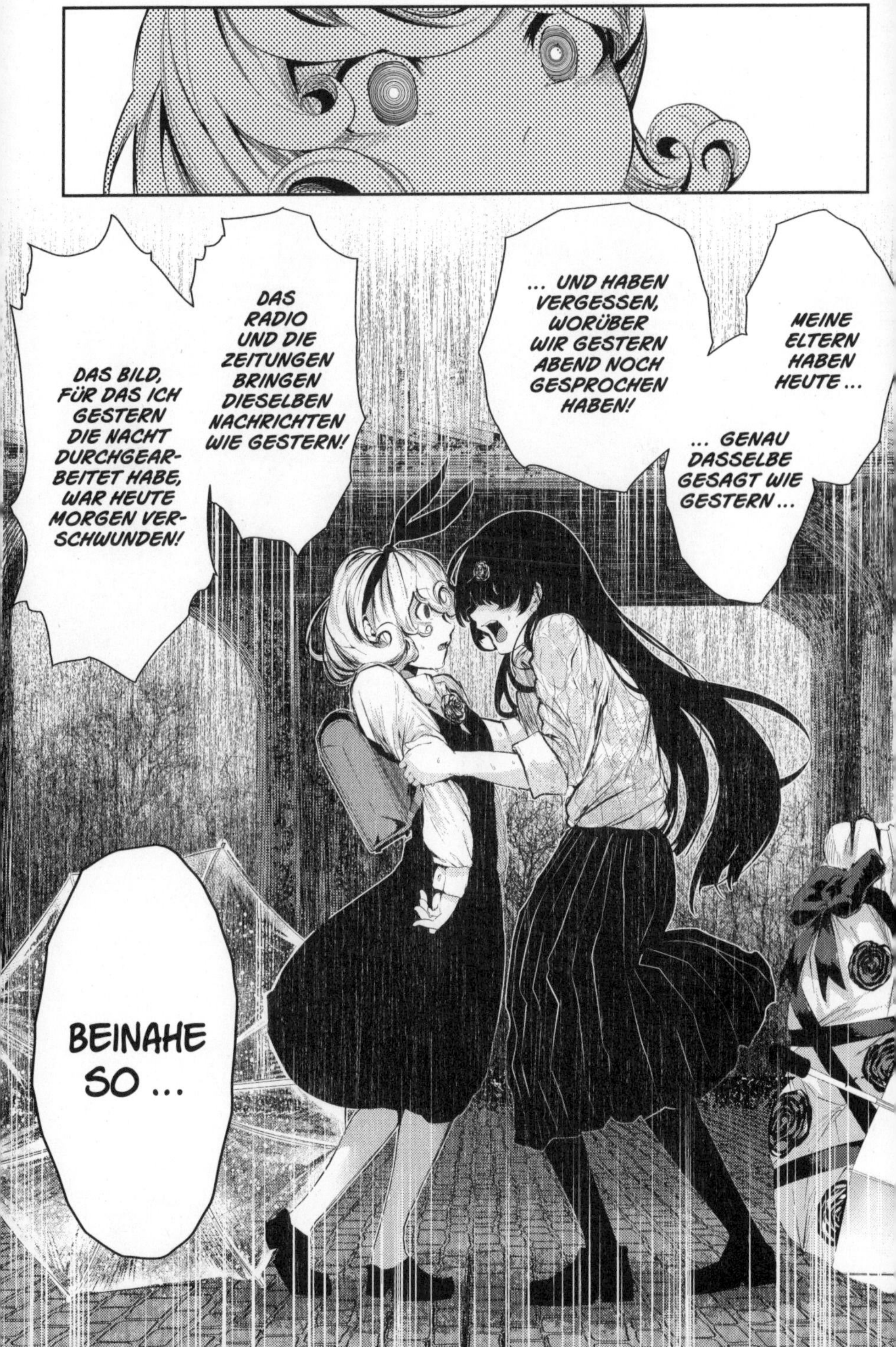
MEINE ELTERN HABEN HEUTE ...
... GENAU DASSELBE GESAGT WIE GESTERN ...
... UND HABEN VERGESSEN, WORÜBER WIR GESTERN ABEND NOCH GESPROCHEN HABEN!
DAS RADIO UND DIE ZEITUNGEN BRINGEN DIESELBEN NACHRICHTEN WIE GESTERN!
DAS BILD, FÜR DAS ICH GESTERN DIE NACHT DURCHGEARBEITET HABE, WAR HEUTE MORGEN VERSCHWUNDEN!
BEINAHE SO ...

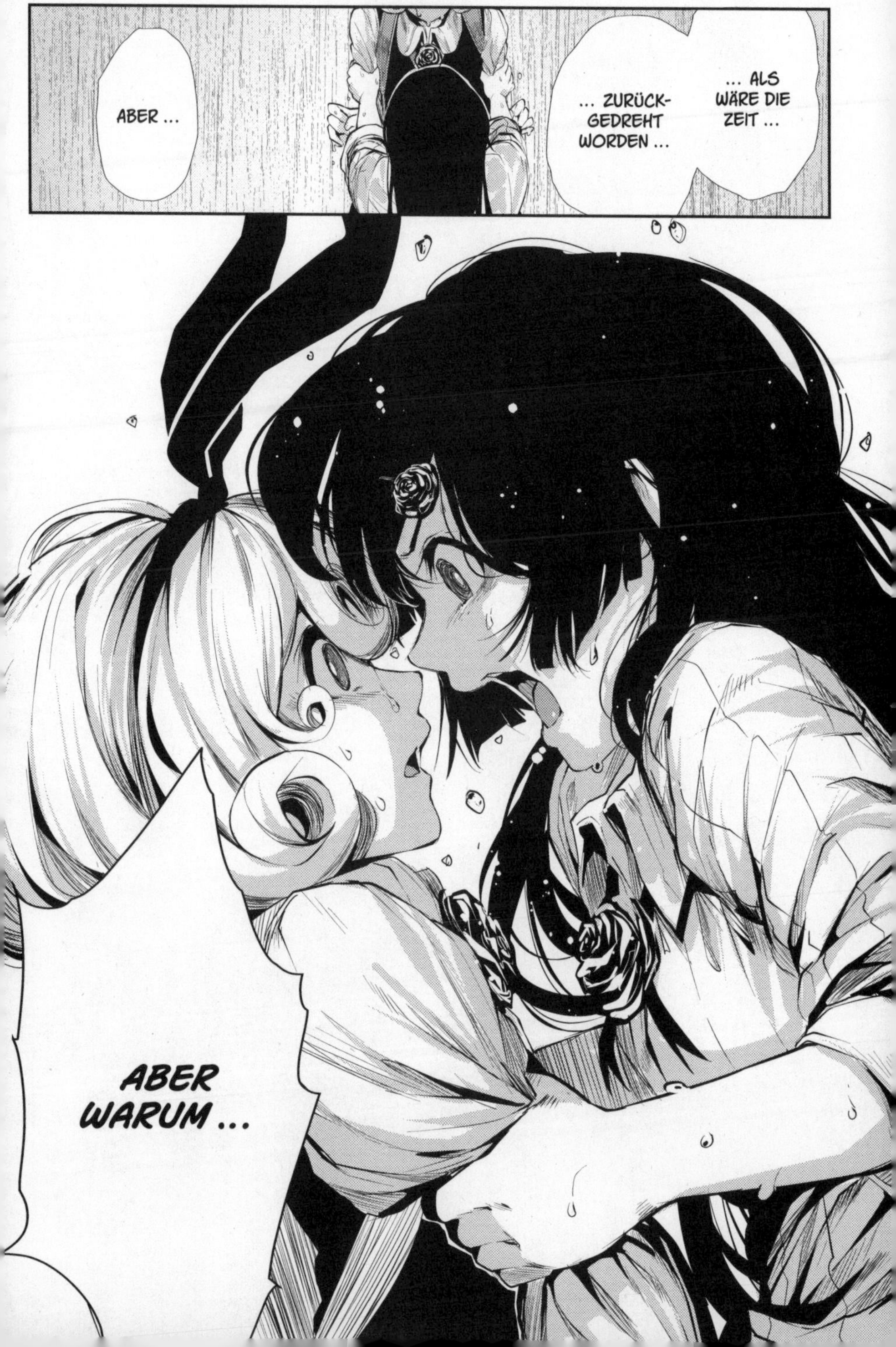
... ALS WÄRE DIE ZEIT ...
... ZURÜCK-GEDREHT WORDEN ...
ABER ...
ABER WARUM ...

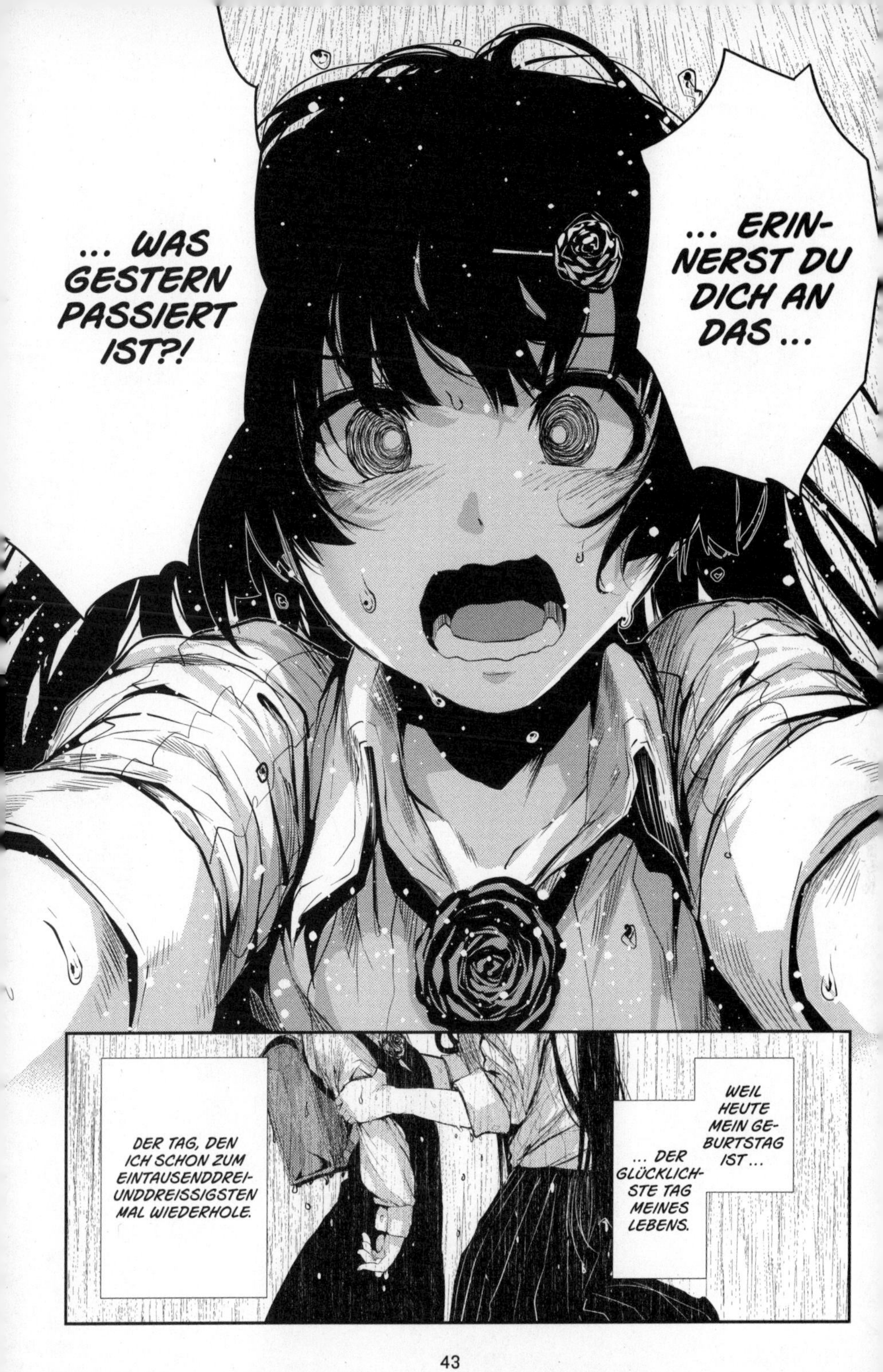

... ERIN- NERST DU DICH AN DAS ...
... WAS GESTERN PASSIERT IST?!
WEIL HEUTE MEIN GE- BURTSTAG IST ...
... DER GLÜCKLICH- STE TAG MEINES LEBENS.
DER TAG, DEN ICH SCHON ZUM EINTAUSENDDREI- UNDDREISSIGSTEN MAL WIEDERHOLE.

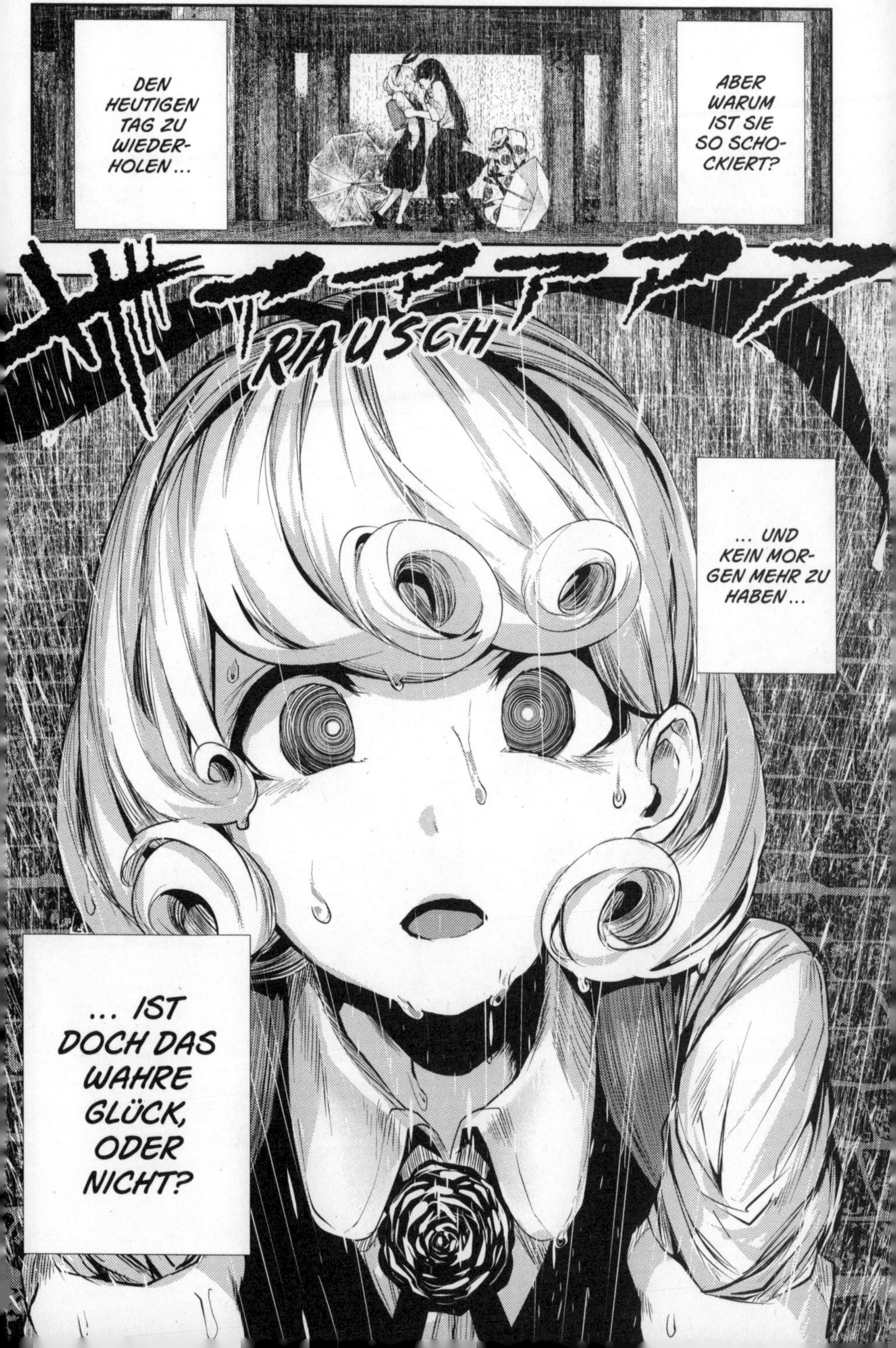
ABER WARUM IST SIE SO SCHO-CKIERT?
DEN HEUTIGEN TAG ZU WIEDER-HOLEN …
RAUSCH
… UND KEIN MOR-GEN MEHR ZU HABEN …
… IST DOCH DAS WAHRE GLÜCK, ODER NICHT?

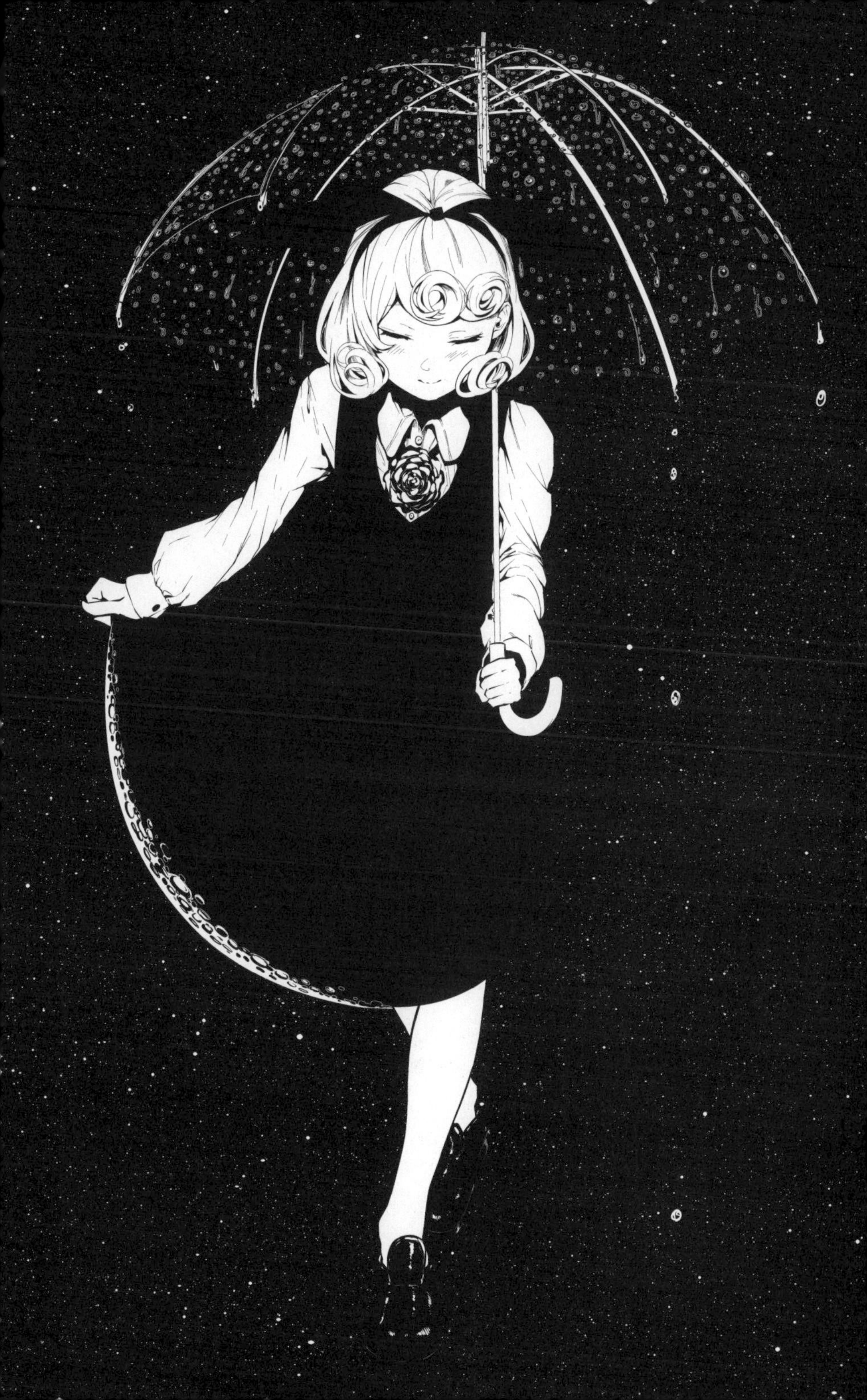

COFFEE MOON

KAPITEL 2

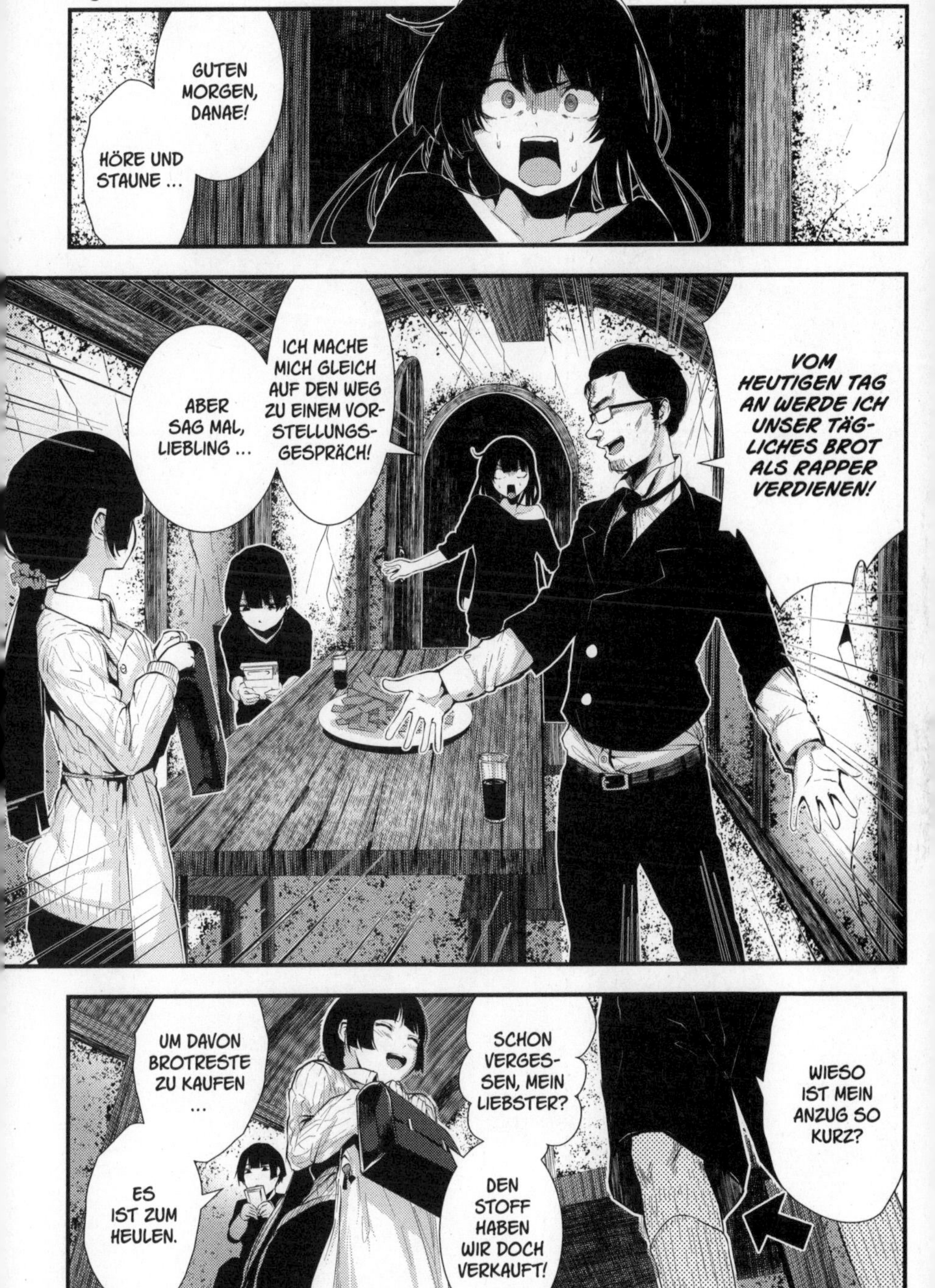

GUTEN MORGEN, DANAE!
HÖRE UND STAUNE …
VOM HEUTIGEN TAG AN WERDE ICH UNSER TÄGLICHES BROT ALS RAPPER VERDIENEN!
ICH MACHE MICH GLEICH AUF DEN WEG ZU EINEM VORSTELLUNGSGESPRÄCH!
ABER SAG MAL, LIEBLING …
WIESO IST MEIN ANZUG SO KURZ?
SCHON VERGESSEN, MEIN LIEBSTER?
DEN STOFF HABEN WIR DOCH VERKAUFT!
UM DAVON BROTRESTE ZU KAUFEN …
ES IST ZUM HEULEN.

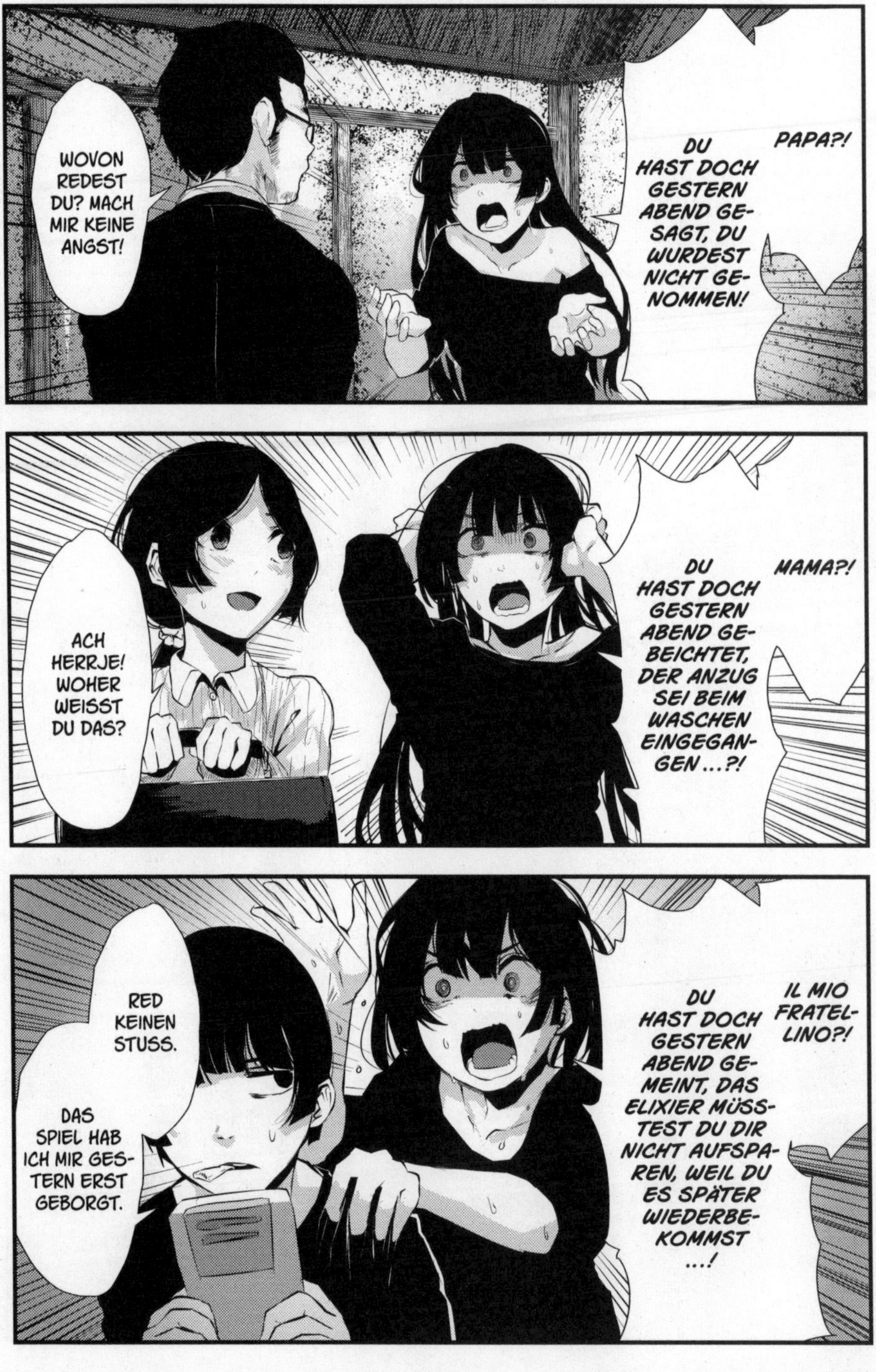
PAPA?!
DU HAST DOCH GESTERN ABEND GE-SAGT, DU WURDEST NICHT GE-NOMMEN!
WOVON REDEST DU? MACH MIR KEINE ANGST!
MAMA?!
DU HAST DOCH GESTERN ABEND GE-BEICHTET, DER ANZUG SEI BEIM WASCHEN EINGEGAN-GEN ...?!
ACH HERRJE! WOHER WEISST DU DAS?
IL MIO FRATEL-LINO?!
DU HAST DOCH GESTERN ABEND GE-MEINT, DAS ELIXIER MÜSS-TEST DU DIR NICHT AUFSPA-REN, WEIL DU ES SPÄTER WIEDERBE-KOMMST ...!
RED KEINEN STUSS.
DAS SPIEL HAB ICH MIR GES-TERN ERST GEBORGT.

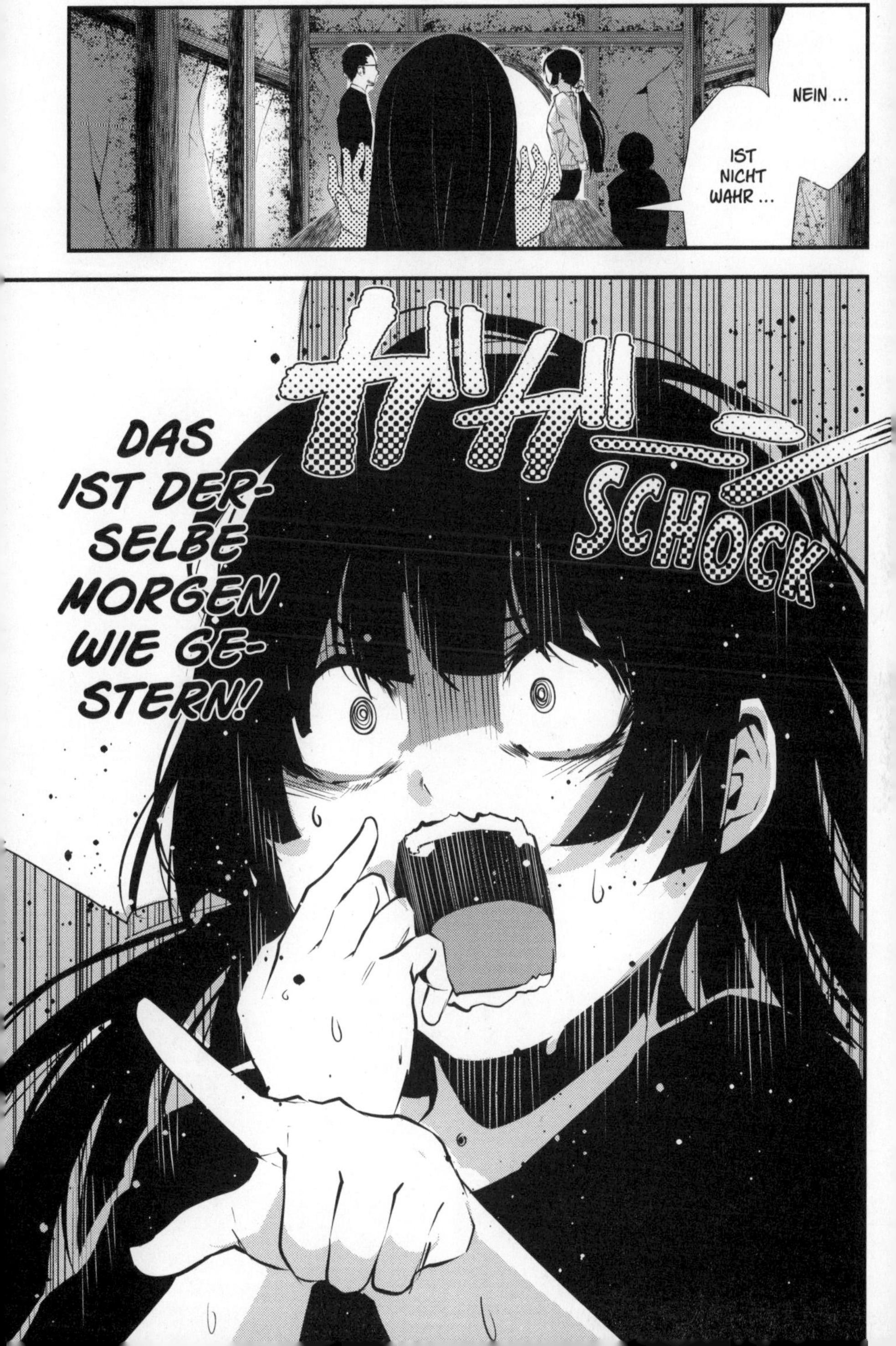
NEIN …
IST NICHT WAHR …
SCHOCK
DAS IST DERSELBE MORGEN WIE GESTERN!

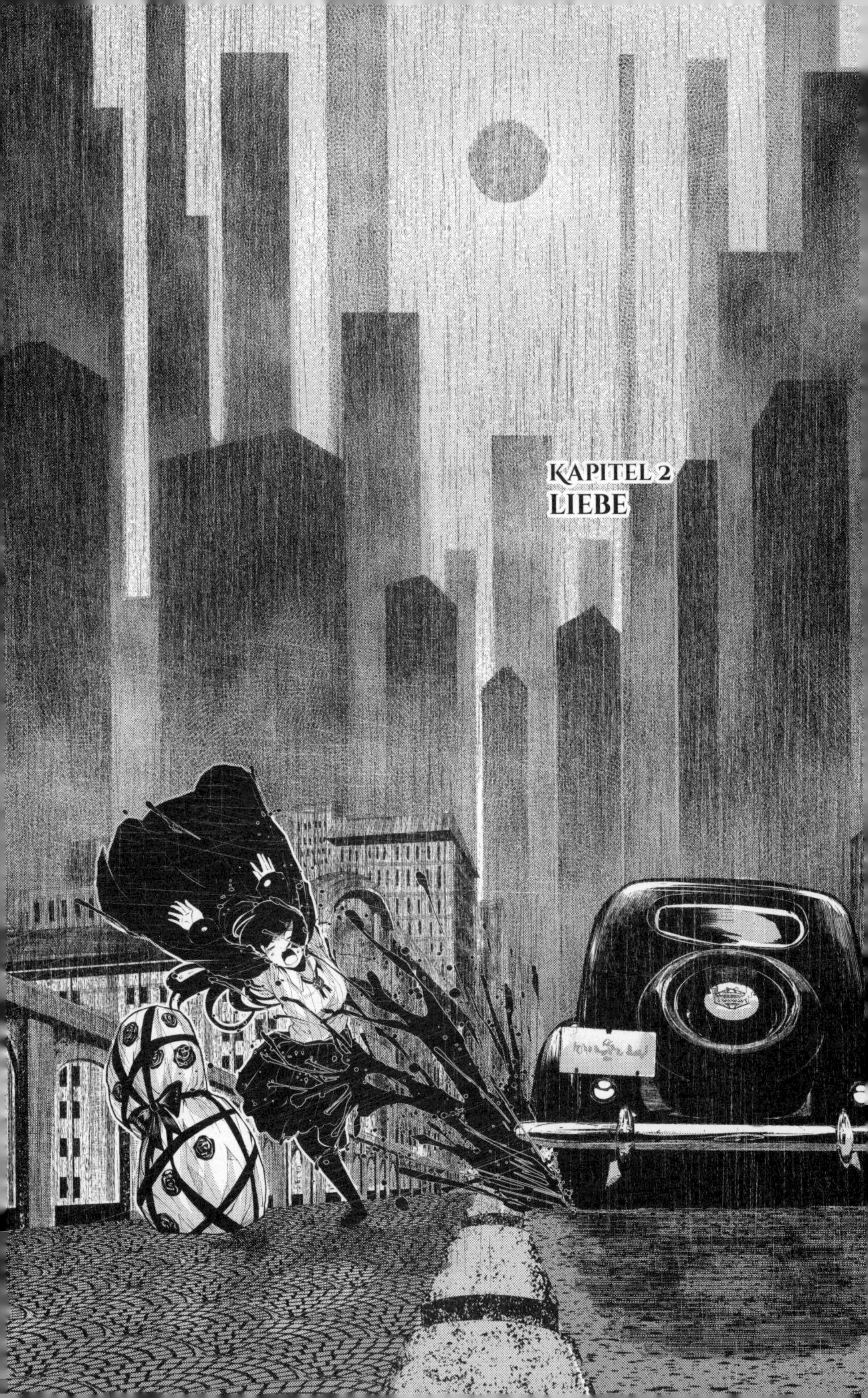
KAPITEL 2
LIEBE

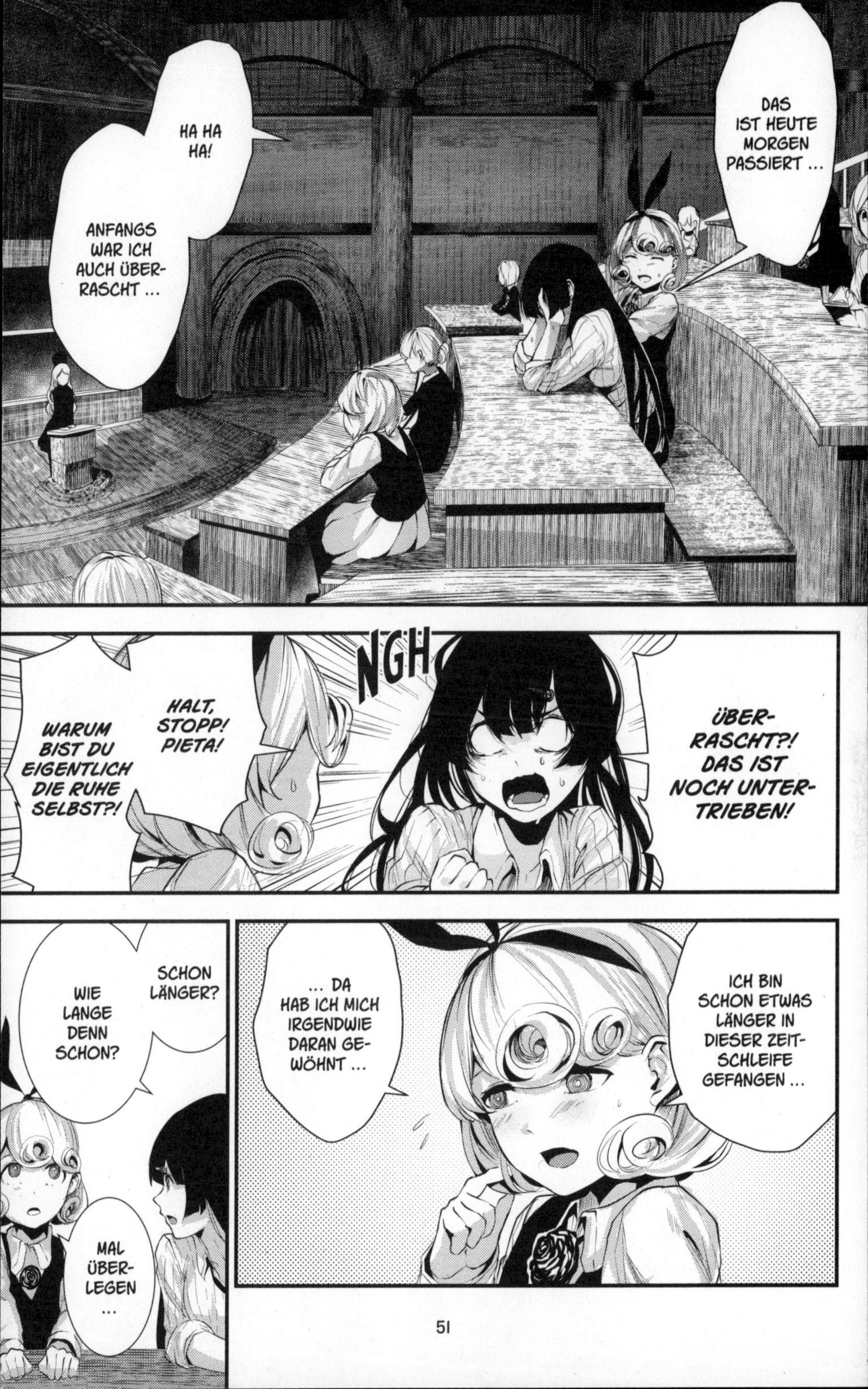
DAS IST HEUTE MORGEN PASSIERT …
HA HA HA!
ANFANGS WAR ICH AUCH ÜBER-RASCHT …
ÜBER-RASCHT?! DAS IST NOCH UNTER-TRIEBEN!
NGH
HALT, STOPP! PIETA!
WARUM BIST DU EIGENTLICH DIE RUHE SELBST?!
ICH BIN SCHON ETWAS LÄNGER IN DIESER ZEIT-SCHLEIFE GEFANGEN …
… DA HAB ICH MICH IRGENDWIE DARAN GE-WÖHNT …
SCHON LÄNGER?
WIE LANGE DENN SCHON?
MAL ÜBER-LEGEN …

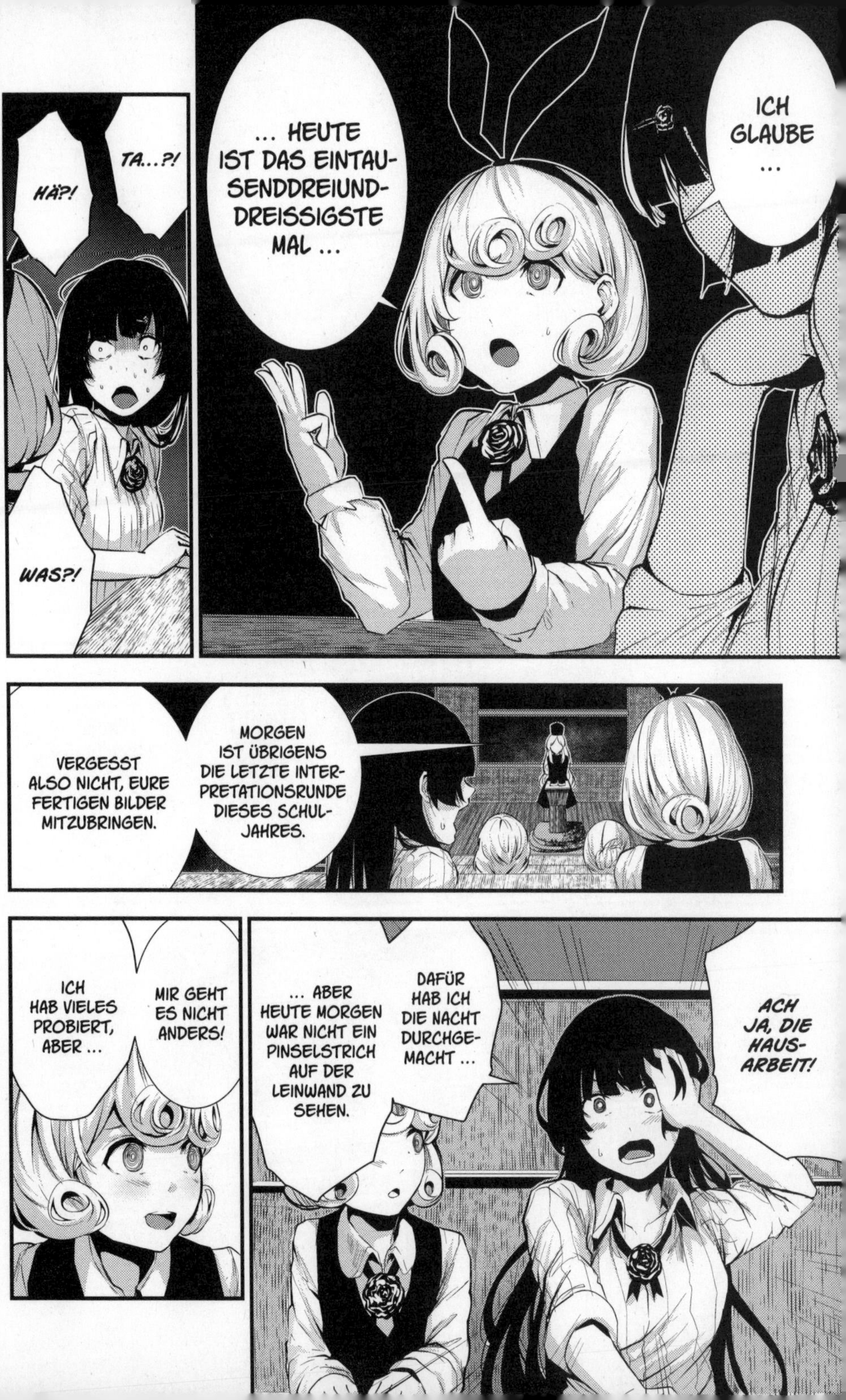

ICH GLAUBE ...
... HEUTE IST DAS EINTAUSENDDREIUNDDREISSIGSTE MAL ...
TA...?!
HÄ?!
WAS?!
MORGEN IST ÜBRIGENS DIE LETZTE INTERPRETATIONSRUNDE DIESES SCHULJAHRES.
VERGESST ALSO NICHT, EURE FERTIGEN BILDER MITZUBRINGEN.
ACH JA, DIE HAUSARBEIT!
DAFÜR HAB ICH DIE NACHT DURCHGEMACHT ...
... ABER HEUTE MORGEN WAR NICHT EIN PINSELSTRICH AUF DER LEINWAND ZU SEHEN.
MIR GEHT ES NICHT ANDERS!
ICH HAB VIELES PROBIERT, ABER ...

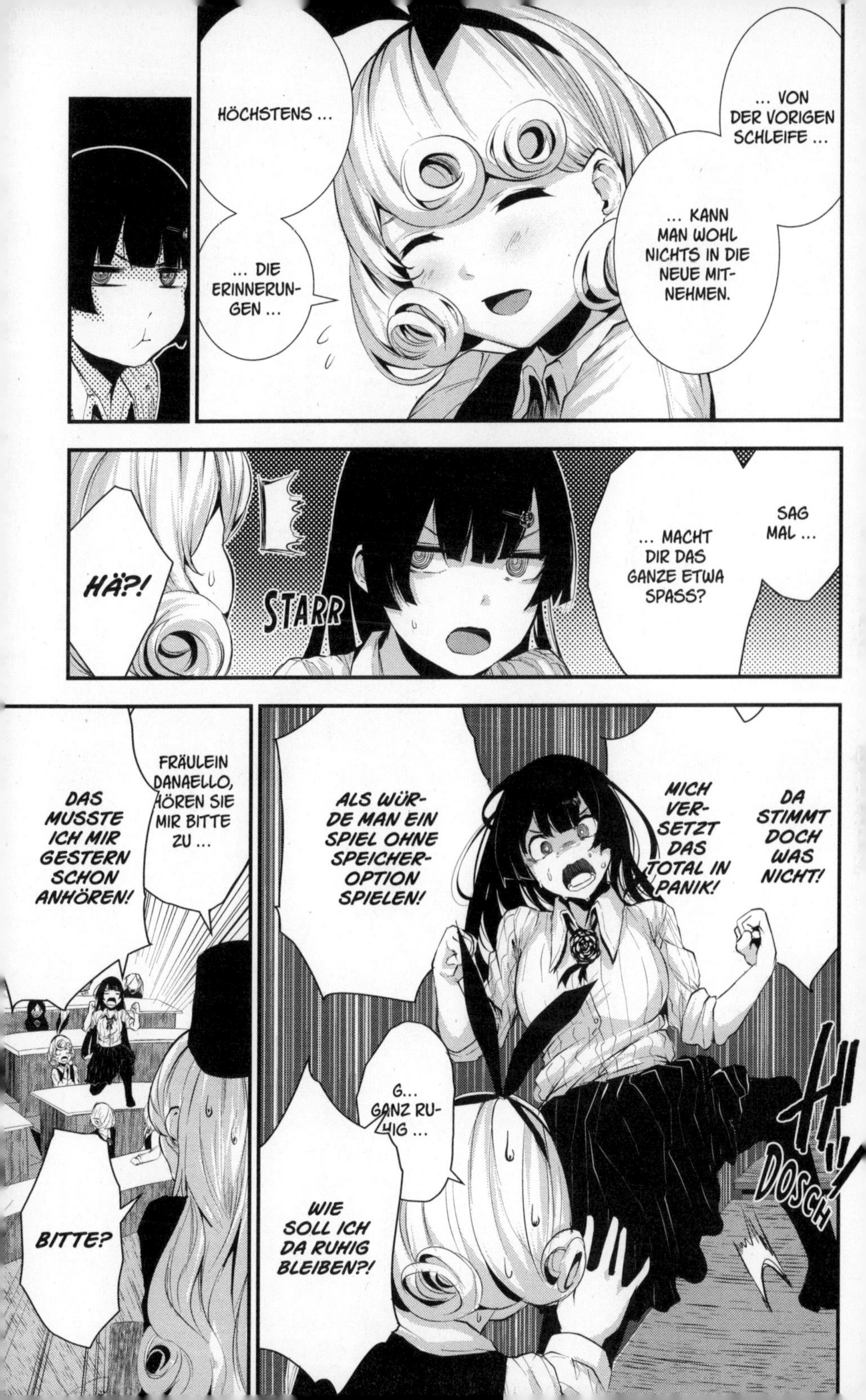

... VON DER VORIGEN SCHLEIFE ...
... KANN MAN WOHL NICHTS IN DIE NEUE MIT-NEHMEN.
HÖCHSTENS ...
... DIE ERINNERUN-GEN ...
SAG MAL ...
... MACHT DIR DAS GANZE ETWA SPASS?
STARR
HÄ?!
DA STIMMT DOCH WAS NICHT!
MICH VER-SETZT DAS TOTAL IN PANIK!
ALS WÜR-DE MAN EIN SPIEL OHNE SPEICHER-OPTION SPIELEN!
DOSCH
G... GANZ RU-HIG ...
WIE SOLL ICH DA RUHIG BLEIBEN?!
FRÄULEIN DANAELLO, HÖREN SIE MIR BITTE ZU ...
DAS MUSSTE ICH MIR GESTERN SCHON ANHÖREN!
BITTE?

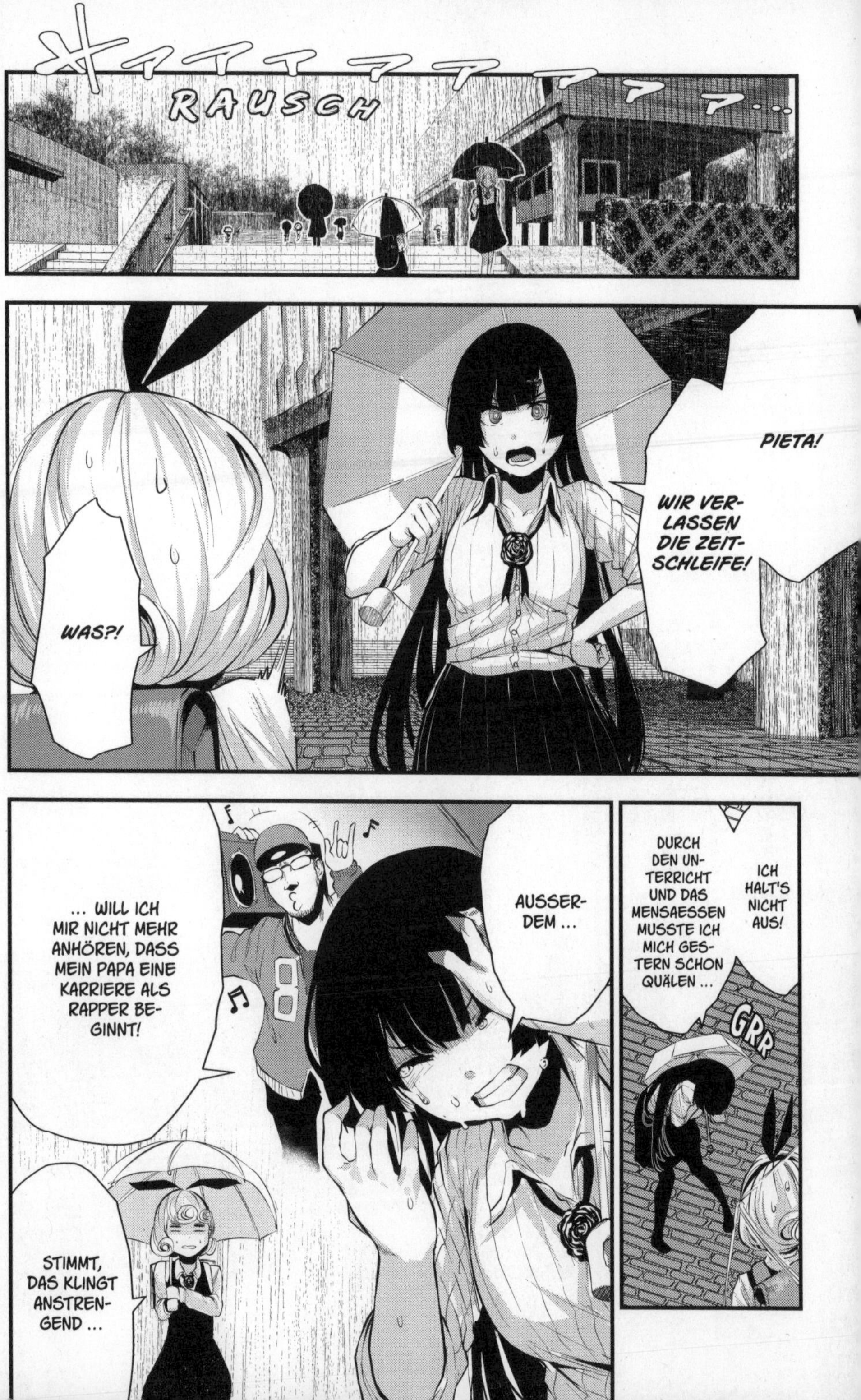
RAUSCH
PIETA!
WIR VERLASSEN DIE ZEITSCHLEIFE!
WAS?!
ICH HALT'S NICHT AUS!
DURCH DEN UNTERRICHT UND DAS MENSAESSEN MUSSTE ICH MICH GESTERN SCHON QUÄLEN …
GRR
AUSSERDEM …
… WILL ICH MIR NICHT MEHR ANHÖREN, DASS MEIN PAPA EINE KARRIERE ALS RAPPER BEGINNT!
STIMMT, DAS KLINGT ANSTRENGEND …

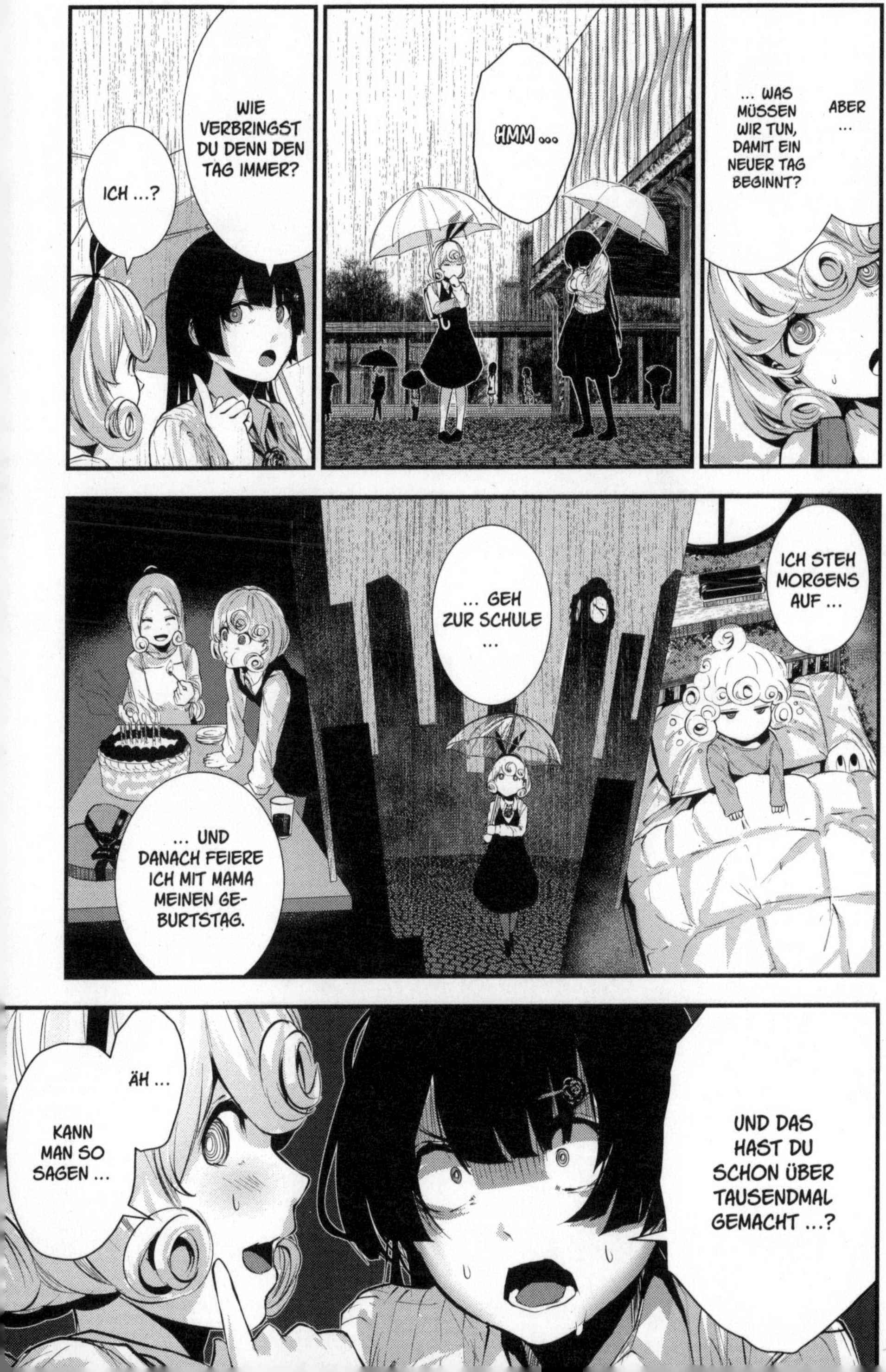
ABER ...
... WAS MÜSSEN WIR TUN, DAMIT EIN NEUER TAG BEGINNT?
HMM ...
WIE VERBRINGST DU DENN DEN TAG IMMER?
ICH ...?
ICH STEH MORGENS AUF ...
... GEH ZUR SCHULE ...
... UND DANACH FEIERE ICH MIT MAMA MEINEN GE-BURTSTAG.
UND DAS HAST DU SCHON ÜBER TAUSENDMAL GEMACHT ...?
ÄH ...
KANN MAN SO SAGEN ...

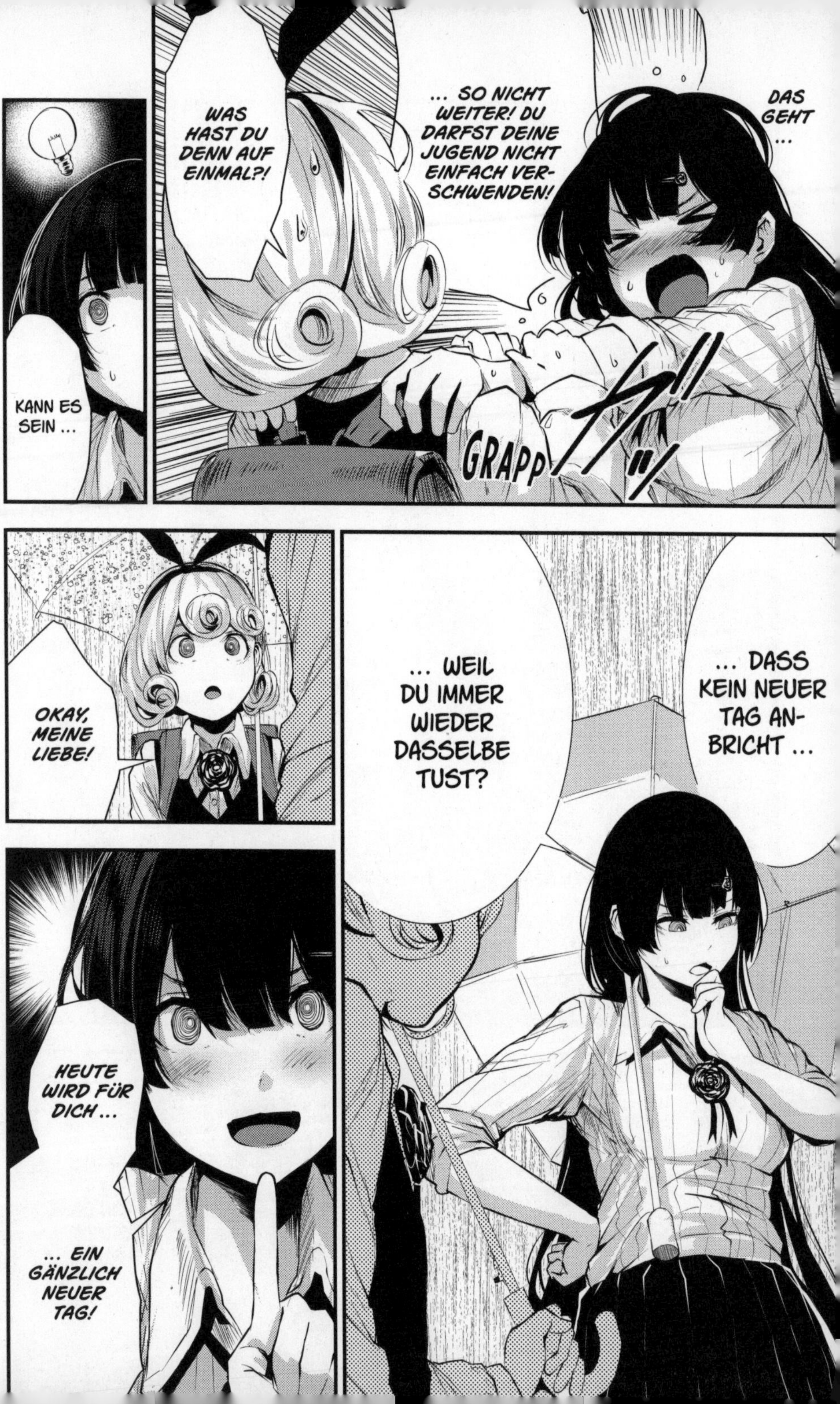

DAS GEHT …
… SO NICHT WEITER! DU DARFST DEINE JUGEND NICHT EINFACH VER-SCHWENDEN!
WAS HAST DU DENN AUF EINMAL?!
GRAPP
KANN ES SEIN …
… DASS KEIN NEUER TAG AN-BRICHT …
… WEIL DU IMMER WIEDER DASSELBE TUST?
OKAY, MEINE LIEBE!
HEUTE WIRD FÜR DICH …
… EIN GÄNZLICH NEUER TAG!

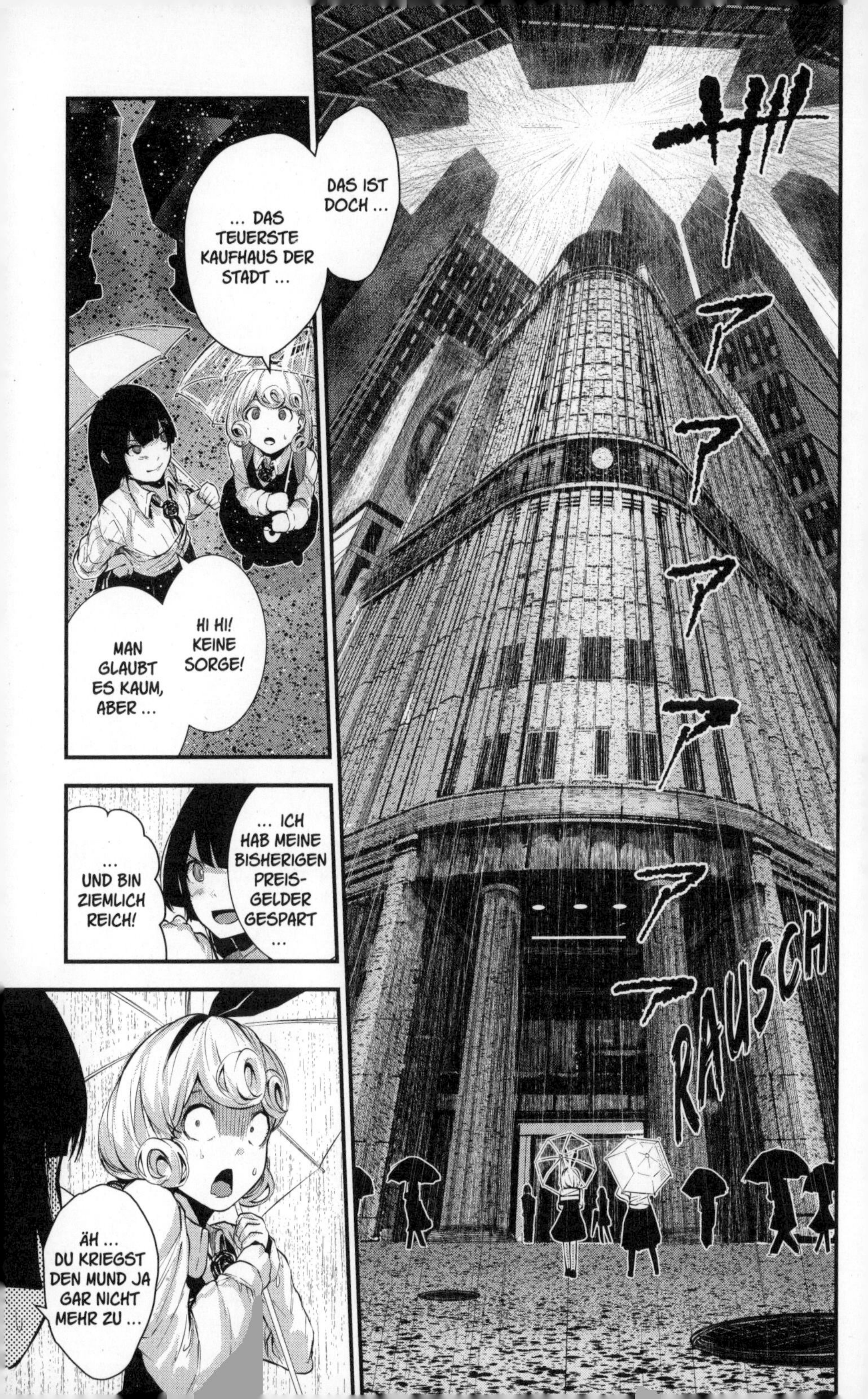
RAUSCH
DAS IST DOCH …
… DAS TEUERSTE KAUFHAUS DER STADT …
HI HI! KEINE SORGE!
MAN GLAUBT ES KAUM, ABER …
… ICH HAB MEINE BISHERIGEN PREIS- GELDER GESPART …
… UND BIN ZIEMLICH REICH!
ÄH … DU KRIEGST DEN MUND JA GAR NICHT MEHR ZU …

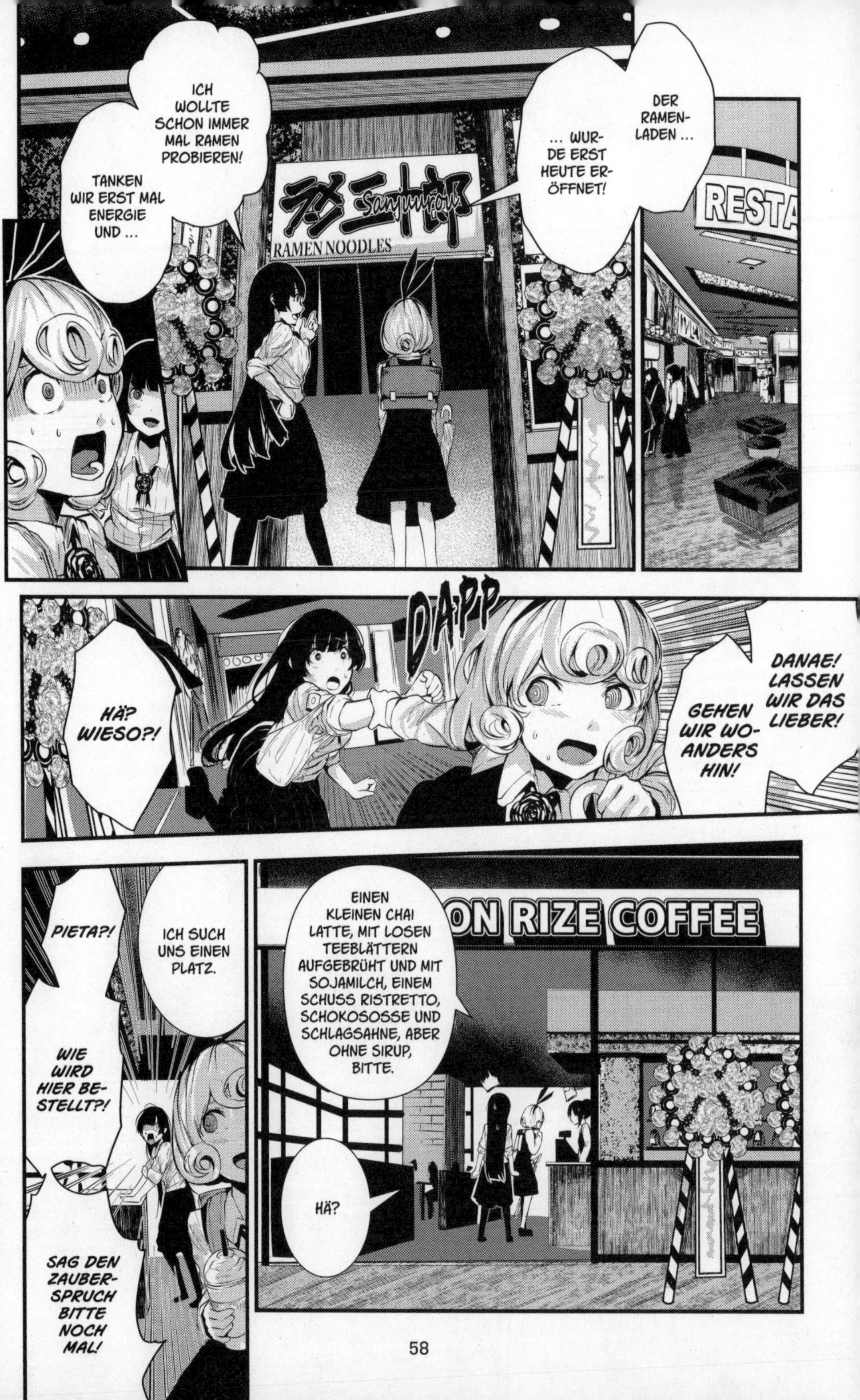
DER RAMEN-LADEN …
… WURDE ERST HEUTE ERÖFFNET!
RAMEN NOODLES
RESTA
ICH WOLLTE SCHON IMMER MAL RAMEN PROBIEREN!
TANKEN WIR ERST MAL ENERGIE UND …
DANAE! LASSEN WIR DAS LIEBER!
GEHEN WIR WO-ANDERS HIN!
DAPP
HÄ? WIESO?!
ON RIZE COFFEE
EINEN KLEINEN CHAI LATTE, MIT LOSEN TEEBLÄTTERN AUFGEBRÜHT UND MIT SOJAMILCH, EINEM SCHUSS RISTRETTO, SCHOKOSOSSE UND SCHLAGSAHNE, ABER OHNE SIRUP, BITTE.
HÄ?
ICH SUCH UNS EINEN PLATZ.
PIETA?!
WIE WIRD HIER BE-STELLT?!
SAG DEN ZAUBER-SPRUCH BITTE NOCH MAL!

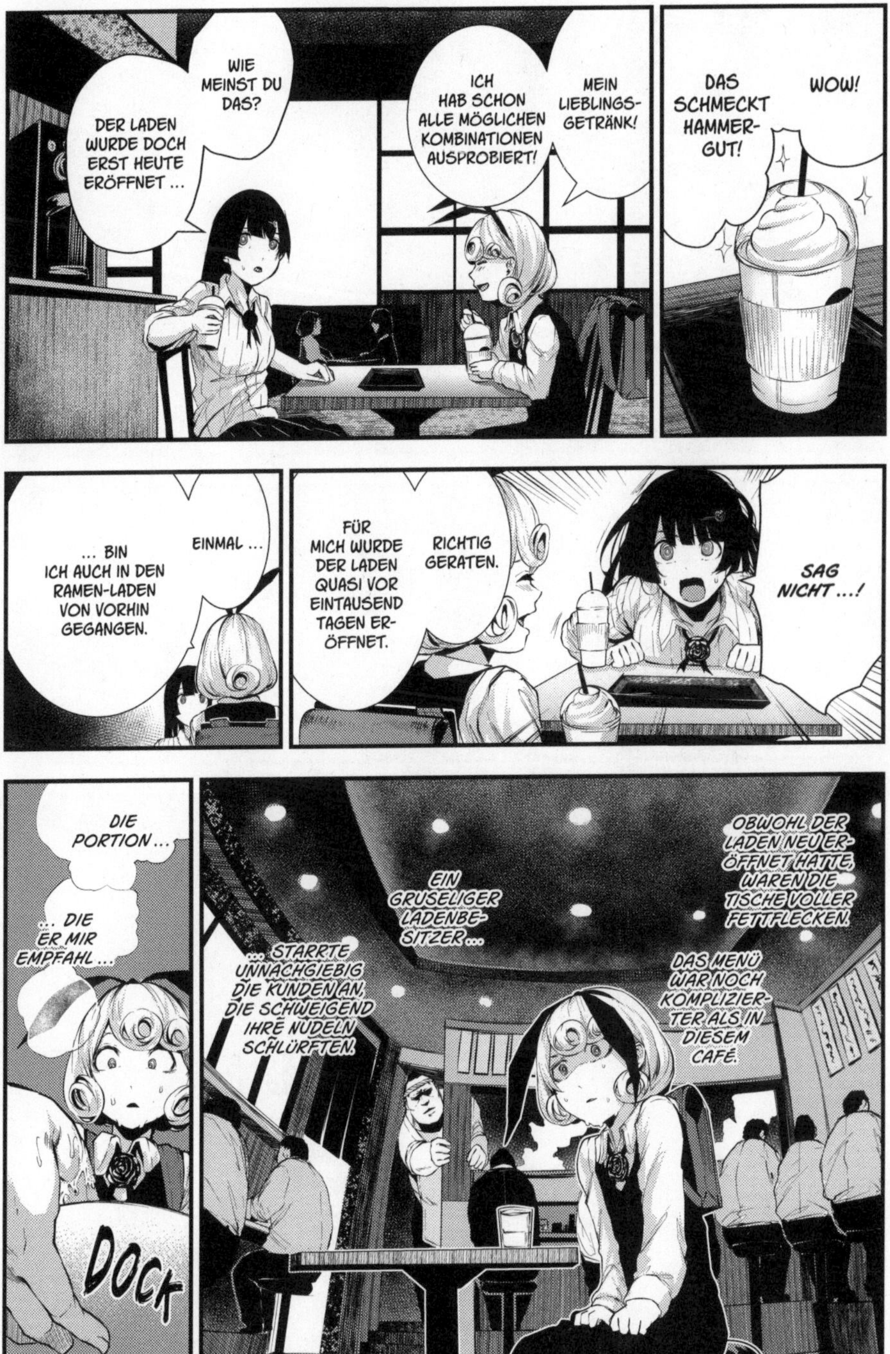
WOW!
DAS SCHMECKT HAMMERGUT!
MEIN LIEBLINGSGETRÄNK!
ICH HAB SCHON ALLE MÖGLICHEN KOMBINATIONEN AUSPROBIERT!
WIE MEINST DU DAS?
DER LADEN WURDE DOCH ERST HEUTE ERÖFFNET …
SAG NICHT …!
RICHTIG GERATEN.
FÜR MICH WURDE DER LADEN QUASI VOR EINTAUSEND TAGEN ERÖFFNET.
EINMAL …
… BIN ICH AUCH IN DEN RAMEN-LADEN VON VORHIN GEGANGEN.
OBWOHL DER LADEN NEU ERÖFFNET HATTE, WAREN DIE TISCHE VOLLER FETTFLECKEN.
DAS MENÜ WAR NOCH KOMPLIZIERTER ALS IN DIESEM CAFÉ.
EIN GRUSELIGER LADENBESITZER …
… STARRTE UNNACHGIEBIG DIE KUNDEN AN, DIE SCHWEIGEND IHRE NUDELN SCHLÜRFTEN.
DIE PORTION …
… DIE ER MIR EMPFAHL …
DOCK

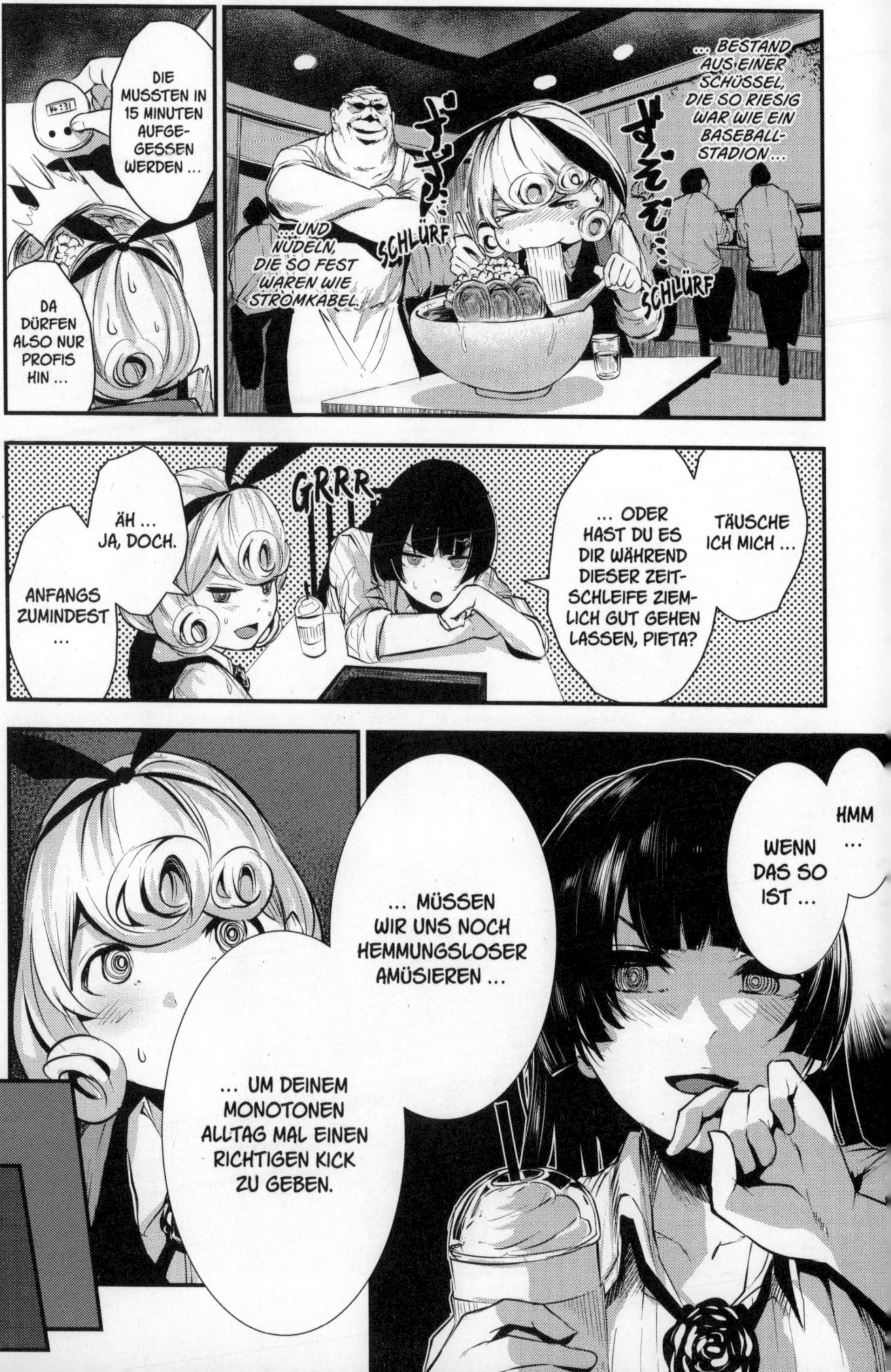
... BESTAND AUS EINER SCHÜSSEL, DIE SO RIESIG WAR WIE EIN BASEBALL-STADION ...
SCHLÜRF
... UND NUDELN, DIE SO FEST WAREN WIE STROMKABEL.
SCHLÜRF
DIE MUSSTEN IN 15 MINUTEN AUFGEGESSEN WERDEN ...
DA DÜRFEN ALSO NUR PROFIS HIN ...
TÄUSCHE ICH MICH ...
... ODER HAST DU ES DIR WÄHREND DIESER ZEITSCHLEIFE ZIEMLICH GUT GEHEN LASSEN, PIETA?
GRRR
ÄH ... JA, DOCH.
ANFANGS ZUMINDEST ...
HMM ...
WENN DAS SO IST ...
... MÜSSEN WIR UNS NOCH HEMMUNGSLOSER AMÜSIEREN ...
... UM DEINEM MONOTONEN ALLTAG MAL EINEN RICHTIGEN KICK ZU GEBEN.

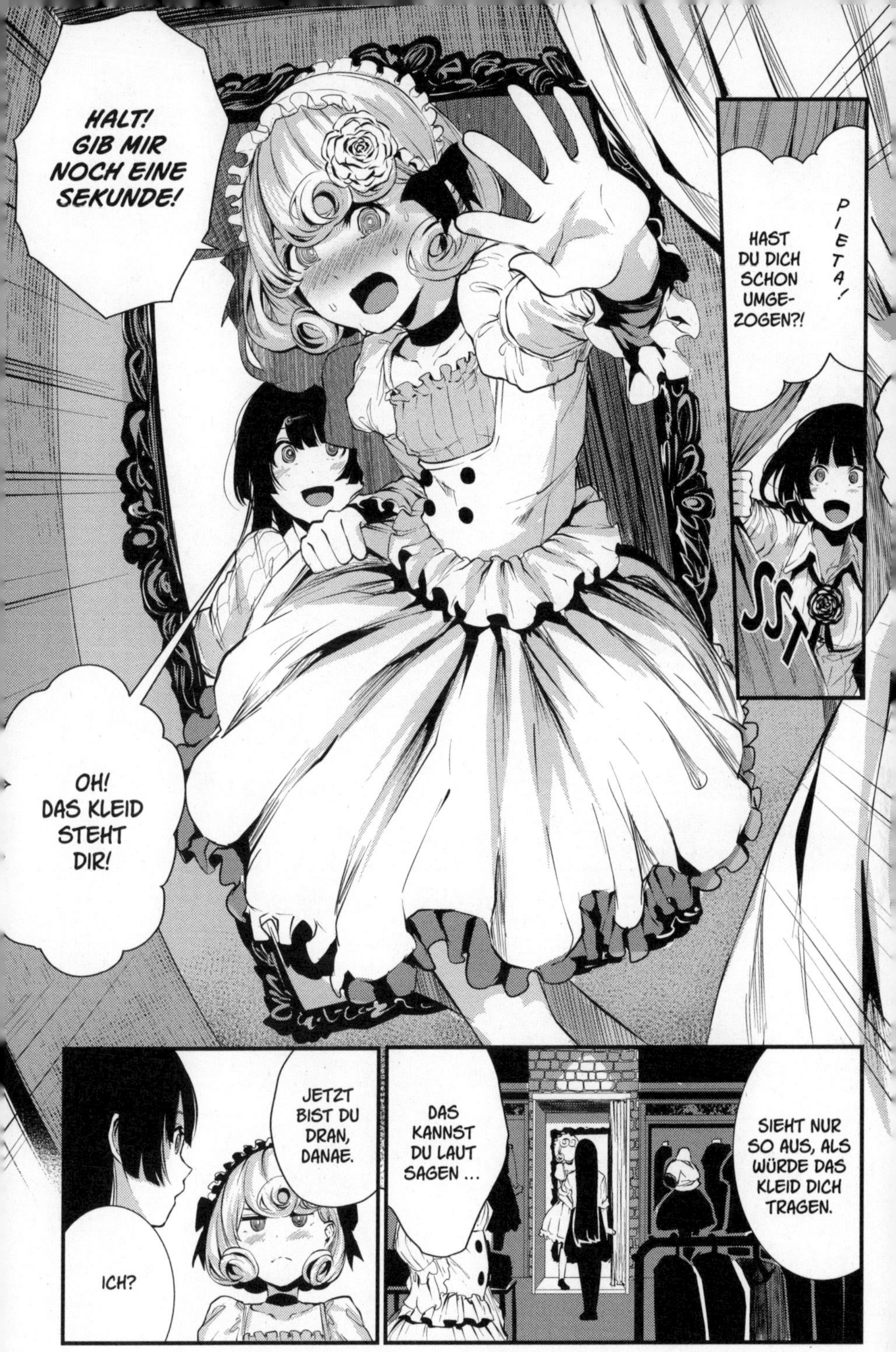
PIETA!
HAST DU DICH SCHON UMGE-ZOGEN?!
SST
HALT! GIB MIR NOCH EINE SEKUNDE!
OH! DAS KLEID STEHT DIR!
SIEHT NUR SO AUS, ALS WÜRDE DAS KLEID DICH TRAGEN.
DAS KANNST DU LAUT SAGEN …
JETZT BIST DU DRAN, DANAE.
ICH?

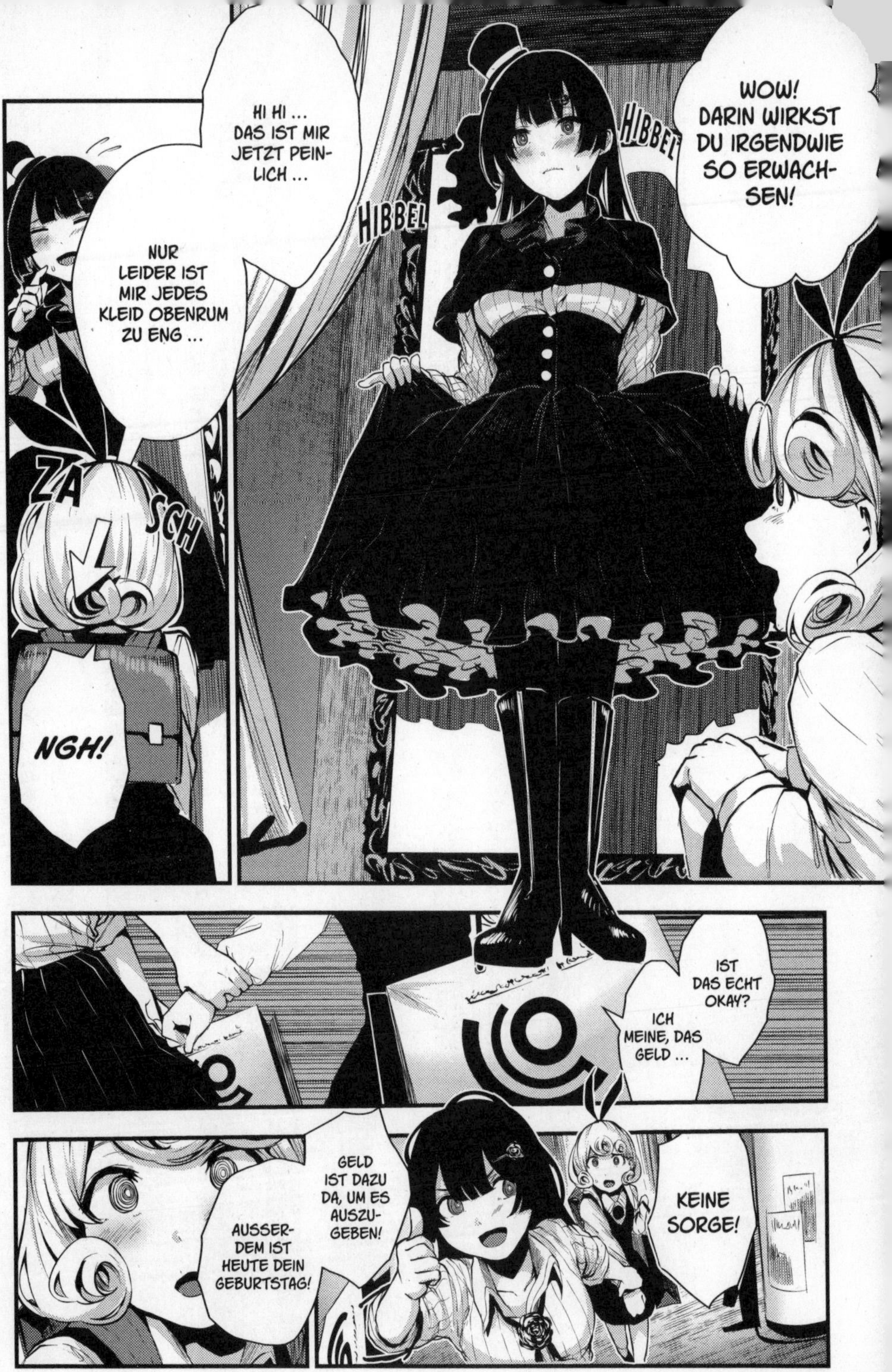
WOW! DARIN WIRKST DU IRGENDWIE SO ERWACH-SEN!
HIBBEL
HIBBEL
HI HI ... DAS IST MIR JETZT PEIN-LICH ...
NUR LEIDER IST MIR JEDES KLEID OBENRUM ZU ENG ...
ZA SCH
NGH!
IST DAS ECHT OKAY?
ICH MEINE, DAS GELD ...
KEINE SORGE!
GELD IST DAZU DA, UM ES AUSZU-GEBEN!
AUSSER-DEM IST HEUTE DEIN GEBURTSTAG!

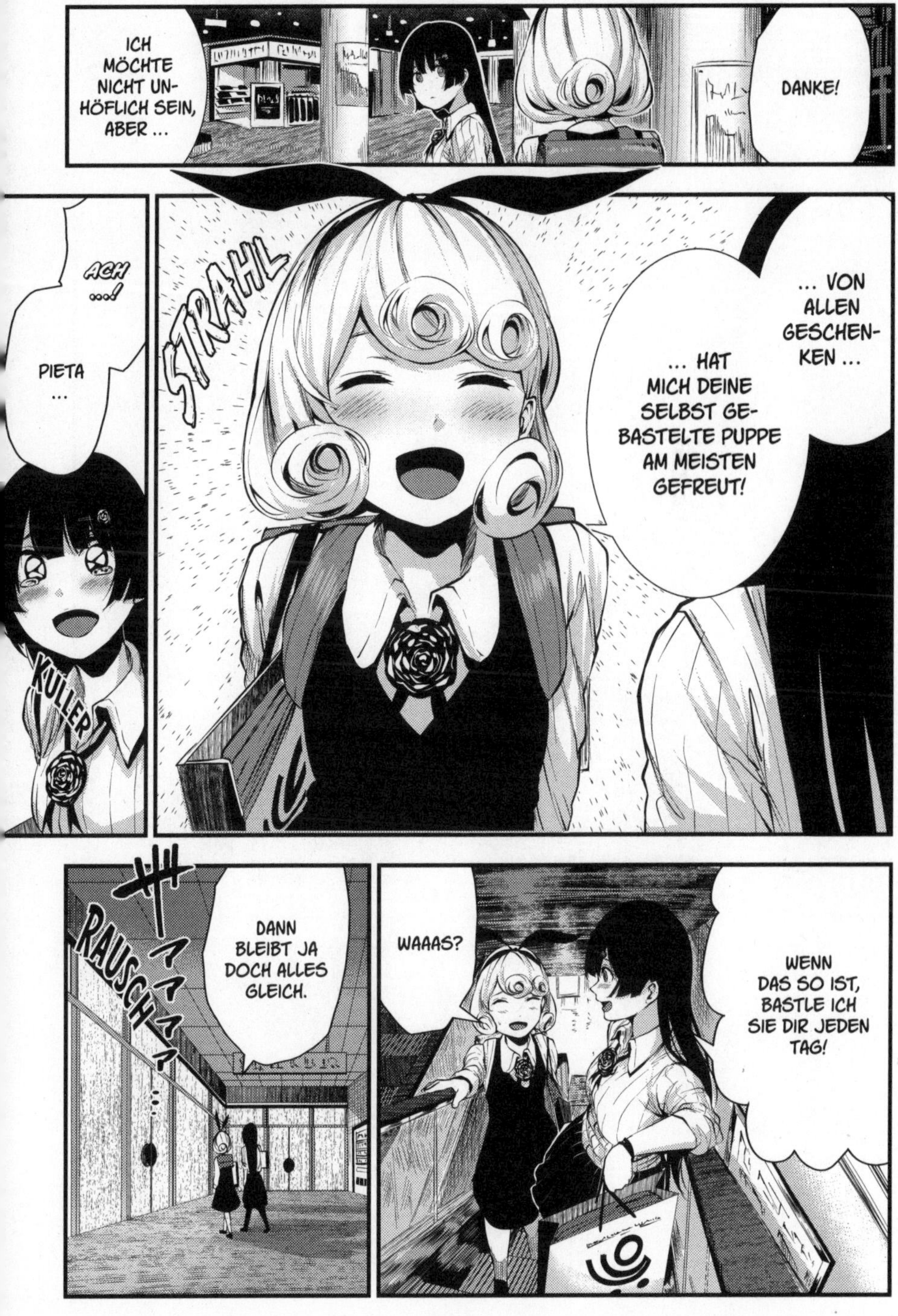
DANKE!
ICH MÖCHTE NICHT UNHÖFLICH SEIN, ABER …
… VON ALLEN GESCHENKEN …
… HAT MICH DEINE SELBST GEBASTELTE PUPPE AM MEISTEN GEFREUT!
STRAHL
ACH …!
PIETA …
KULLER
WENN DAS SO IST, BASTLE ICH SIE DIR JEDEN TAG!
WAAAS?
DANN BLEIBT JA DOCH ALLES GLEICH.
RAUSCH

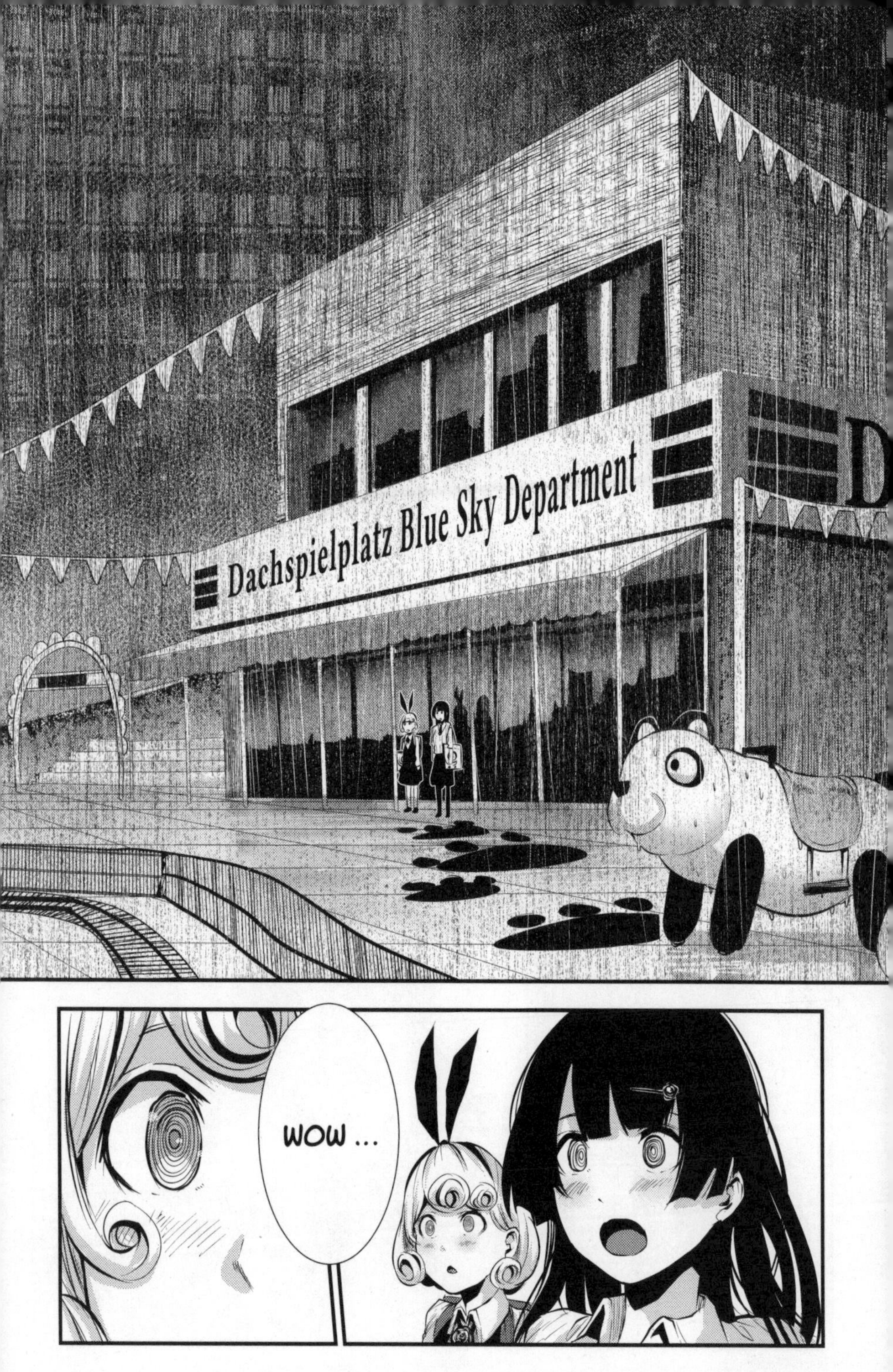
Dachspielplatz Blue Sky Department
WOW ...

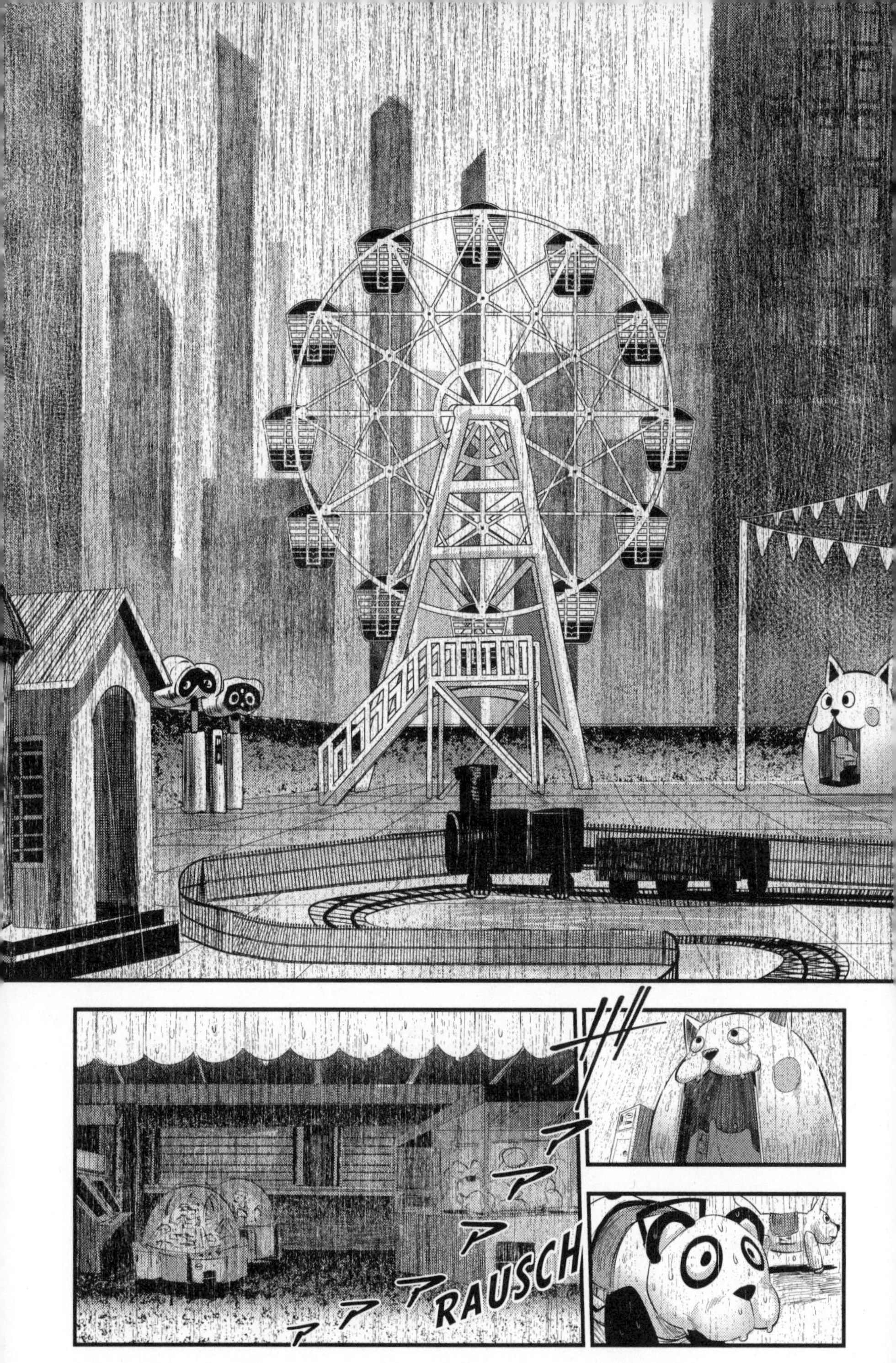

RAUSCH

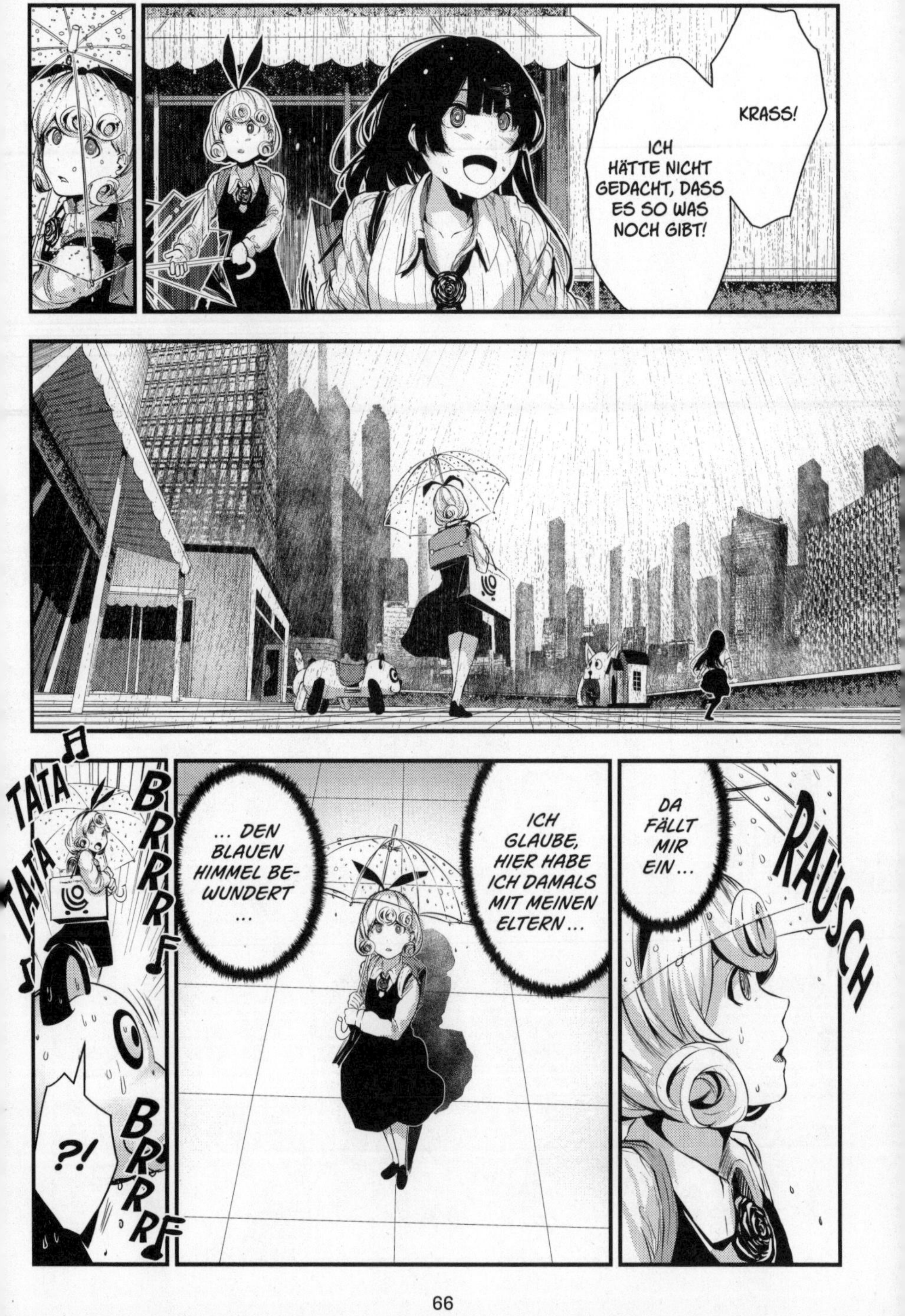
KRASS!
ICH HÄTTE NICHT GEDACHT, DASS ES SO WAS NOCH GIBT!
RAUSCH
DA FÄLLT MIR EIN …
ICH GLAUBE, HIER HABE ICH DAMALS MIT MEINEN ELTERN …
… DEN BLAUEN HIMMEL BE-WUNDERT …
BRRRF
TATA TATA
BRRRF
?!

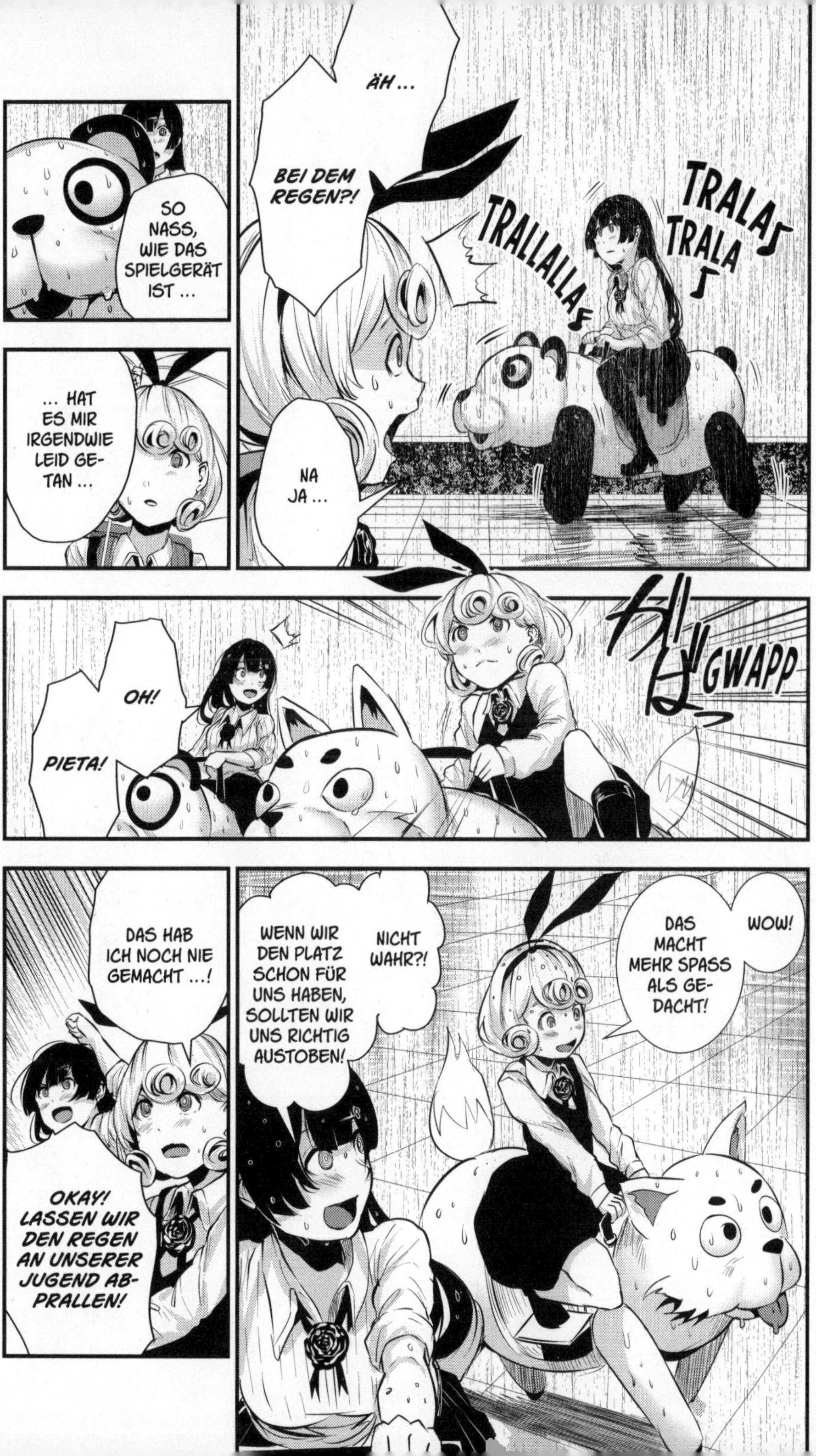
ÄH …
BEI DEM REGEN?!
TRALALLA
TRALA TRALA
NA JA …
SO NASS, WIE DAS SPIELGERÄT IST …
… HAT ES MIR IRGENDWIE LEID GETAN …
GWAPP
OH!
PIETA!
WOW!
DAS MACHT MEHR SPASS ALS GEDACHT!
NICHT WAHR?!
WENN WIR DEN PLATZ SCHON FÜR UNS HABEN, SOLLTEN WIR UNS RICHTIG AUSTOBEN!
DAS HAB ICH NOCH NIE GEMACHT …!
OKAY! LASSEN WIR DEN REGEN AN UNSERER JUGEND ABPRALLEN!

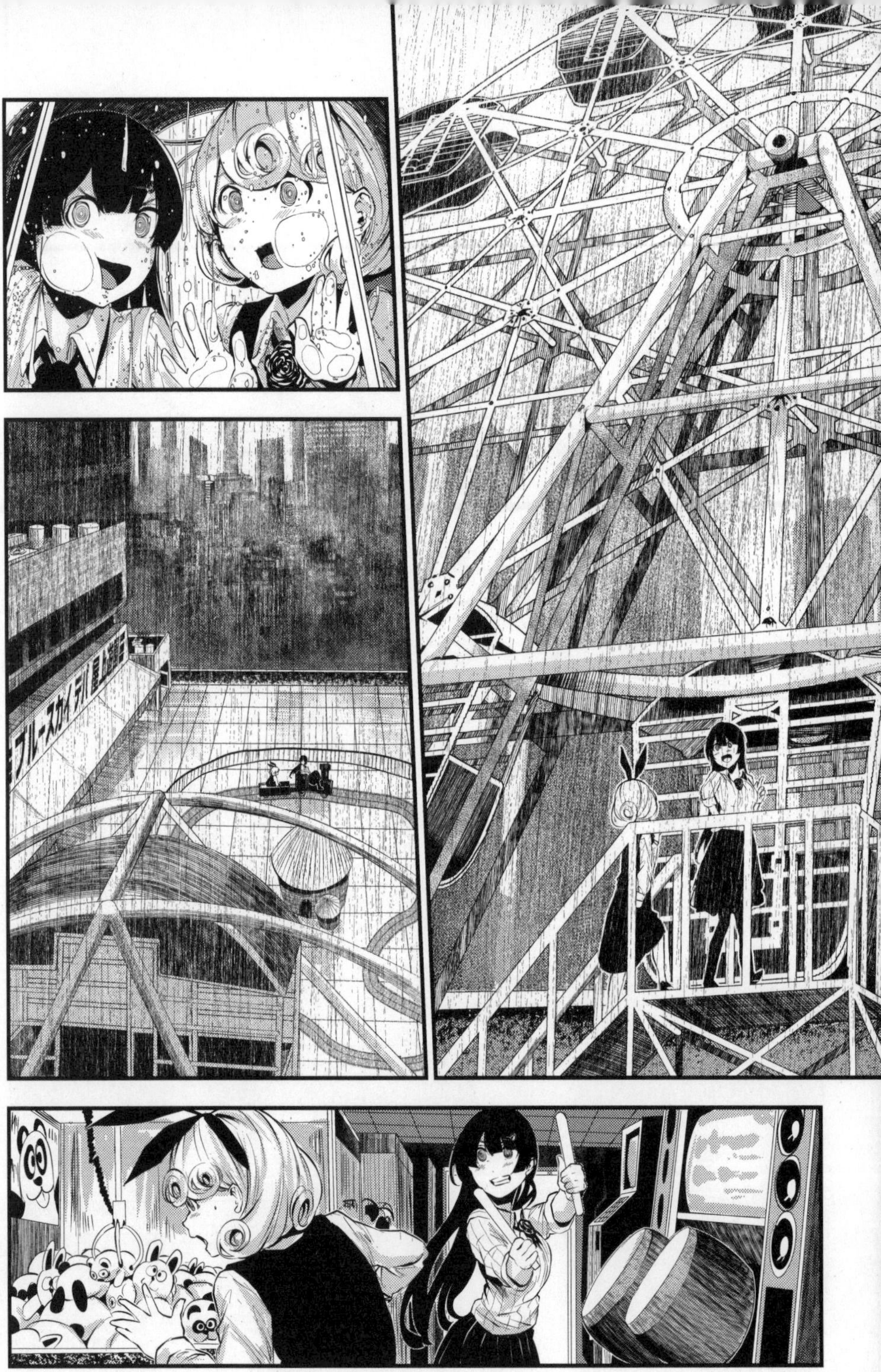
ブルースカイ デパ 屋上遊園

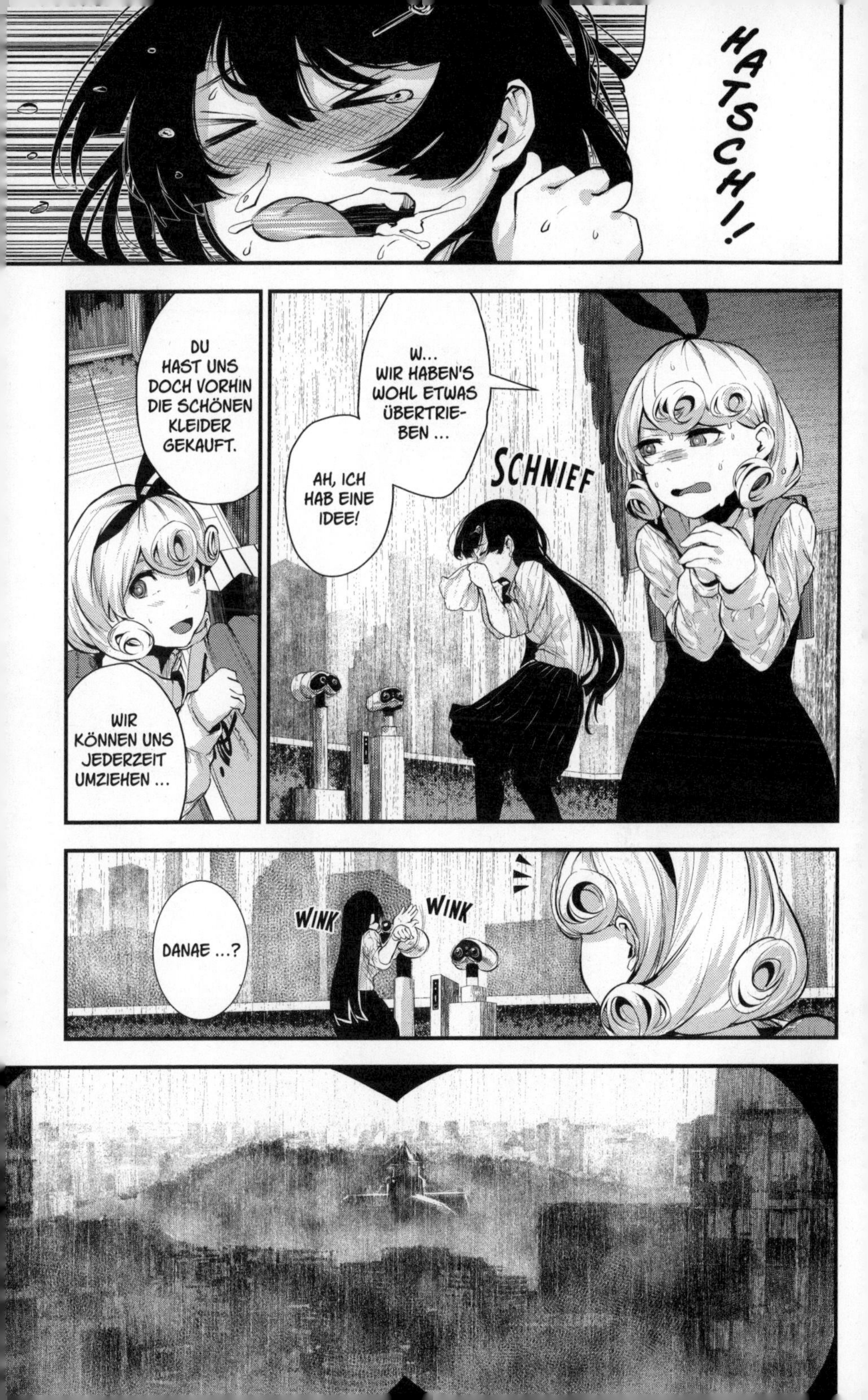
HATSCH!!
W… WIR HABEN'S WOHL ETWAS ÜBERTRIEBEN …
SCHNIEF
AH, ICH HAB EINE IDEE!
DU HAST UNS DOCH VORHIN DIE SCHÖNEN KLEIDER GEKAUFT.
WIR KÖNNEN UNS JEDERZEIT UMZIEHEN …
WINK
WINK
DANAE …?

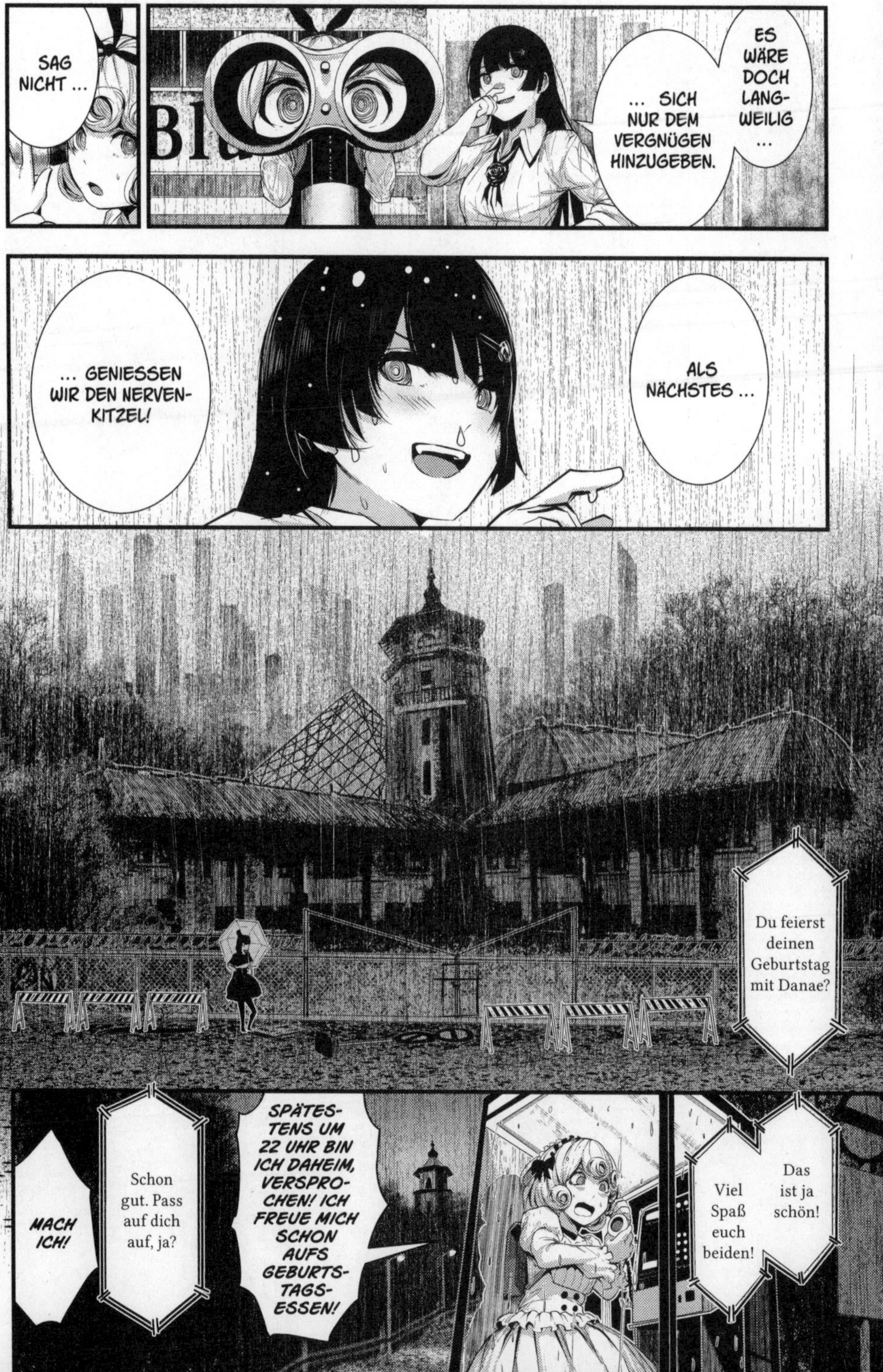
ES WÄRE DOCH LANGWEILIG …
… SICH NUR DEM VERGNÜGEN HINZUGEBEN.
SAG NICHT …
ALS NÄCHSTES …
… GENIESSEN WIR DEN NERVENKITZEL!
Du feierst deinen Geburtstag mit Danae?
Das ist ja schön!
Viel Spaß euch beiden!
SPÄTESTENS UM 22 UHR BIN ICH DAHEIM, VERSPROCHEN! ICH FREUE MICH SCHON AUFS GEBURTSTAGSESSEN!
Schon gut. Pass auf dich auf, ja?
MACH ICH!

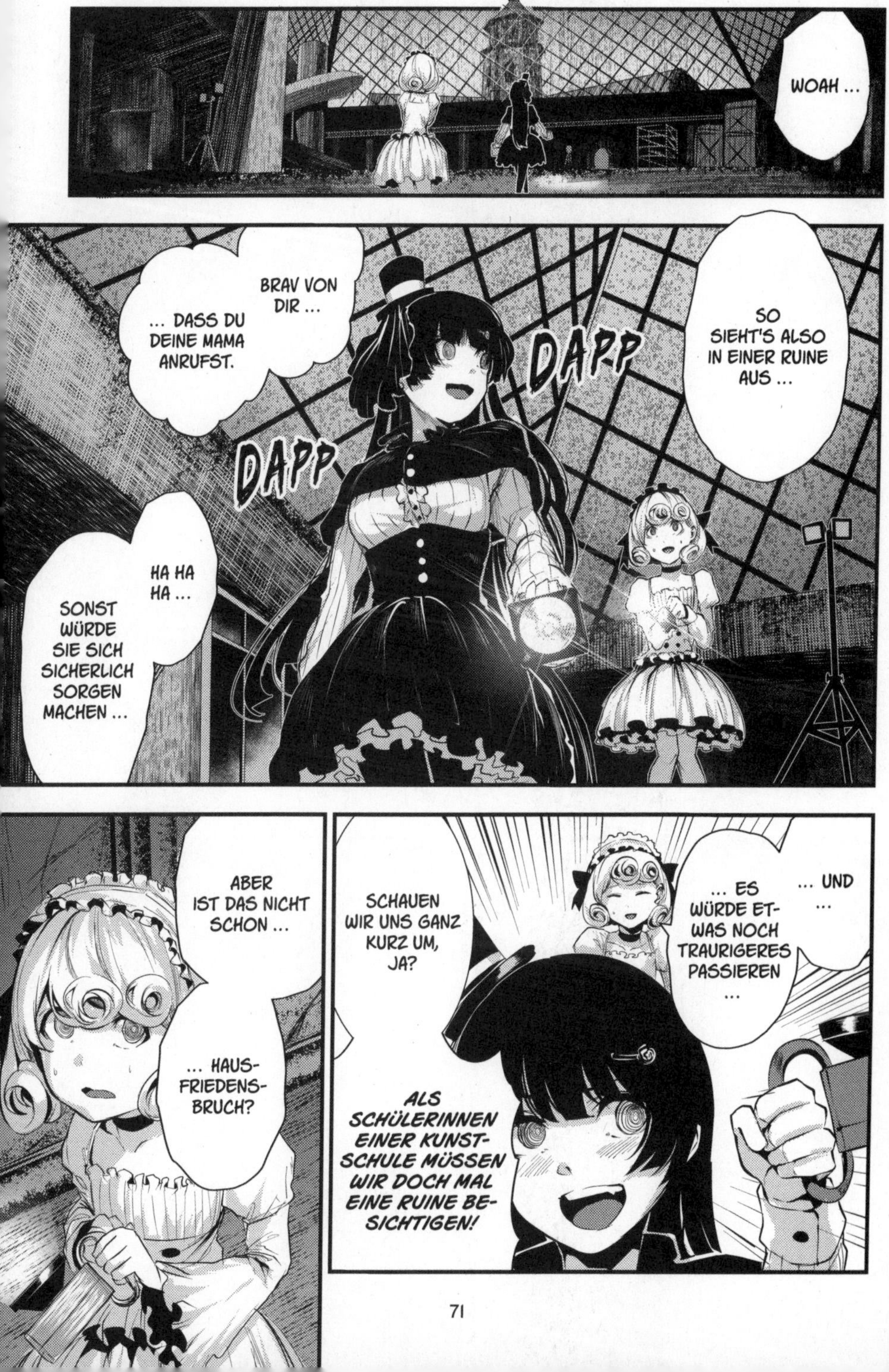
WOAH …
SO SIEHT'S ALSO IN EINER RUINE AUS …
DAPP
DAPP
BRAV VON DIR …
… DASS DU DEINE MAMA ANRUFST.
HA HA HA …
SONST WÜRDE SIE SICH SICHERLICH SORGEN MACHEN …
… UND …
… ES WÜRDE ET-WAS NOCH TRAURIGERES PASSIEREN …
SCHAUEN WIR UNS GANZ KURZ UM, JA?
ALS SCHÜLERINNEN EINER KUNST-SCHULE MÜSSEN WIR DOCH MAL EINE RUINE BE-SICHTIGEN!
ABER IST DAS NICHT SCHON …
… HAUS-FRIEDENS-BRUCH?

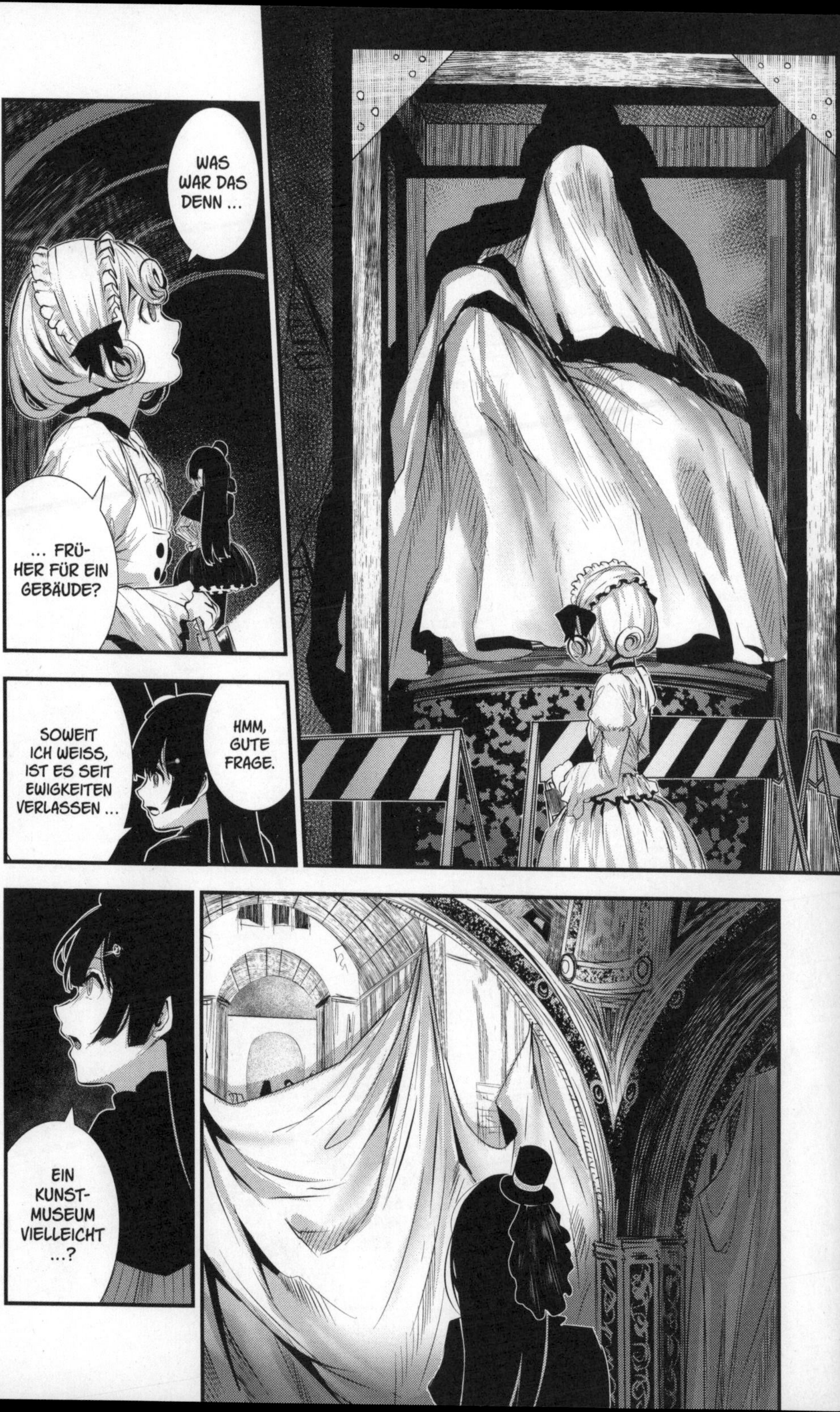
WAS WAR DAS DENN …
… FRÜHER FÜR EIN GEBÄUDE?
HMM, GUTE FRAGE.
SOWEIT ICH WEISS, IST ES SEIT EWIGKEITEN VERLASSEN …
EIN KUNST-MUSEUM VIELLEICHT …?

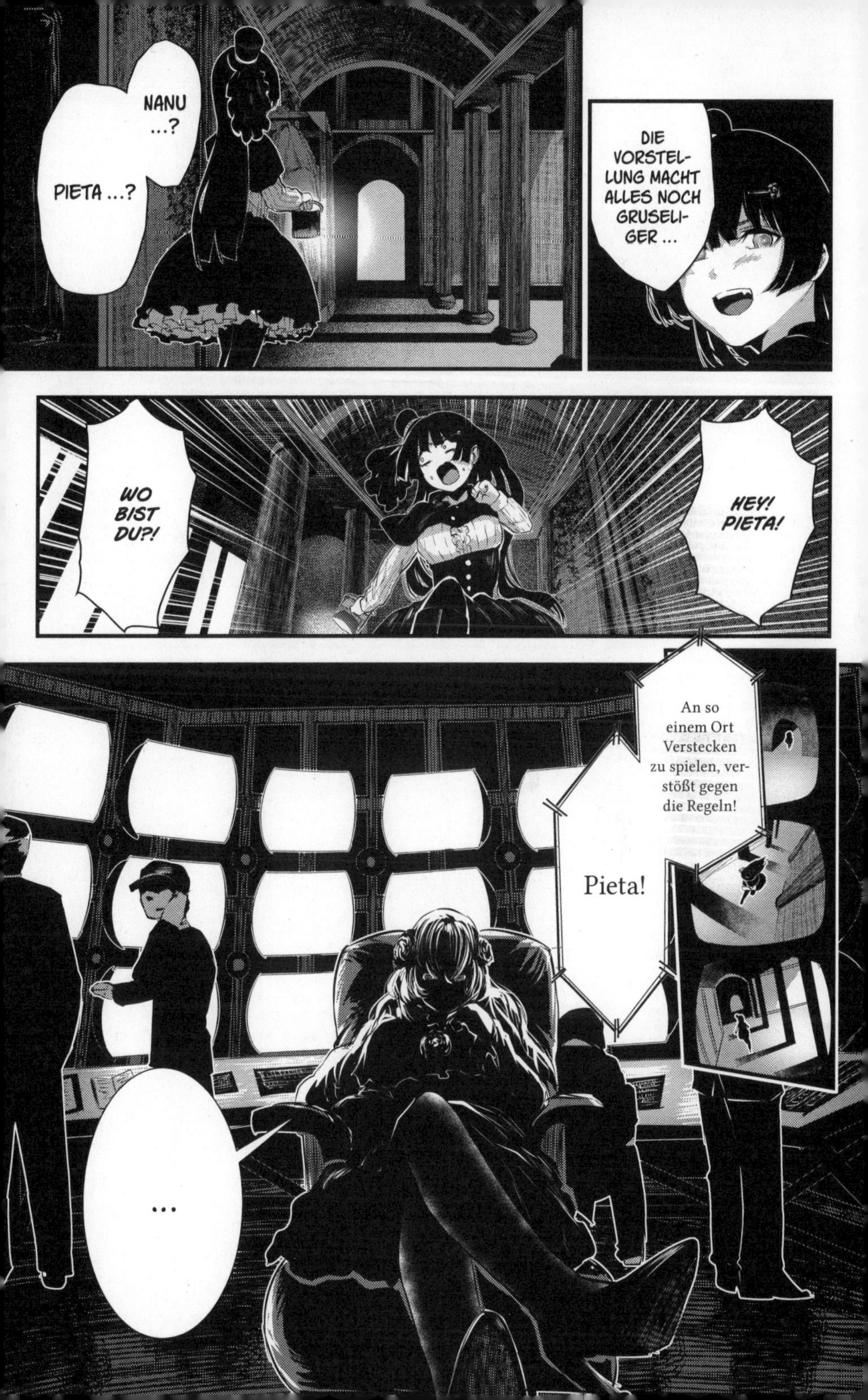
DIE VORSTEL-LUNG MACHT ALLES NOCH GRUSELI-GER ...
NANU ...?
PIETA ...?
HEY! PIETA!
WO BIST DU?!
Pieta!
An so einem Ort Verstecken zu spielen, verstößt gegen die Regeln!
...

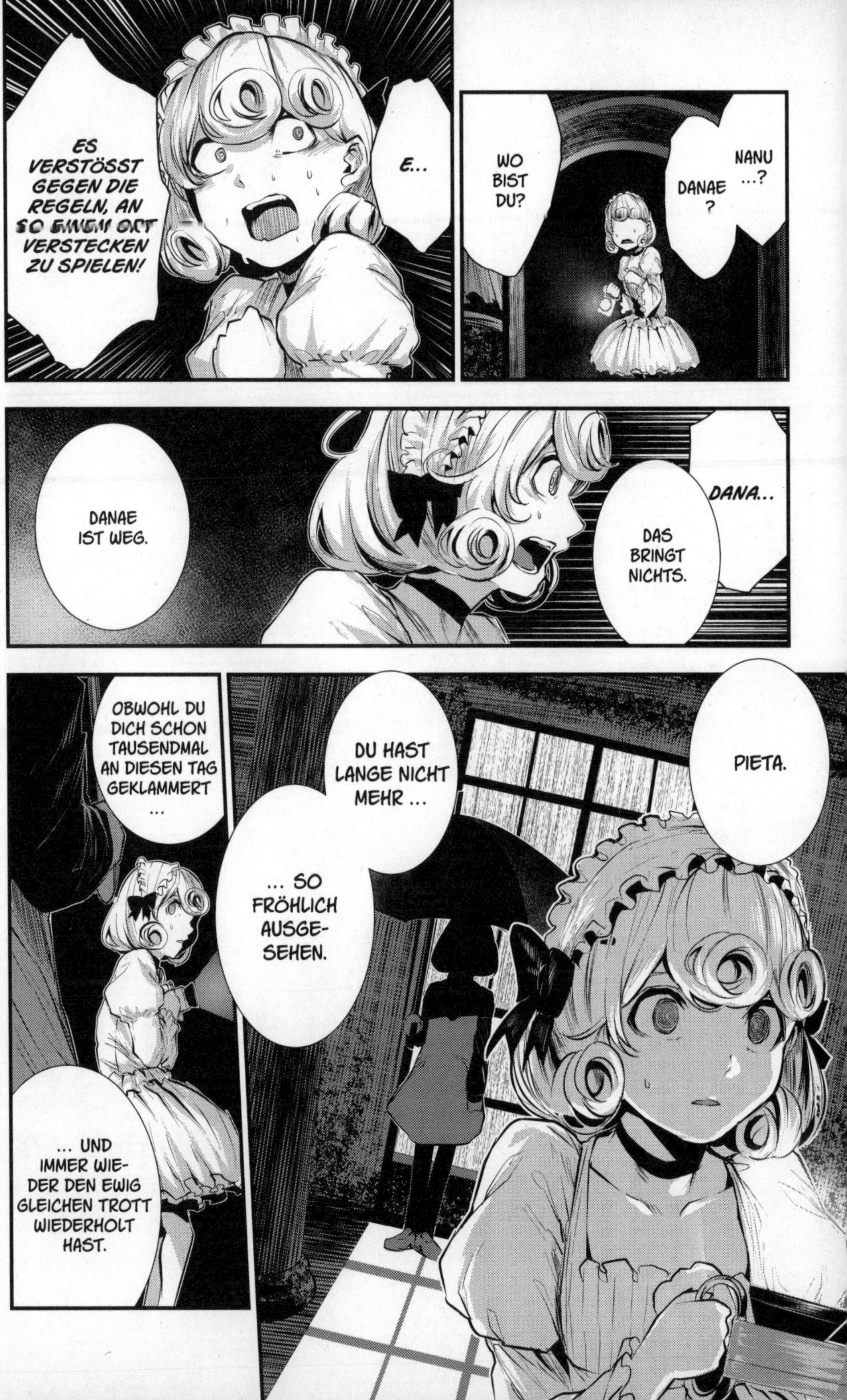
NANU …?
DANAE ?
WO BIST DU?
E…
ES VERSTÖSST GEGEN DIE REGELN, AN SO EINEM ORT VERSTECKEN ZU SPIELEN!
DANA…
DAS BRINGT NICHTS.
DANAE IST WEG.
PIETA.
DU HAST LANGE NICHT MEHR …
… SO FRÖHLICH AUSGE-SEHEN.
OBWOHL DU DICH SCHON TAUSENDMAL AN DIESEN TAG GEKLAMMERT …
… UND IMMER WIE-DER DEN EWIG GLEICHEN TROTT WIEDERHOLT HAST.

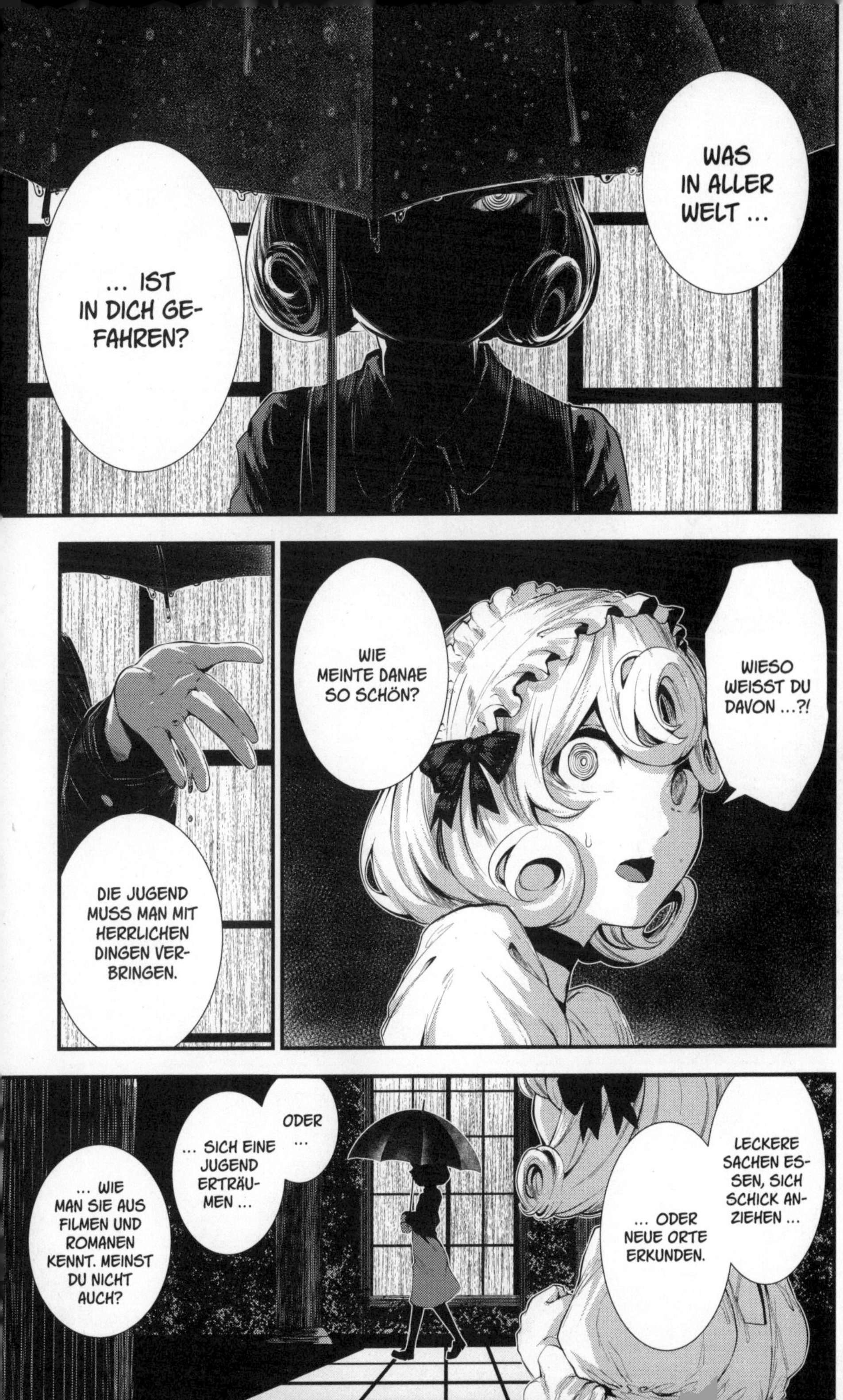
WAS IN ALLER WELT …
… IST IN DICH GEFAHREN?
WIESO WEISST DU DAVON …?!
WIE MEINTE DANAE SO SCHÖN?
DIE JUGEND MUSS MAN MIT HERRLICHEN DINGEN VERBRINGEN.
LECKERE SACHEN ESSEN, SICH SCHICK ANZIEHEN …
… ODER NEUE ORTE ERKUNDEN.
ODER …
… SICH EINE JUGEND ERTRÄUMEN …
… WIE MAN SIE AUS FILMEN UND ROMANEN KENNT. MEINST DU NICHT AUCH?

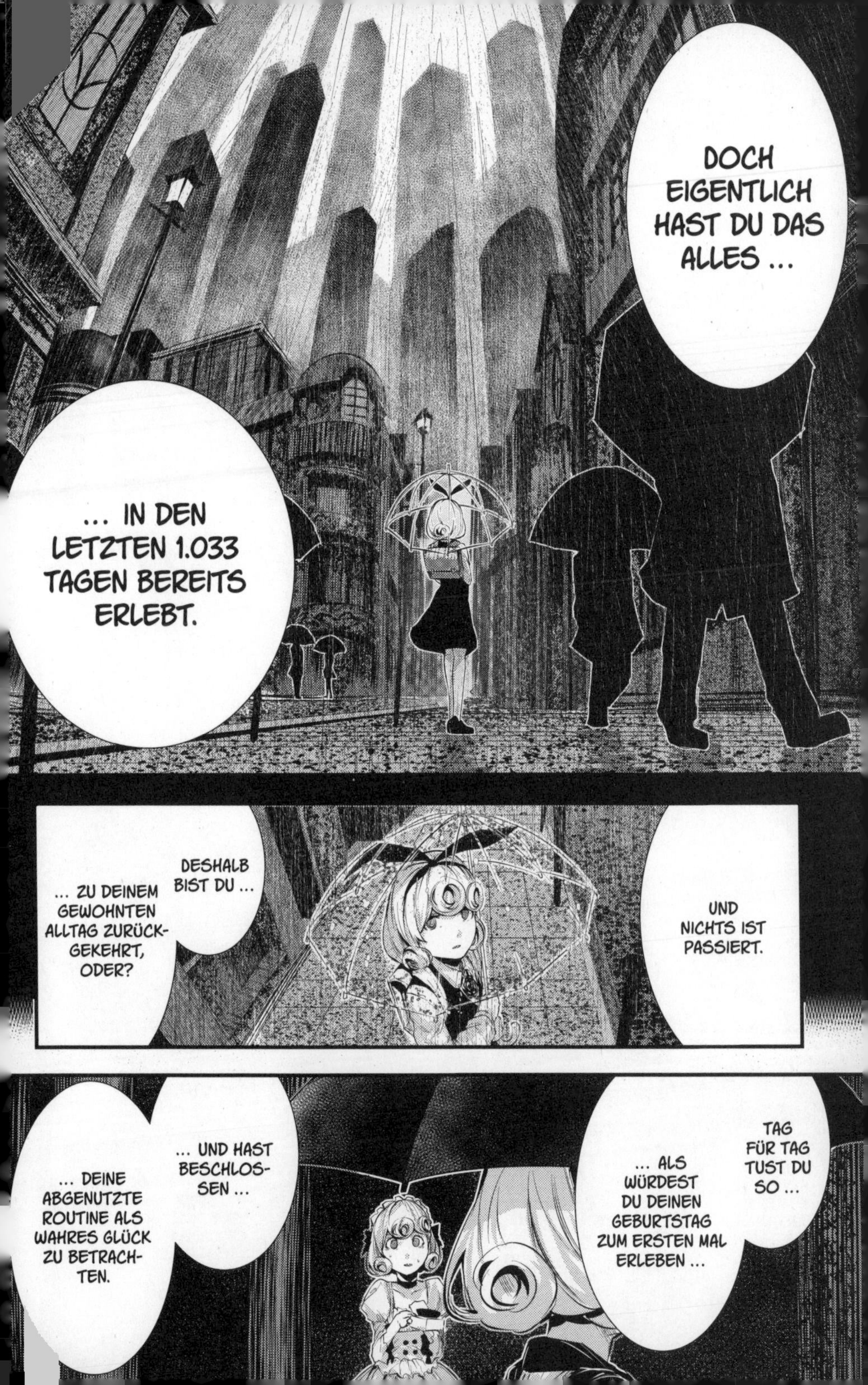
DOCH EIGENTLICH HAST DU DAS ALLES ...
... IN DEN LETZTEN 1.033 TAGEN BEREITS ERLEBT.
UND NICHTS IST PASSIERT.
DESHALB BIST DU ...
... ZU DEINEM GEWOHNTEN ALLTAG ZURÜCK-GEKEHRT, ODER?
TAG FÜR TAG TUST DU SO ...
... ALS WÜRDEST DU DEINEN GEBURTSTAG ZUM ERSTEN MAL ERLEBEN ...
... UND HAST BESCHLOS-SEN ...
... DEINE ABGENUTZTE ROUTINE ALS WAHRES GLÜCK ZU BETRACH-TEN.

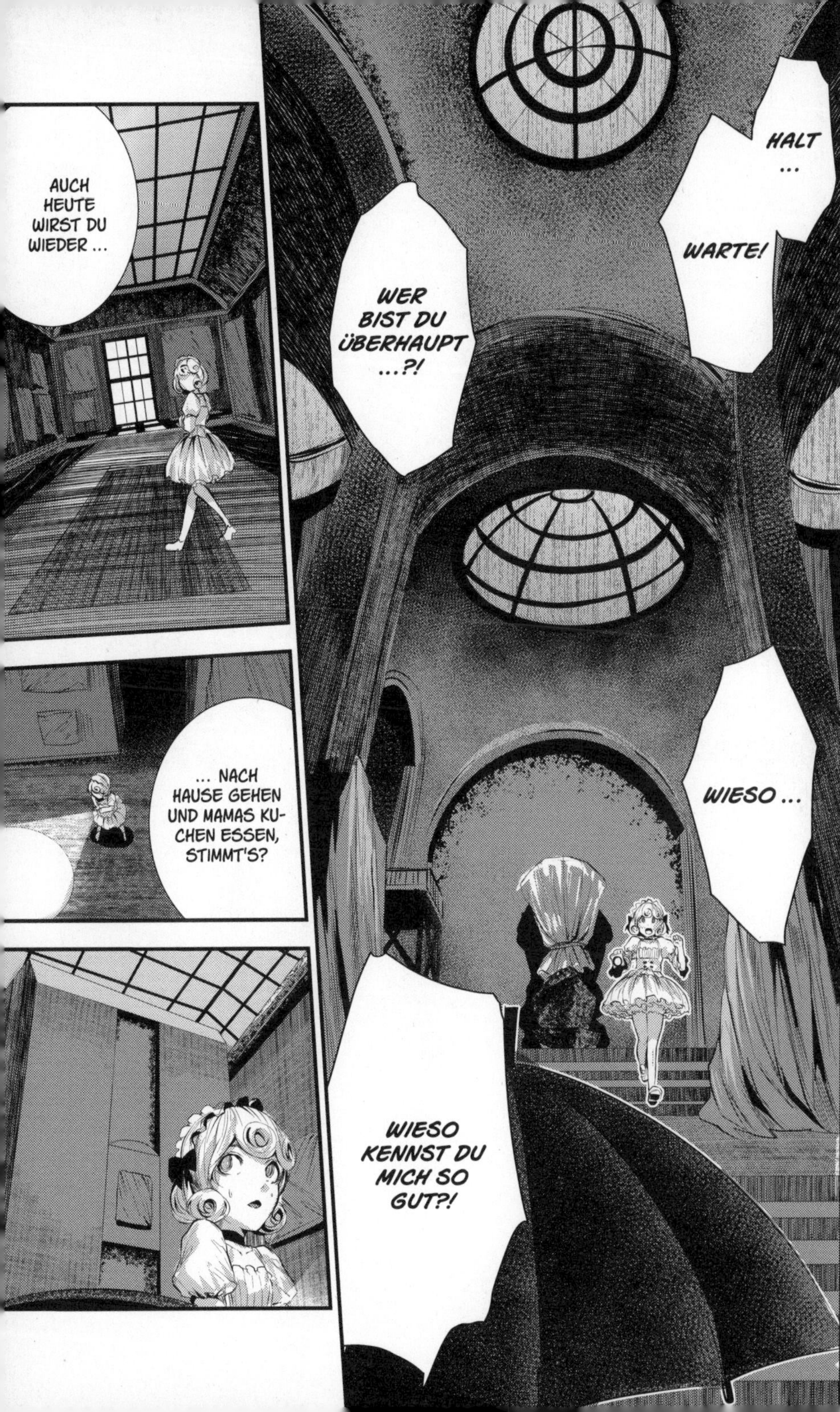
HALT ... WARTE!
WER BIST DU ÜBERHAUPT ...?!
WIESO ...
WIESO KENNST DU MICH SO GUT?!
AUCH HEUTE WIRST DU WIEDER ...
... NACH HAUSE GEHEN UND MAMAS KU-CHEN ESSEN, STIMMT'S?

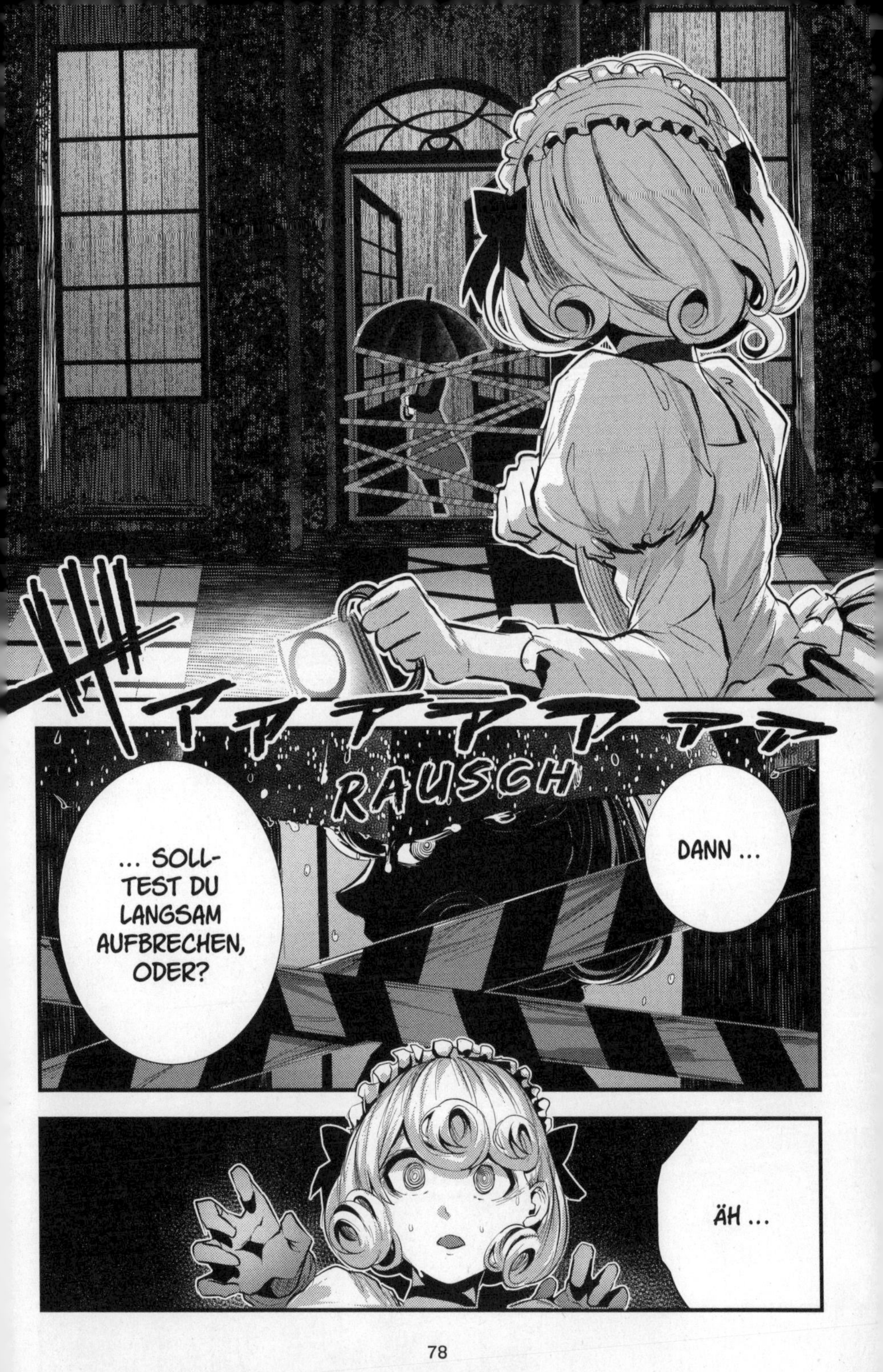

RAUSCH
DANN …
… SOLL-
TEST DU
LANGSAM
AUFBRECHEN,
ODER?
ÄH …

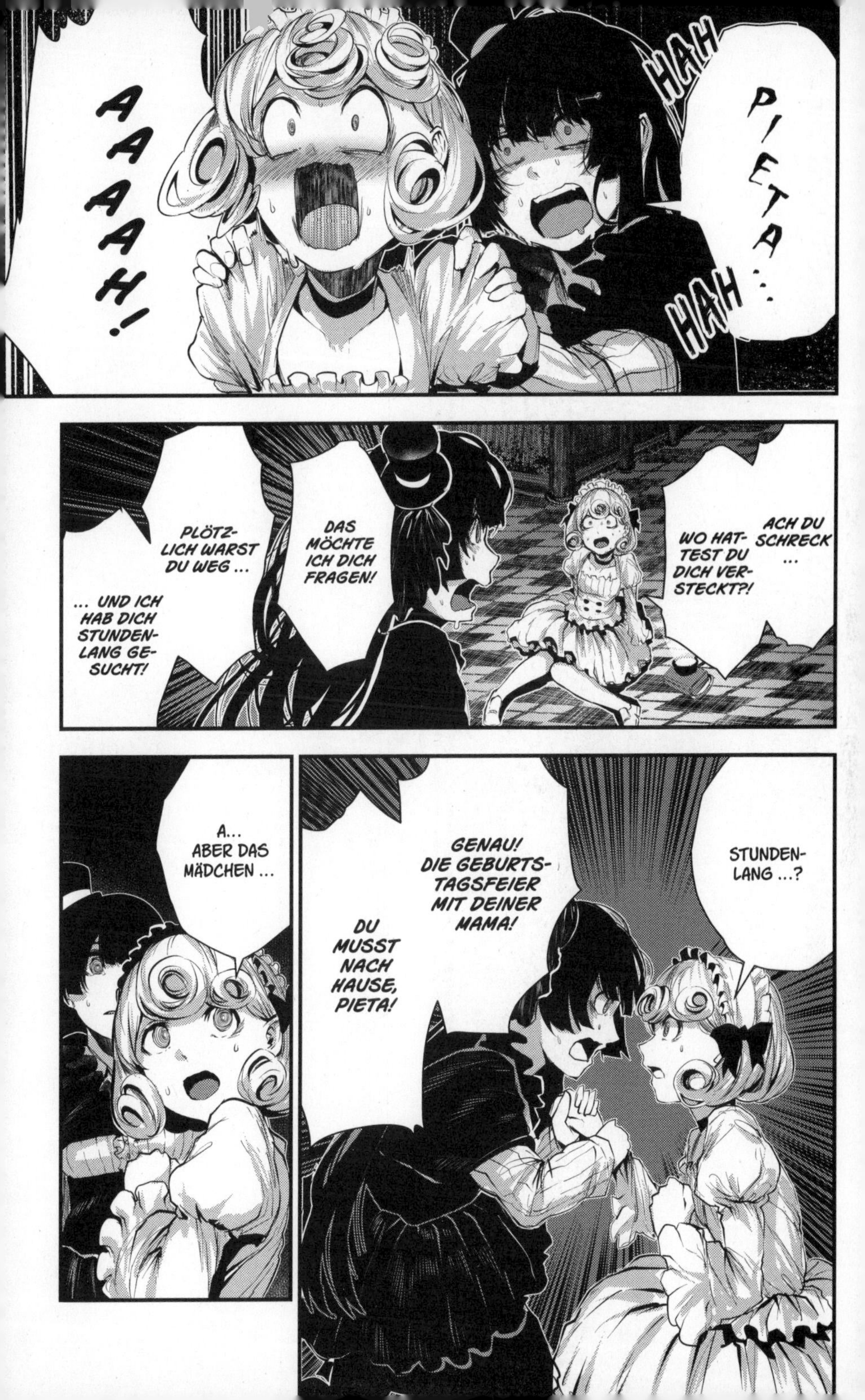
HAH
PIETA …
HAH
AAAAAH!
ACH DU SCHRECK …
WO HAT-TEST DU DICH VER-STECKT?!
DAS MÖCHTE ICH DICH FRAGEN!
PLÖTZ-LICH WARST DU WEG …
… UND ICH HAB DICH STUNDEN-LANG GE-SUCHT!
STUNDEN-LANG …?
GENAU! DIE GEBURTS-TAGSFEIER MIT DEINER MAMA!
DU MUSST NACH HAUSE, PIETA!
A… ABER DAS MÄDCHEN …

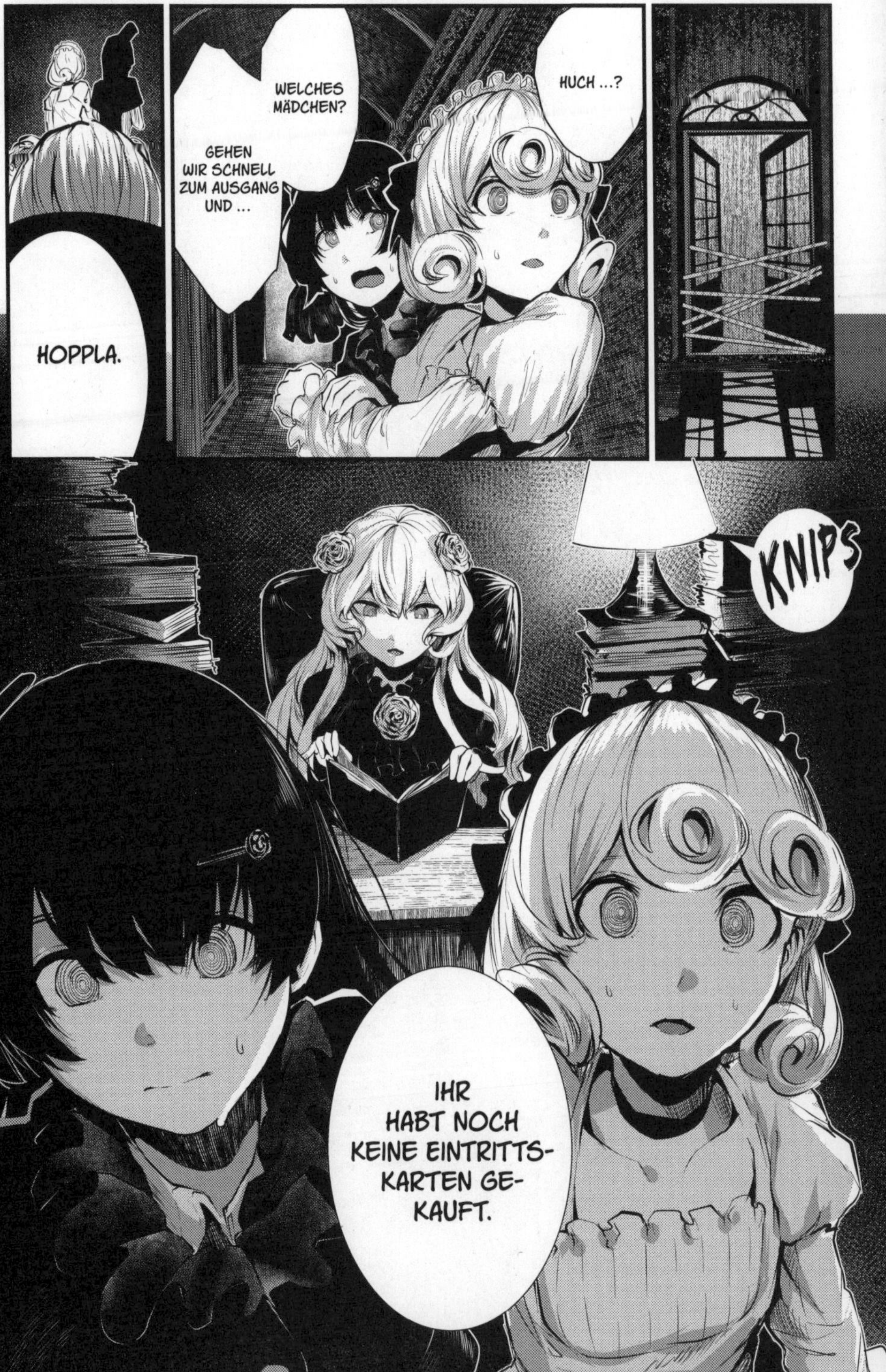
HUCH …?
WELCHES MÄDCHEN?
GEHEN WIR SCHNELL ZUM AUSGANG UND …
HOPPLA.
KNIPS
IHR HABT NOCH KEINE EINTRITTS-KARTEN GE-KAUFT.

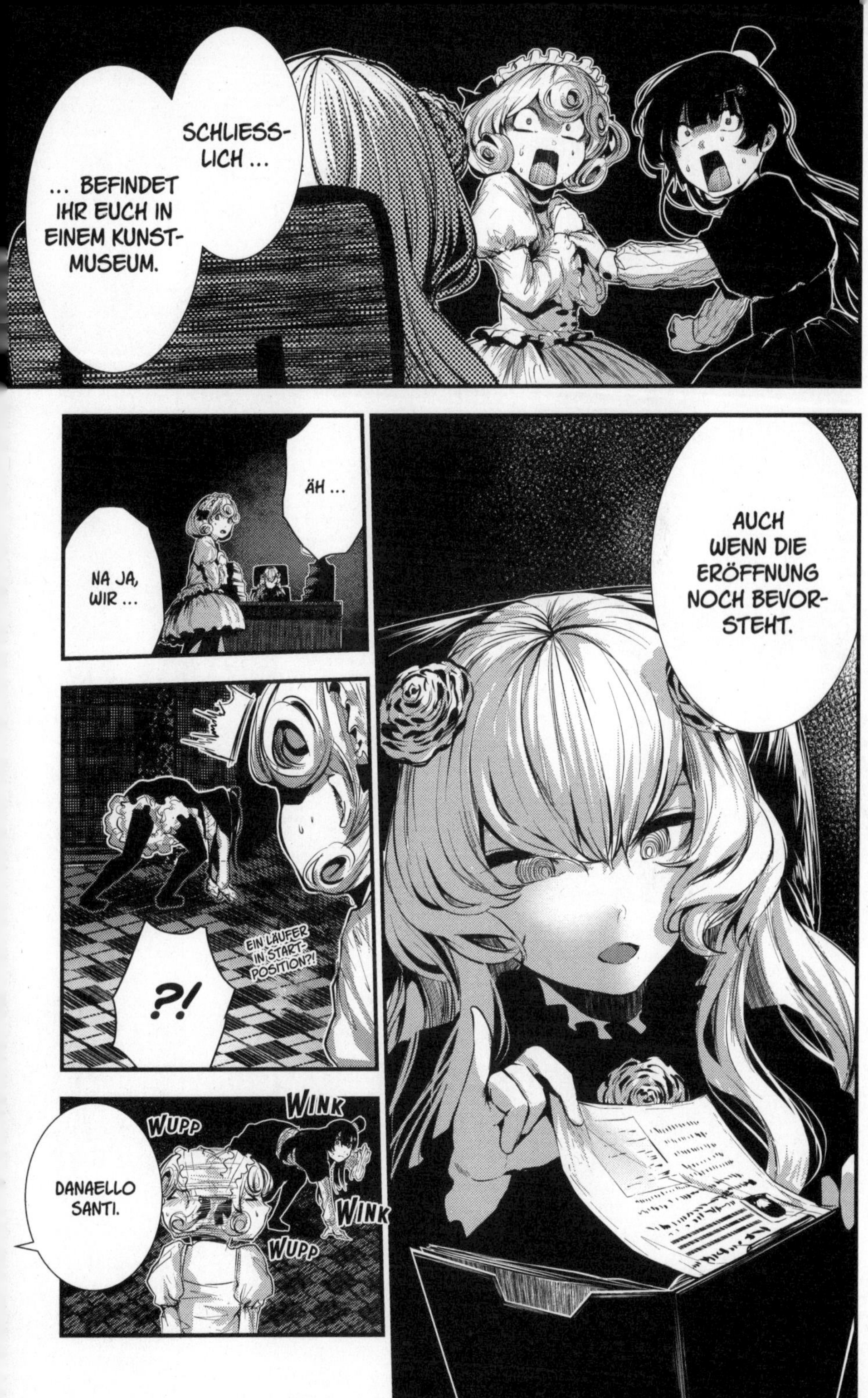
SCHLIESS-
LICH …
… BEFINDET
IHR EUCH IN
EINEM KUNST-
MUSEUM.
AUCH
WENN DIE
ERÖFFNUNG
NOCH BEVOR-
STEHT.
ÄH …
NA JA,
WIR …
EIN LÄUFER
IN START-
POSITION?!
?!
WINK
WUPP
WINK
WUPP
DANAELLO
SANTI.

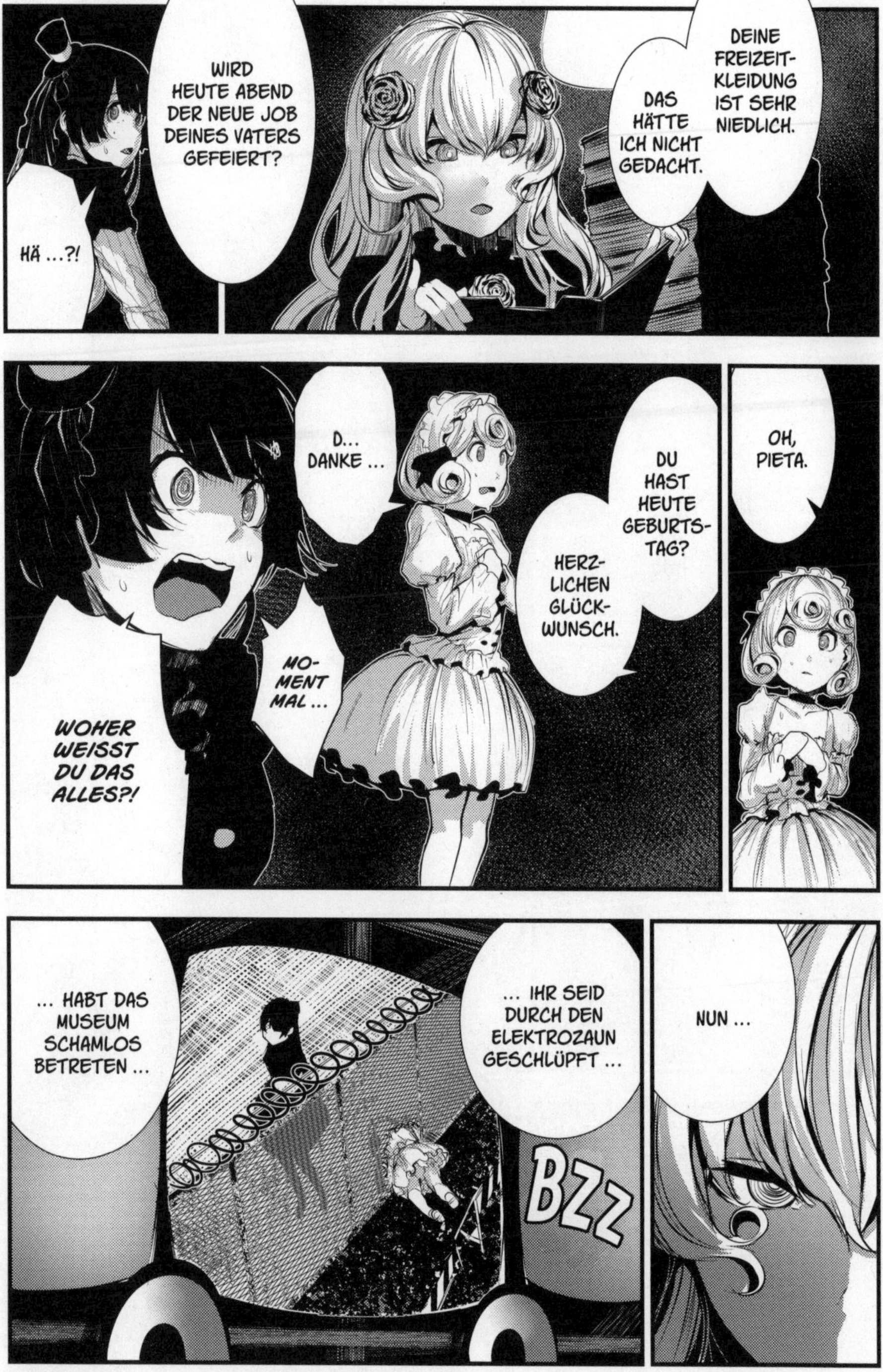
DEINE FREIZEIT-KLEIDUNG IST SEHR NIEDLICH.
DAS HÄTTE ICH NICHT GEDACHT.
WIRD HEUTE ABEND DER NEUE JOB DEINES VATERS GEFEIERT?
HÄ ...?!
OH, PIETA.
DU HAST HEUTE GEBURTSTAG?
HERZLICHEN GLÜCKWUNSCH.
D... DANKE ...
MOMENT MAL ...
WOHER WEISST DU DAS ALLES?!
NUN ...
... IHR SEID DURCH DEN ELEKTROZAUN GESCHLÜPFT ...
BZZ
... HABT DAS MUSEUM SCHAMLOS BETRETEN ...

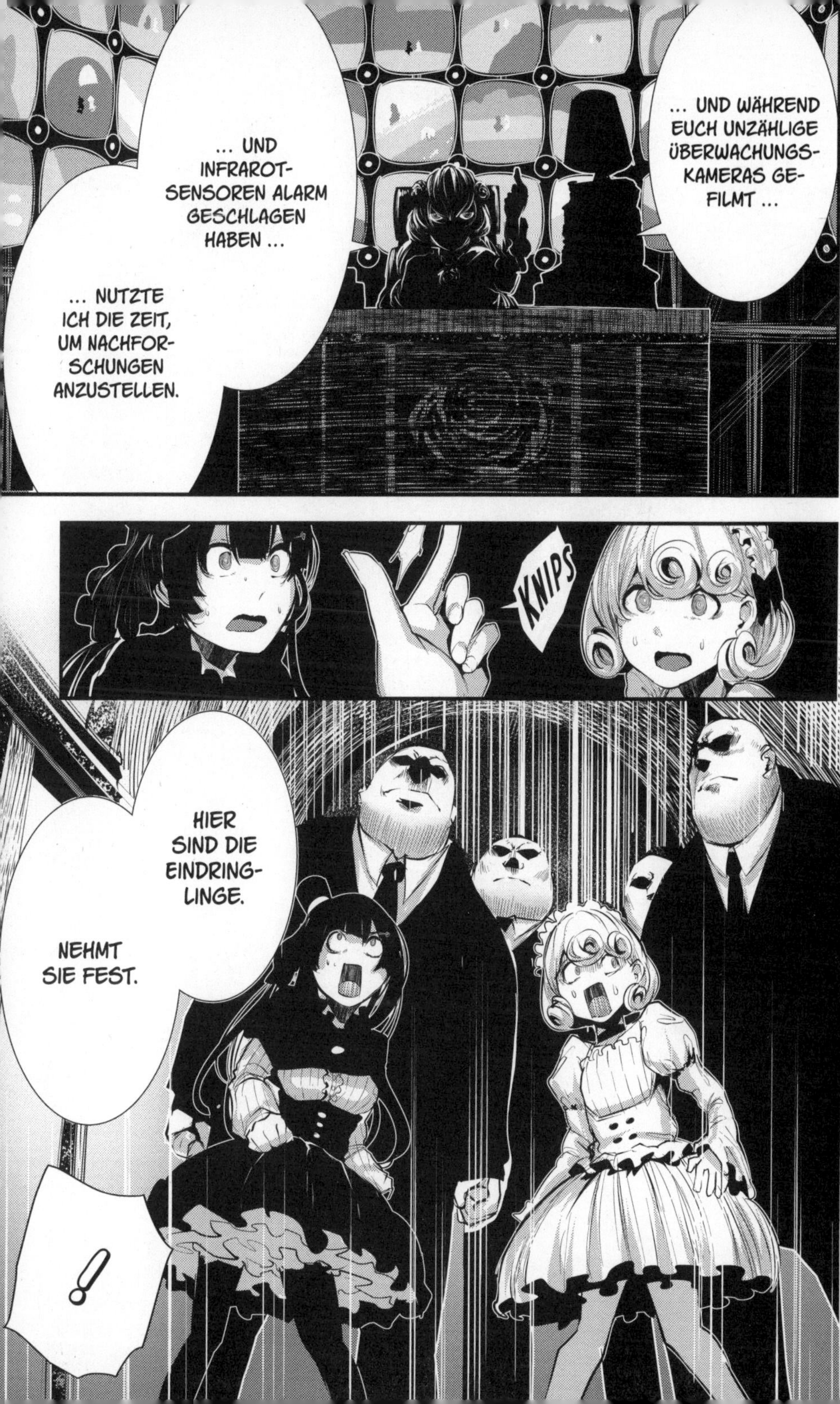

… UND WÄHREND EUCH UNZÄHLIGE ÜBERWACHUNGS-KAMERAS GE-FILMT …
… UND INFRAROT-SENSOREN ALARM GESCHLAGEN HABEN …
… NUTZTE ICH DIE ZEIT, UM NACHFOR-SCHUNGEN ANZUSTELLEN.
KNIPS
HIER SIND DIE EINDRING-LINGE.
NEHMT SIE FEST.
!

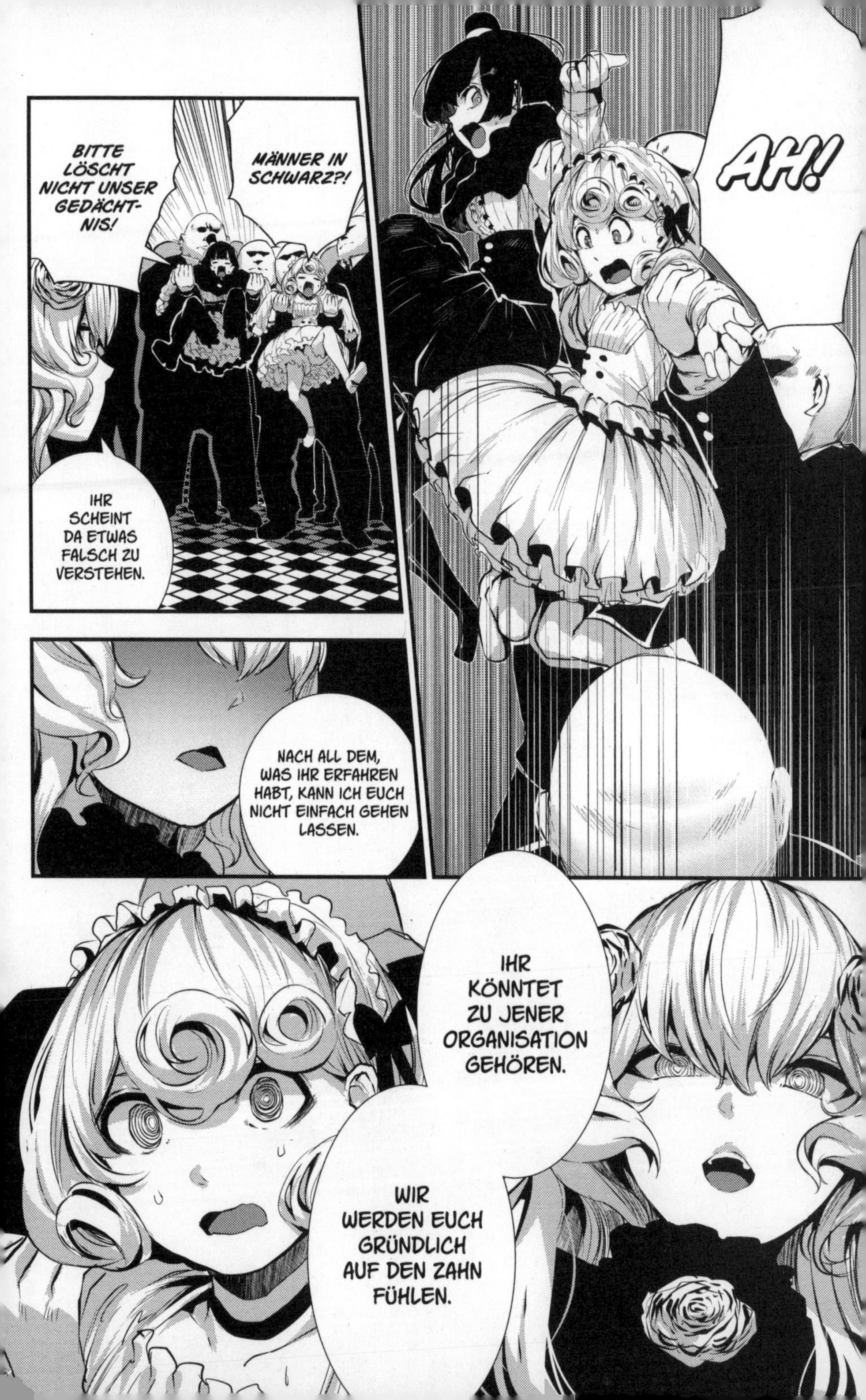
AH!
MÄNNER IN SCHWARZ?!
BITTE LÖSCHT NICHT UNSER GEDÄCHT-NIS!
IHR SCHEINT DA ETWAS FALSCH ZU VERSTEHEN.
NACH ALL DEM, WAS IHR ERFAHREN HABT, KANN ICH EUCH NICHT EINFACH GEHEN LASSEN.
IHR KÖNNTET ZU JENER ORGANISATION GEHÖREN.
WIR WERDEN EUCH GRÜNDLICH AUF DEN ZAHN FÜHLEN.

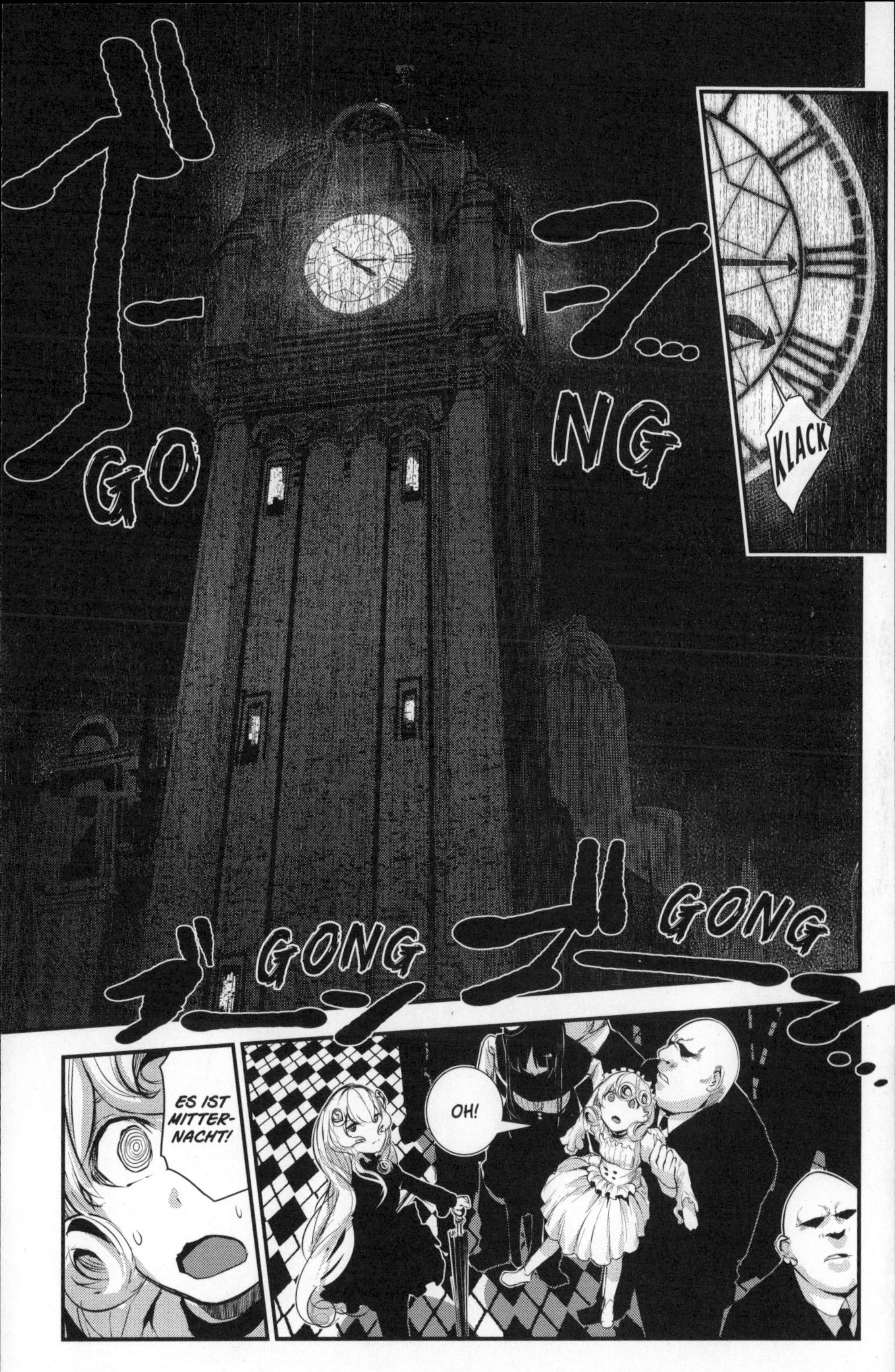
KLACK
GO
NG
GONG
GONG
OH!
ES IST MITTER-NACHT!

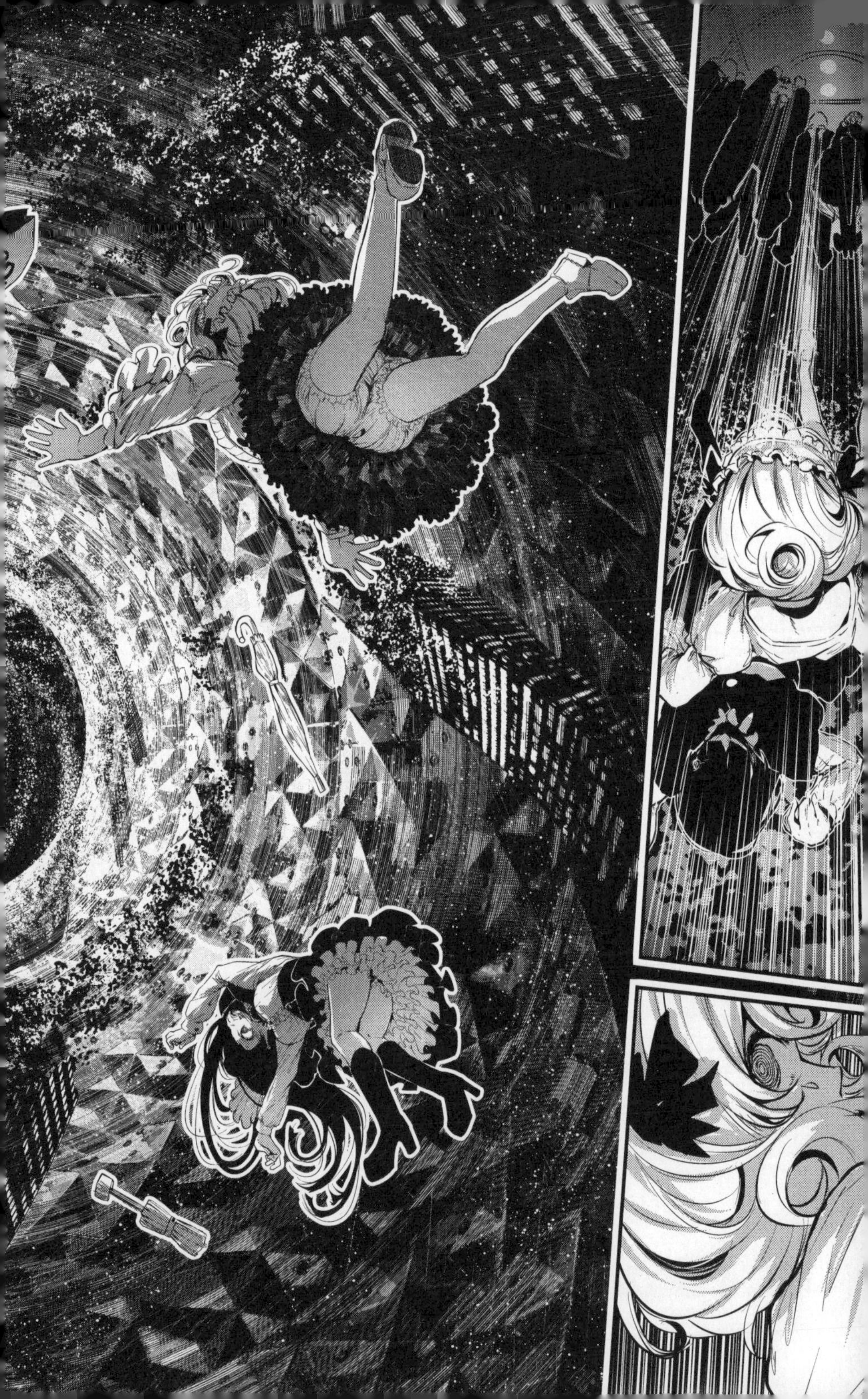

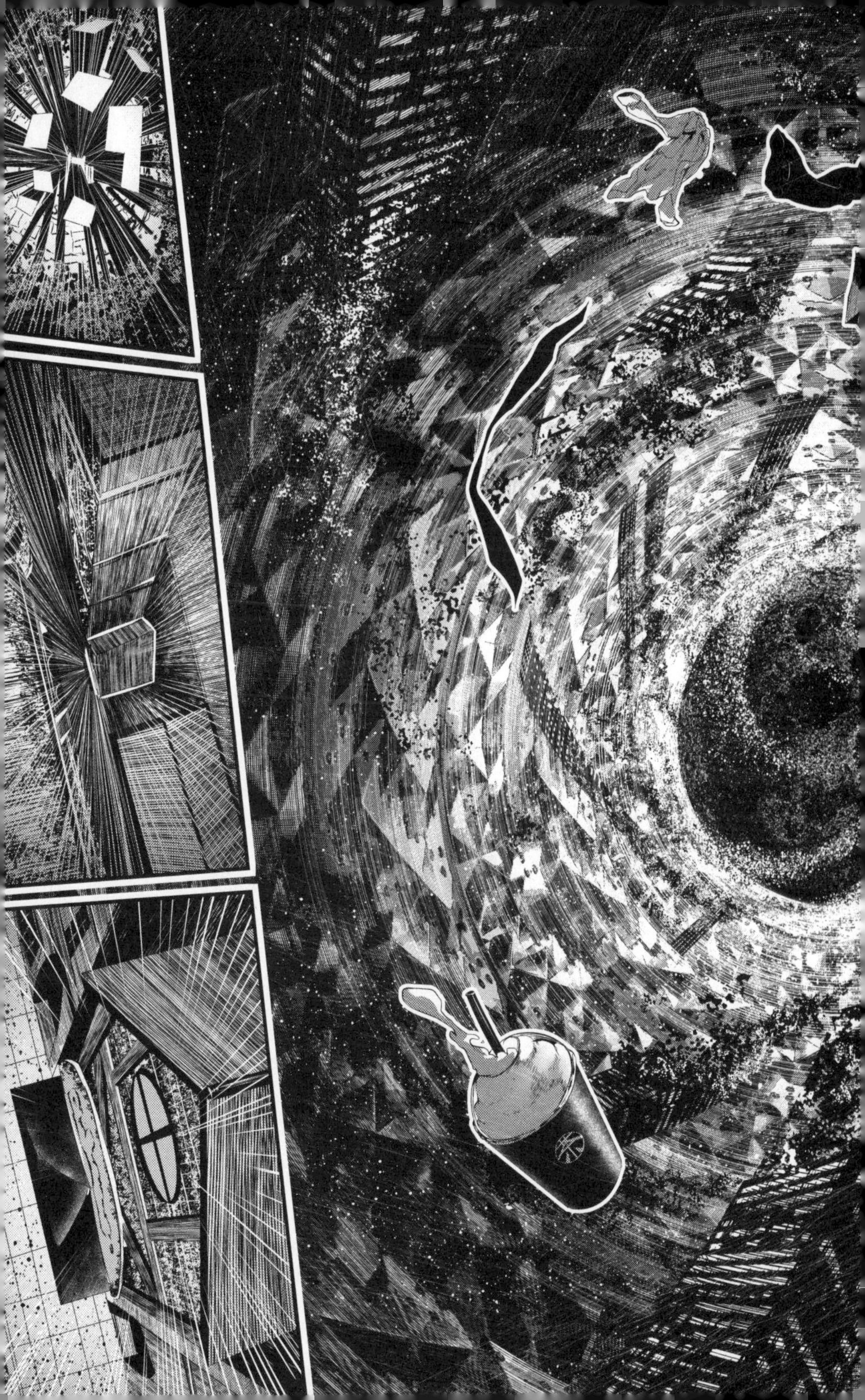

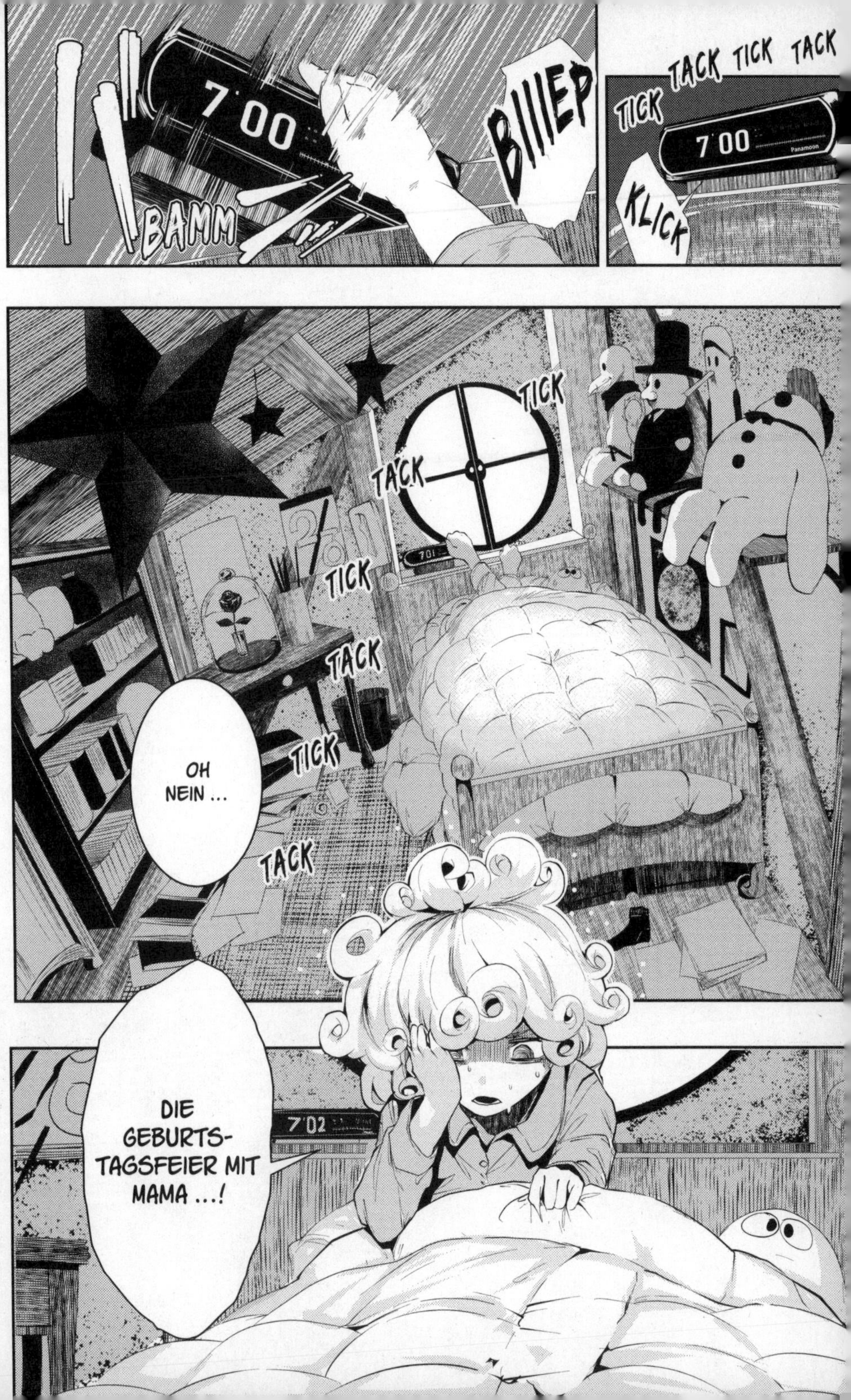

BIIIEP
7'00
BAMM
TICK
TACK
TICK
TACK
7'00
Panamoon
KLICK
TICK
TACK
TICK
TACK
TICK
TACK
OH NEIN ...
7'02
DIE GEBURTS-TAGSFEIER MIT MAMA ...!

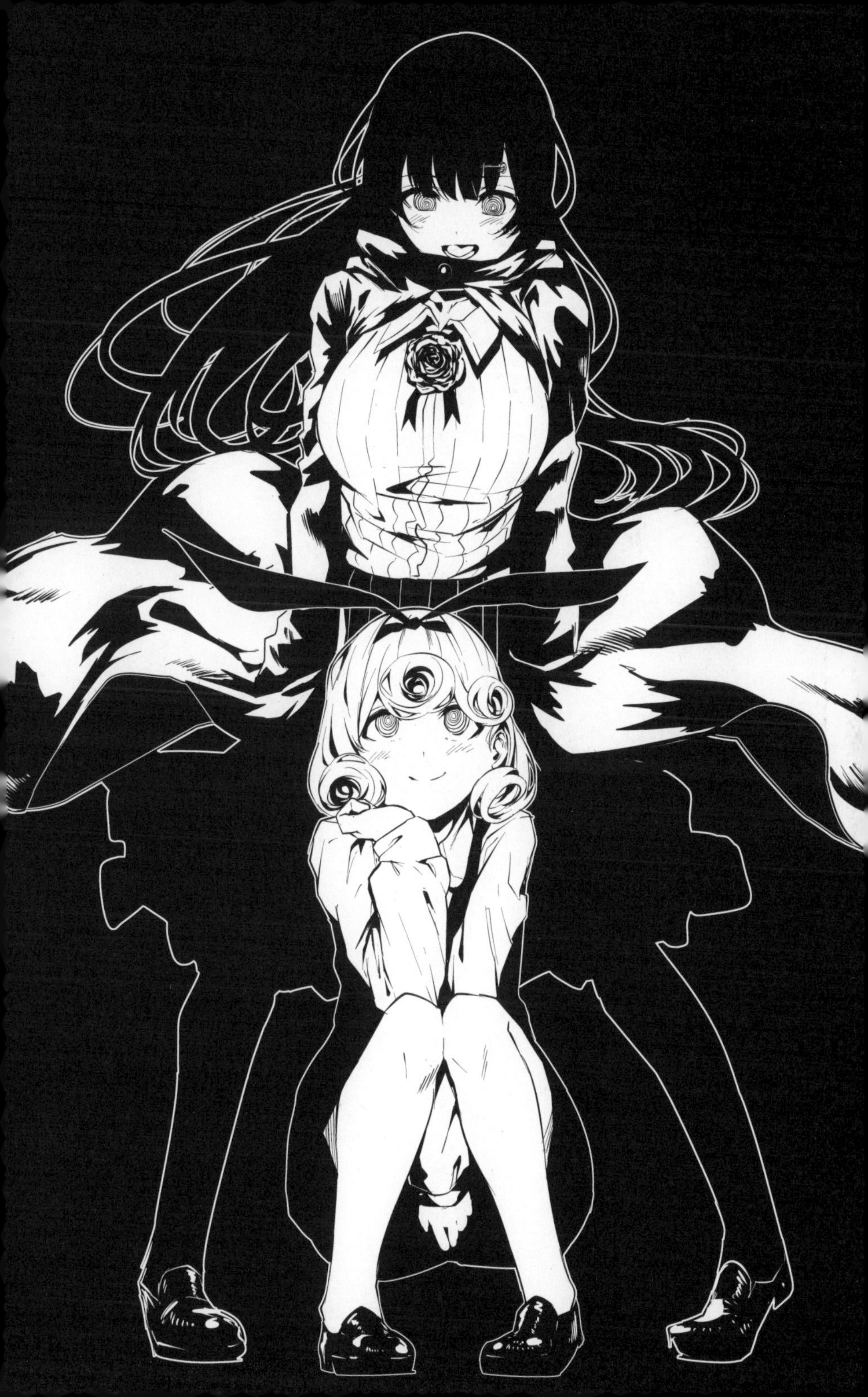

COFFEE MOON

KAPITEL 3

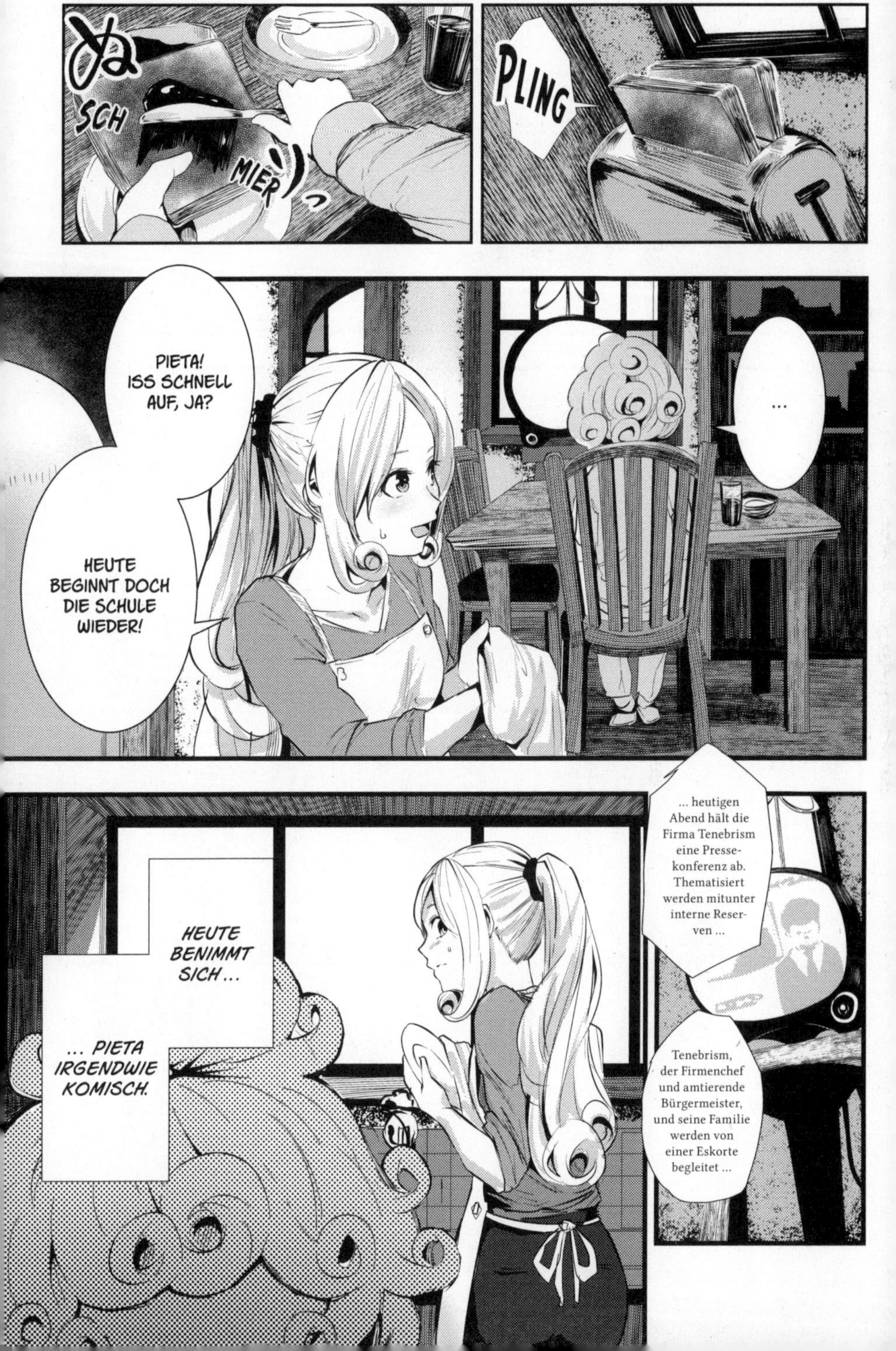

PLING
SCH MIER
PIETA! ISS SCHNELL AUF, JA?
HEUTE BEGINNT DOCH DIE SCHULE WIEDER!
...
... heutigen Abend hält die Firma Tenebrism eine Pressekonferenz ab. Thematisiert werden mitunter interne Reserven ...
HEUTE BENIMMT SICH ...
... PIETA IRGENDWIE KOMISCH.
Tenebrism, der Firmenchef und amtierende Bürgermeister, und seine Familie werden von einer Eskorte begleitet ...

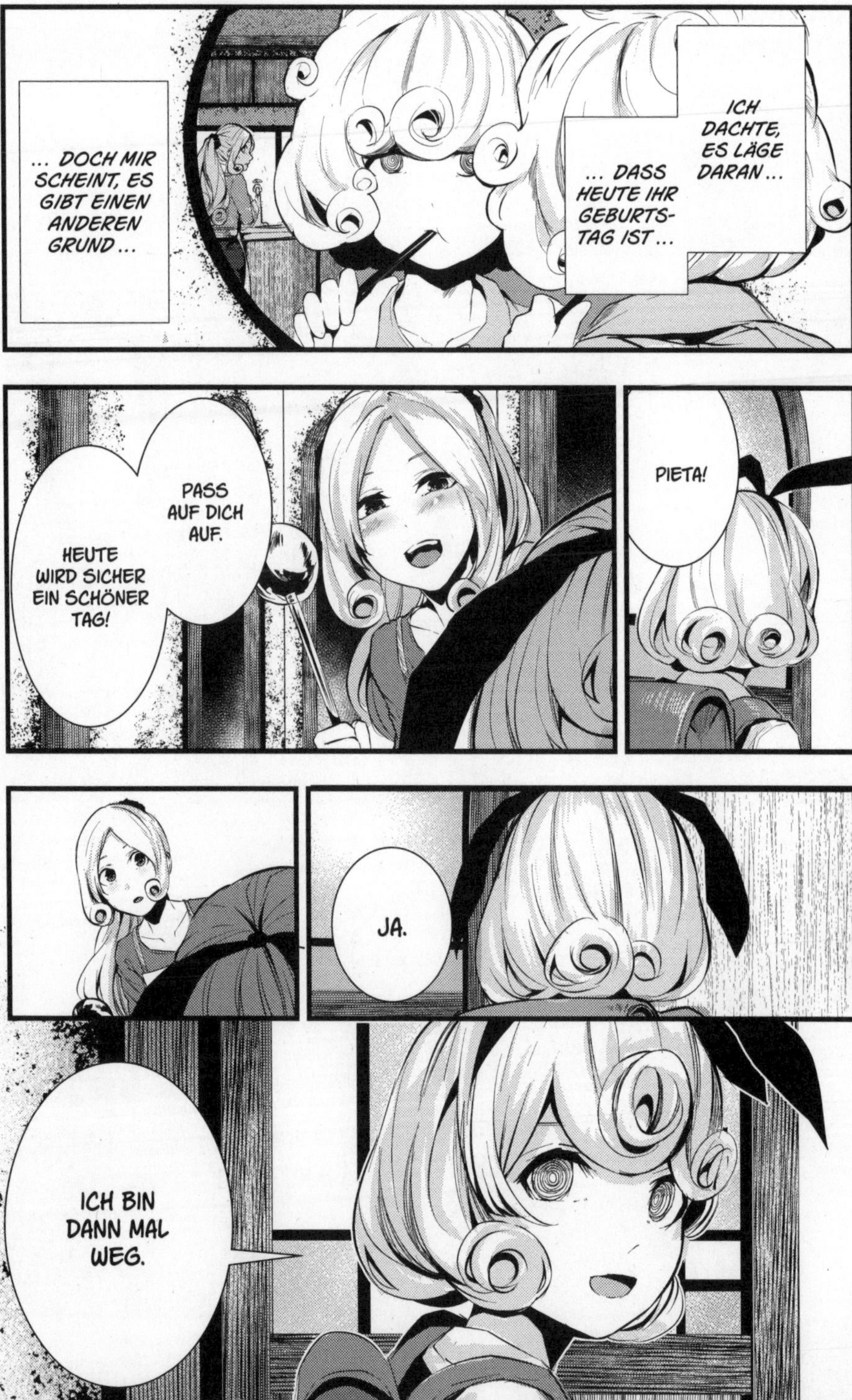
ICH DACHTE, ES LÄGE DARAN …
… DASS HEUTE IHR GEBURTSTAG IST …
… DOCH MIR SCHEINT, ES GIBT EINEN ANDEREN GRUND …
PIETA!
PASS AUF DICH AUF.
HEUTE WIRD SICHER EIN SCHÖNER TAG!
JA.
ICH BIN DANN MAL WEG.

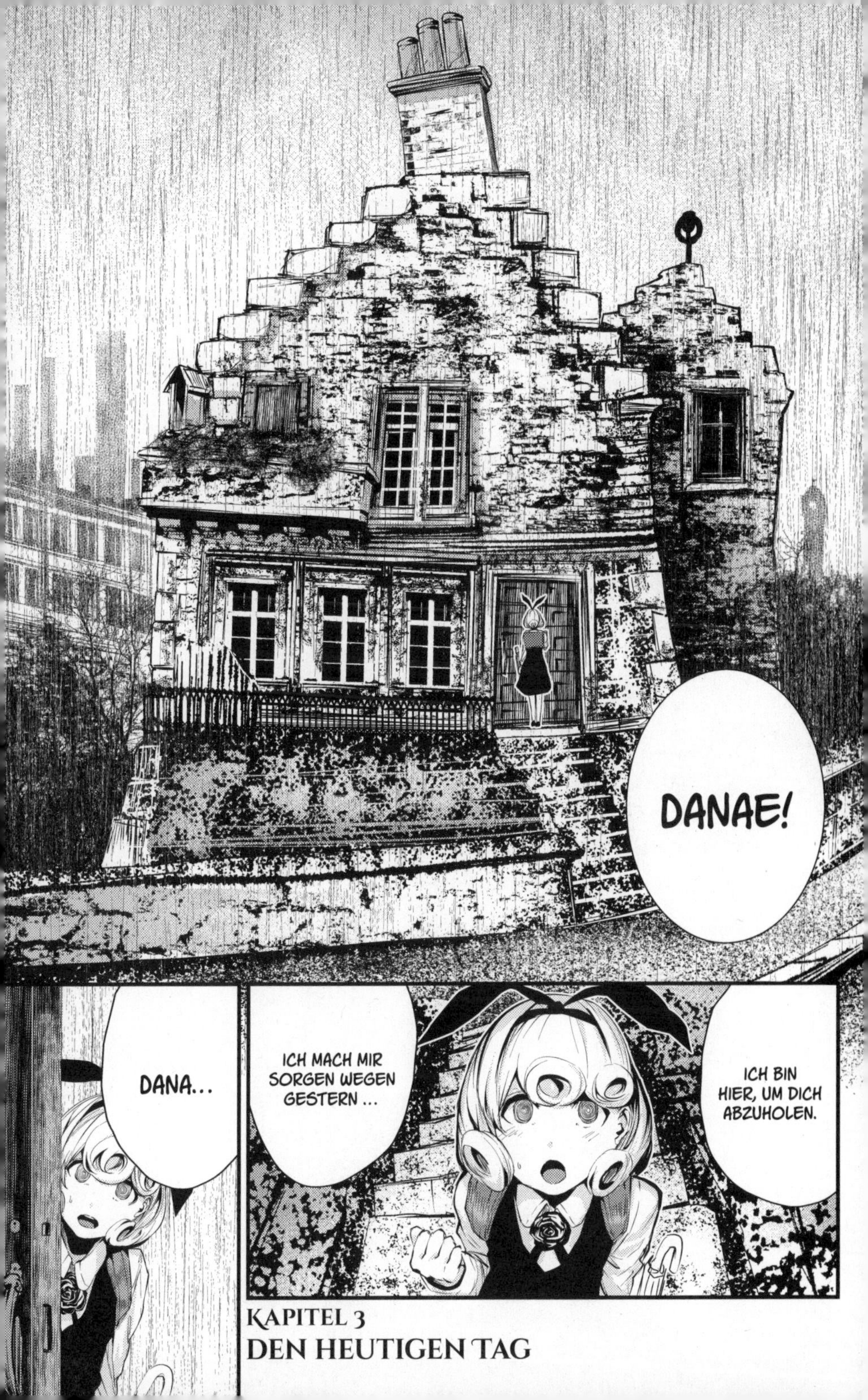

KAPITEL 3
DEN HEUTIGEN TAG

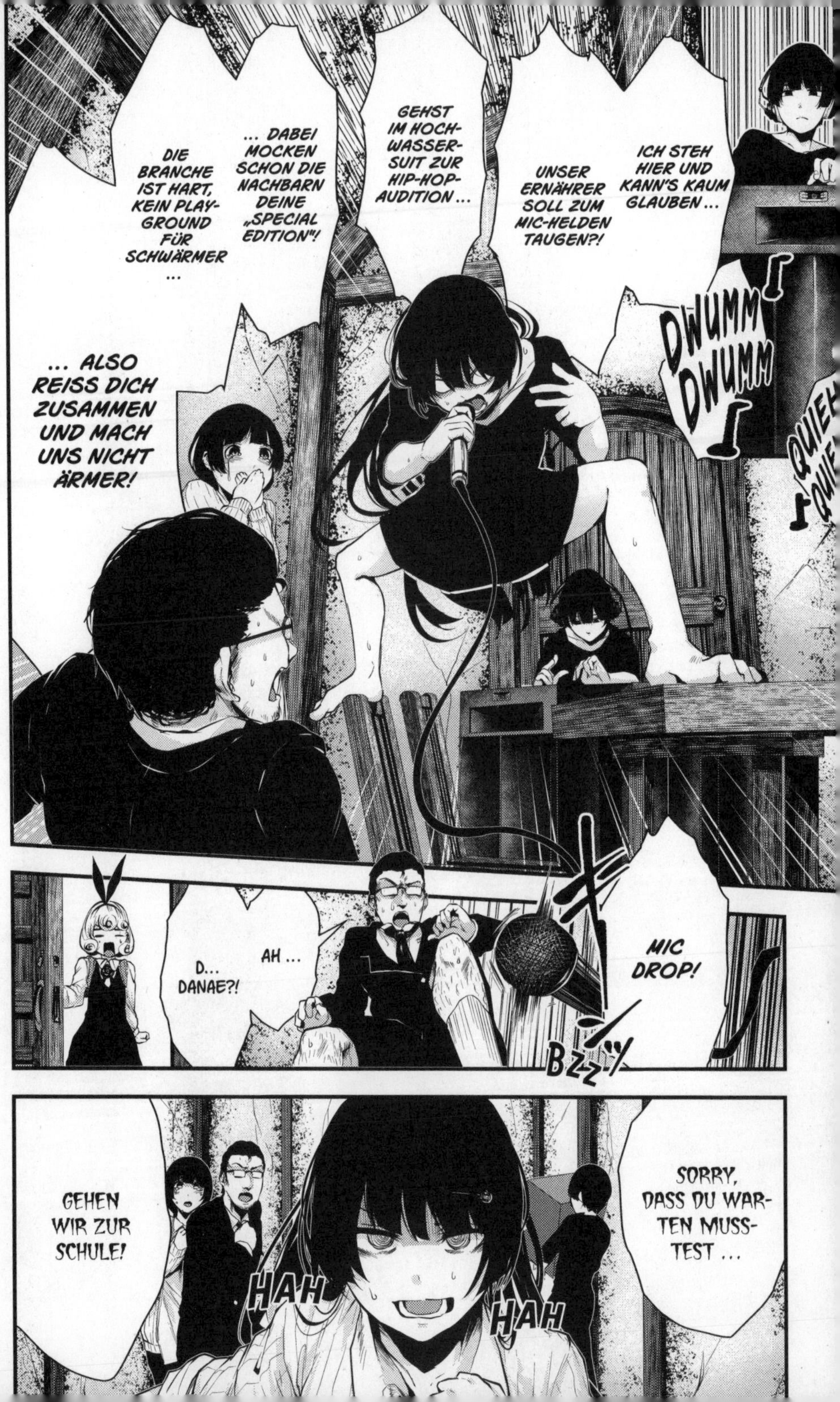
ICH STEH HIER UND KANN'S KAUM GLAUBEN ...
UNSER ERNÄHRER SOLL ZUM MIC-HELDEN TAUGEN?!
GEHST IM HOCHWASSER-SUIT ZUR HIP-HOP-AUDITION ...
... DABEI MOCKEN SCHON DIE NACHBARN DEINE „SPECIAL EDITION"!
DIE BRANCHE IST HART, KEIN PLAYGROUND FÜR SCHWÄRMER ...
... ALSO REISS DICH ZUSAMMEN UND MACH UNS NICHT ÄRMER!
DWUMM DWUMM
MIC DROP!
BZZ
AH ...
D... DANAE?!
SORRY, DASS DU WARTEN MUSSTEST ...
HAH HAH
GEHEN WIR ZUR SCHULE!

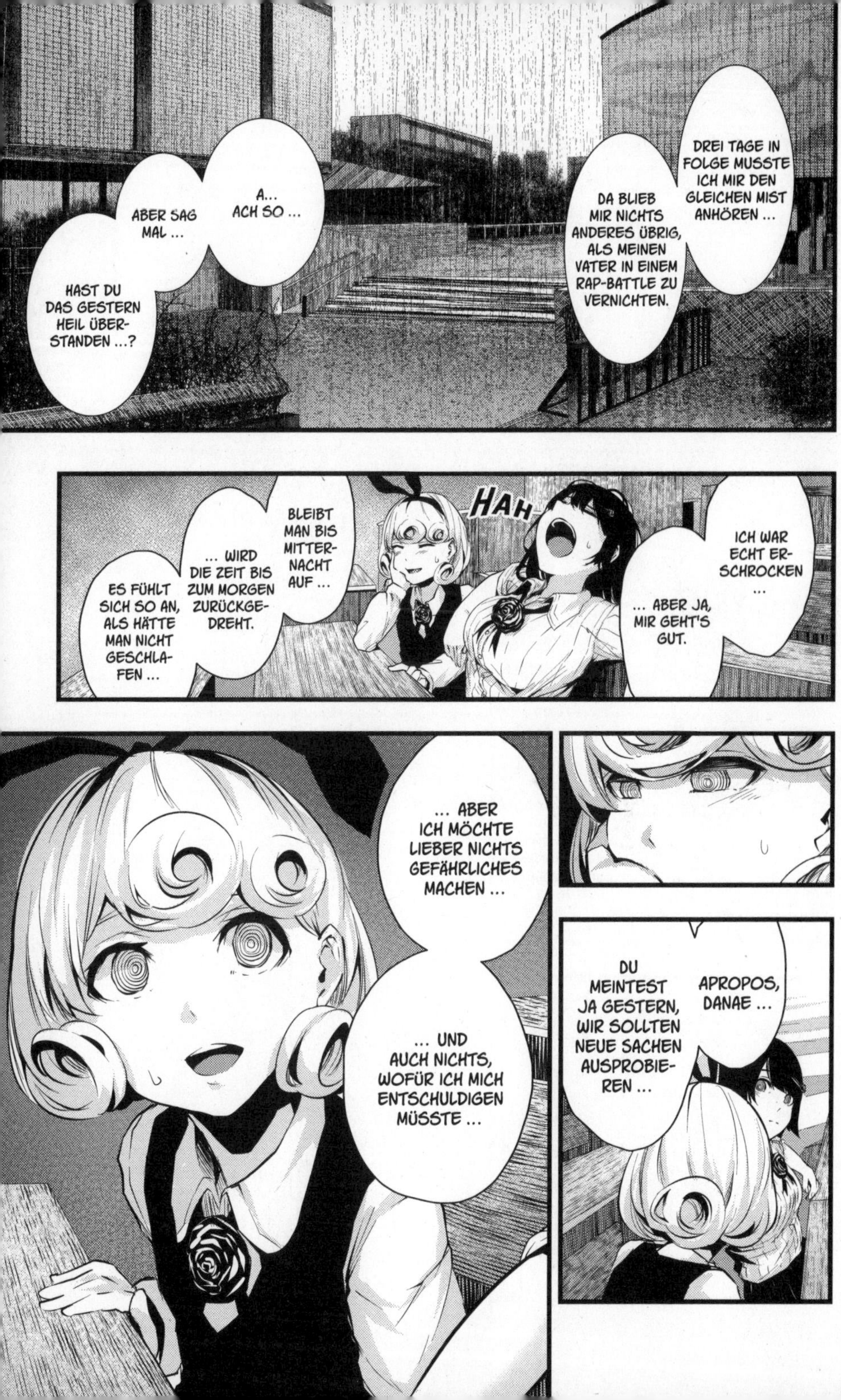
DREI TAGE IN FOLGE MUSSTE ICH MIR DEN GLEICHEN MIST ANHÖREN …
DA BLIEB MIR NICHTS ANDERES ÜBRIG, ALS MEINEN VATER IN EINEM RAP-BATTLE ZU VERNICHTEN.
A… ACH SO …
ABER SAG MAL …
HAST DU DAS GESTERN HEIL ÜBERSTANDEN …?
ICH WAR ECHT ERSCHROCKEN …
… ABER JA, MIR GEHT'S GUT.
HAH
BLEIBT MAN BIS MITTERNACHT AUF …
… WIRD DIE ZEIT BIS ZUM MORGEN ZURÜCKGEDREHT.
ES FÜHLT SICH SO AN, ALS HÄTTE MAN NICHT GESCHLAFEN …
APROPOS, DANAE …
DU MEINTEST JA GESTERN, WIR SOLLTEN NEUE SACHEN AUSPROBIEREN …
… ABER ICH MÖCHTE LIEBER NICHTS GEFÄHRLICHES MACHEN …
… UND AUCH NICHTS, WOFÜR ICH MICH ENTSCHULDIGEN MÜSSTE …

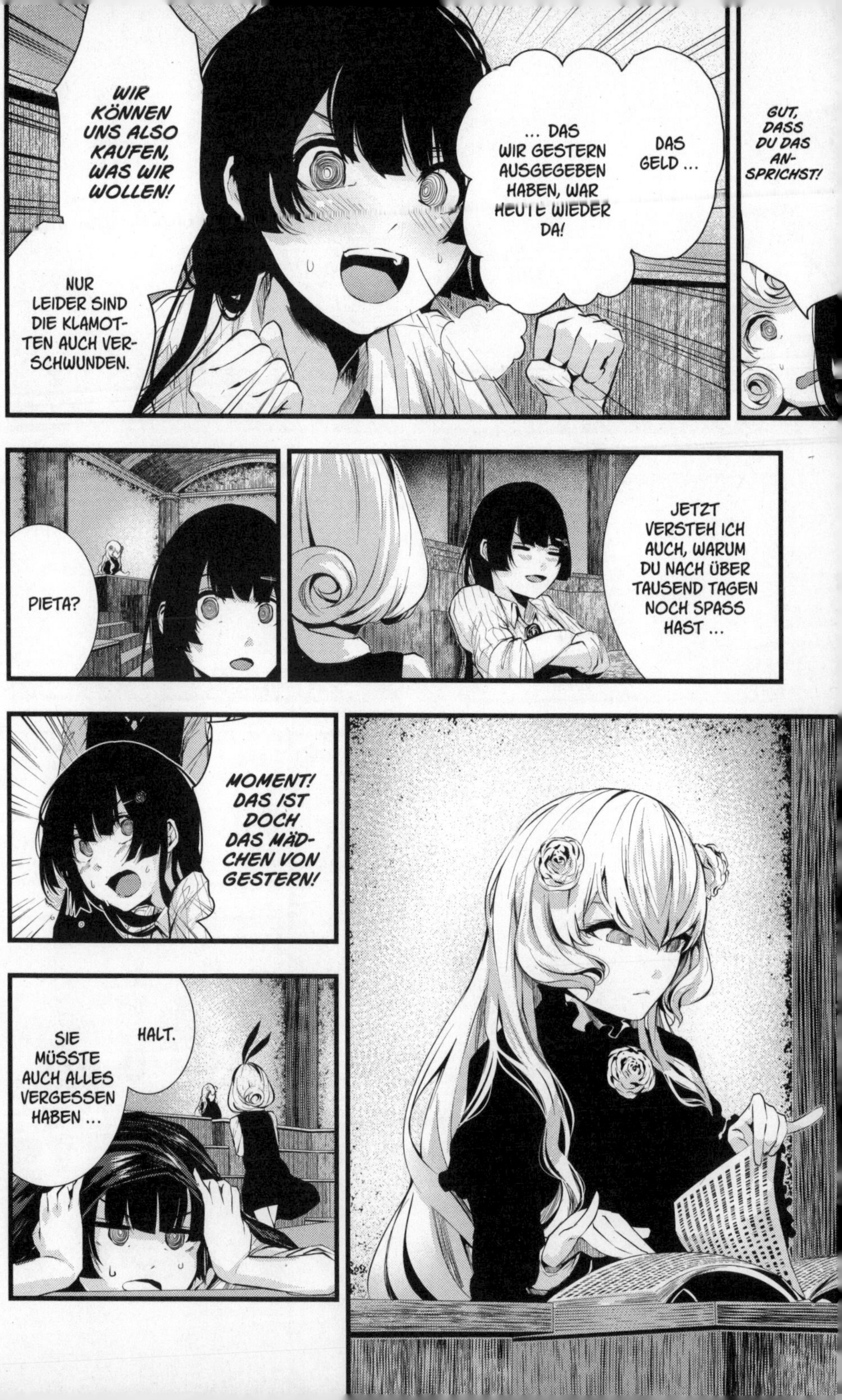
GUT, DASS DU DAS ANSPRICHST!
DAS GELD …
… DAS WIR GESTERN AUSGEGEBEN HABEN, WAR HEUTE WIEDER DA!
WIR KÖNNEN UNS ALSO KAUFEN, WAS WIR WOLLEN!
NUR LEIDER SIND DIE KLAMOTTEN AUCH VERSCHWUNDEN.
JETZT VERSTEH ICH AUCH, WARUM DU NACH ÜBER TAUSEND TAGEN NOCH SPASS HAST …
PIETA?
MOMENT! DAS IST DOCH DAS MÄDCHEN VON GESTERN!
HALT.
SIE MÜSSTE AUCH ALLES VERGESSEN HABEN …

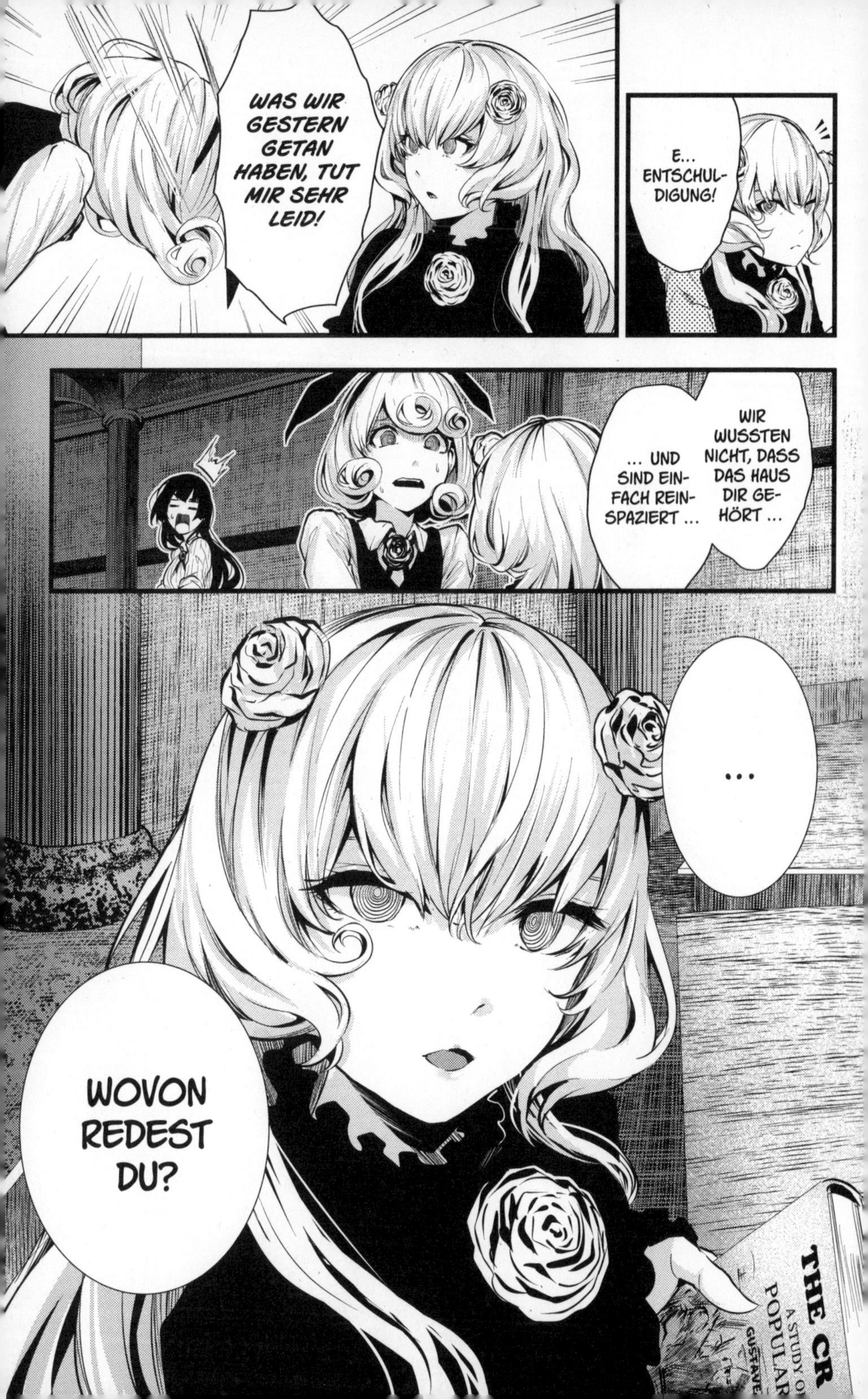
E... ENTSCHUL-DIGUNG!
WAS WIR GESTERN GETAN HABEN, TUT MIR SEHR LEID!
WIR WUSSTEN NICHT, DASS DAS HAUS DIR GE-HÖRT ...
... UND SIND EIN-FACH REIN-SPAZIERT ...
...
WOVON REDEST DU?

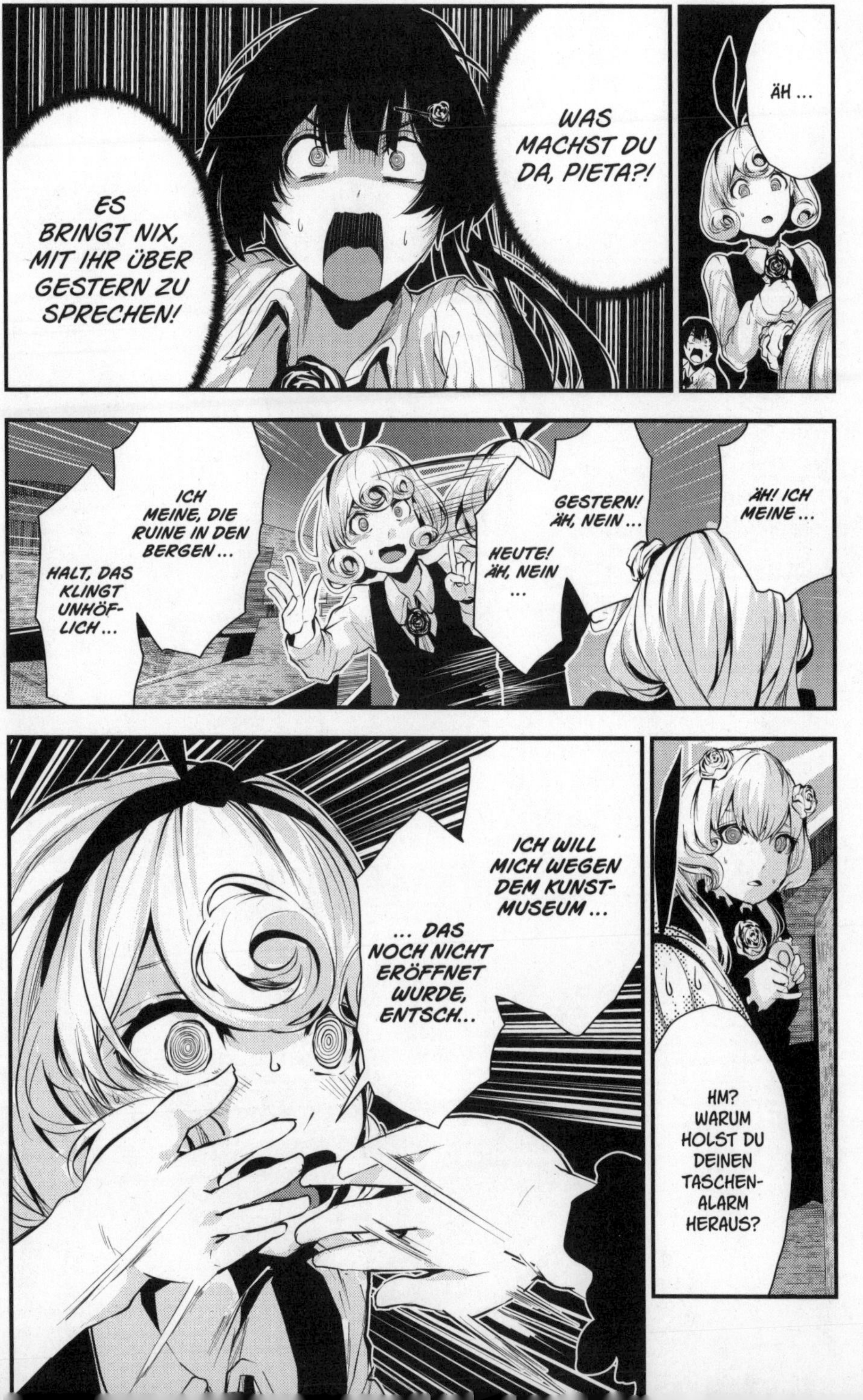
ÄH …
WAS MACHST DU DA, PIETA?!
ES BRINGT NIX, MIT IHR ÜBER GESTERN ZU SPRECHEN!
ÄH! ICH MEINE …
GESTERN! ÄH, NEIN …
HEUTE! ÄH, NEIN …
ICH MEINE, DIE RUINE IN DEN BERGEN …
HALT, DAS KLINGT UNHÖFLICH …
HM? WARUM HOLST DU DEINEN TASCHEN-ALARM HERAUS?
ICH WILL MICH WEGEN DEM KUNST-MUSEUM …
… DAS NOCH NICHT ERÖFFNET WURDE, ENTSCH…

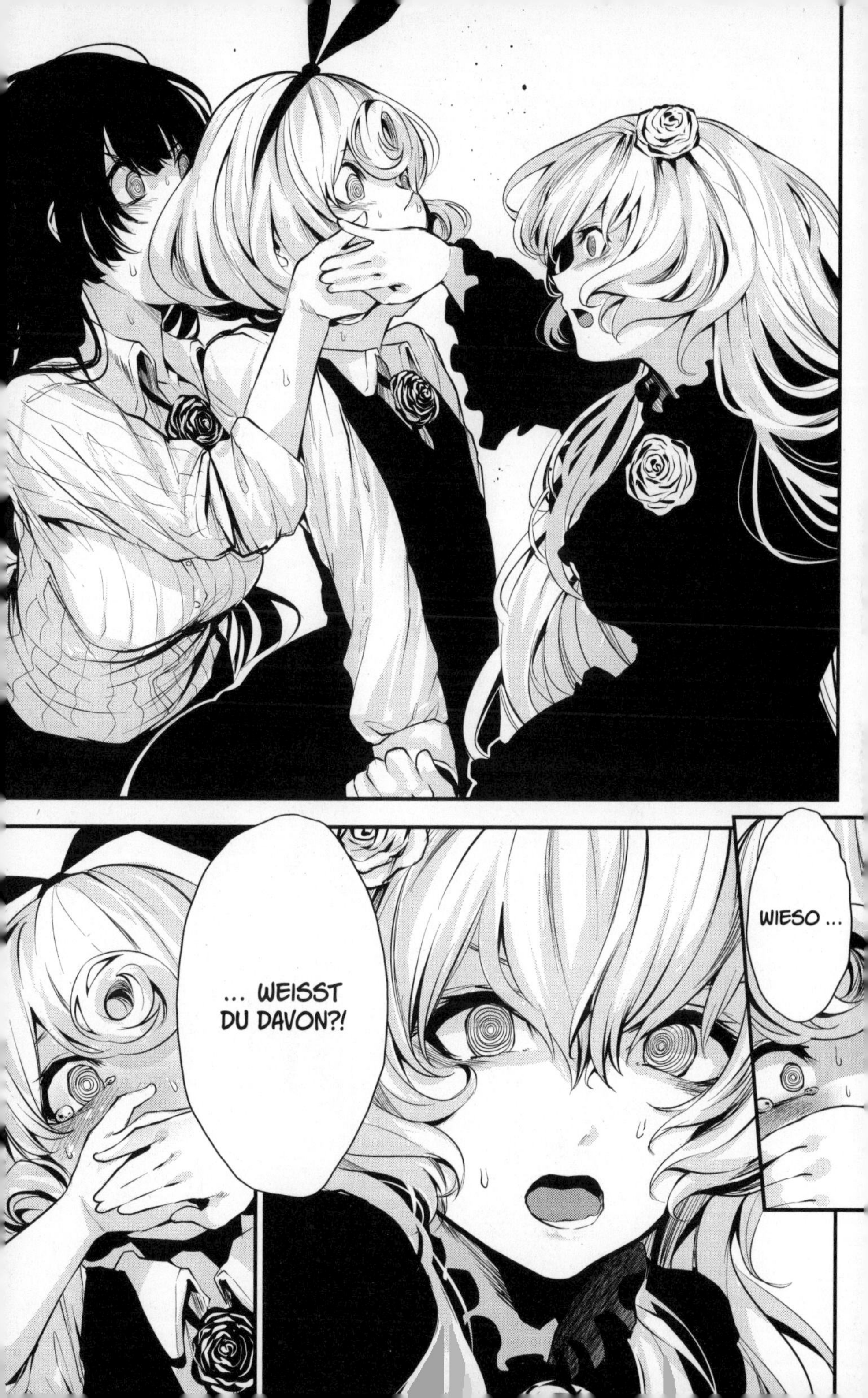
WIESO ...
... WEISST DU DAVON?!

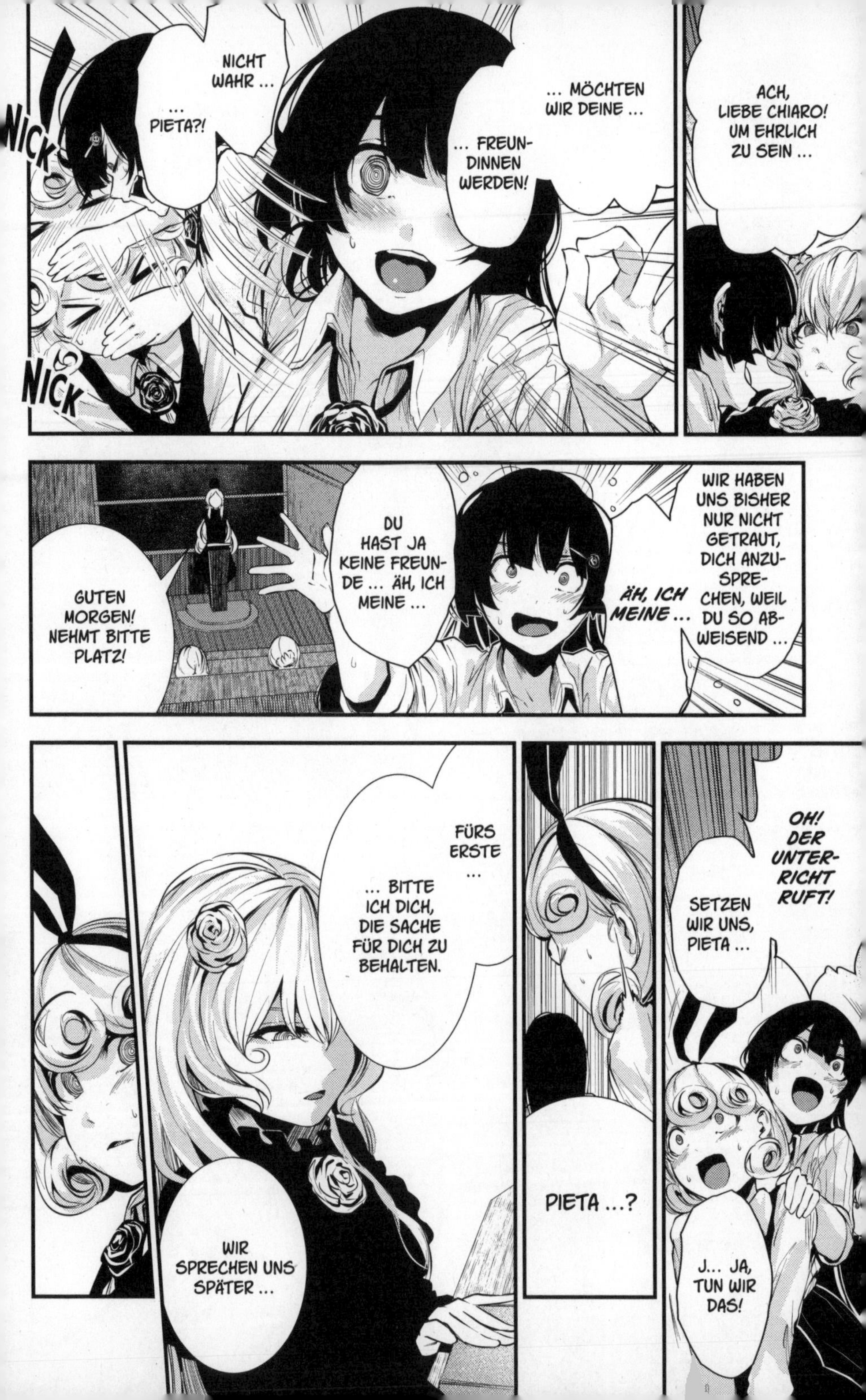
ACH, LIEBE CHIARO! UM EHRLICH ZU SEIN …
… MÖCHTEN WIR DEINE …
… FREUNDINNEN WERDEN!
NICHT WAHR …
… PIETA?!
NICK
NICK
WIR HABEN UNS BISHER NUR NICHT GETRAUT, DICH ANZUSPRECHEN, WEIL DU SO ABWEISEND …
ÄH, ICH MEINE …
DU HAST JA KEINE FREUNDE … ÄH, ICH MEINE …
GUTEN MORGEN! NEHMT BITTE PLATZ!
OH! DER UNTERRICHT RUFT!
SETZEN WIR UNS, PIETA …
J… JA, TUN WIR DAS!
PIETA …?
FÜRS ERSTE …
… BITTE ICH DICH, DIE SACHE FÜR DICH ZU BEHALTEN.
WIR SPRECHEN UNS SPÄTER …

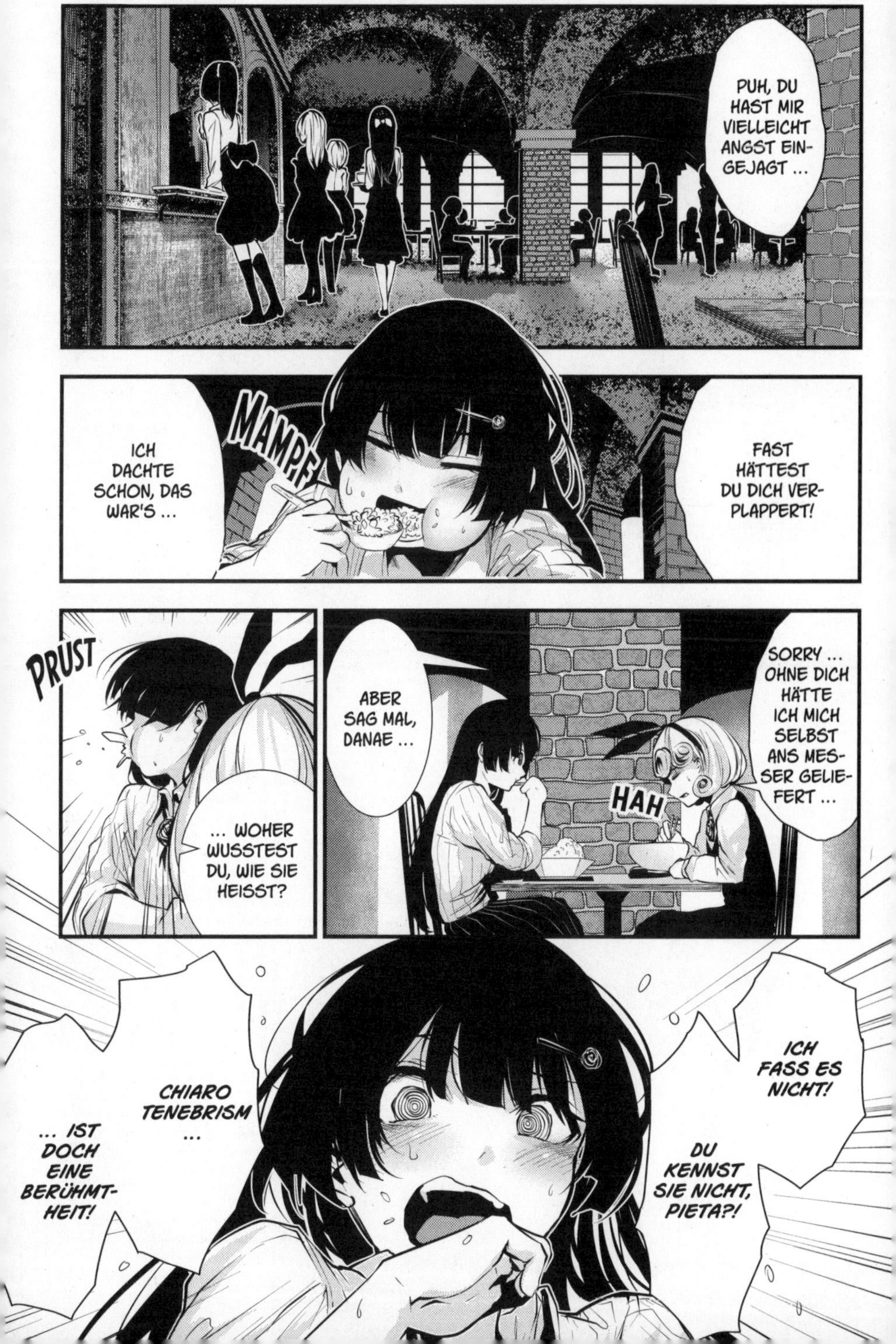
PUH, DU HAST MIR VIELLEICHT ANGST EIN-GEJAGT …
FAST HÄTTEST DU DICH VER-PLAPPERT!
MAMPF
ICH DACHTE SCHON, DAS WAR'S …
SORRY … OHNE DICH HÄTTE ICH MICH SELBST ANS MES-SER GELIE-FERT …
HAH
ABER SAG MAL, DANAE …
… WOHER WUSSTEST DU, WIE SIE HEISST?
PRUST
ICH FASS ES NICHT!
DU KENNST SIE NICHT, PIETA?!
CHIARO TENEBRISM …
… IST DOCH EINE BERÜHMT-HEIT!

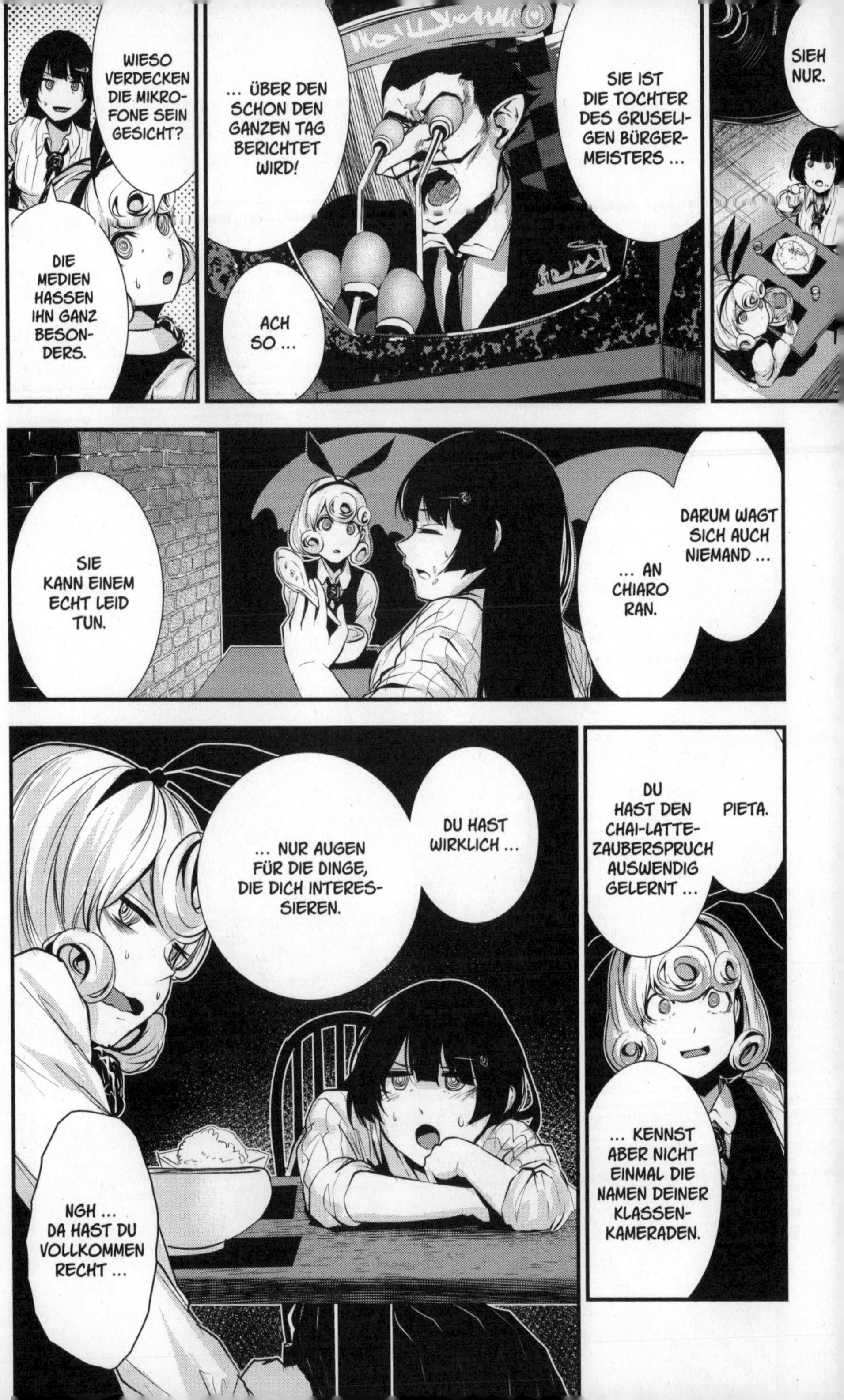
SIEH NUR.
SIE IST DIE TOCHTER DES GRUSELIGEN BÜRGERMEISTERS ...
... ÜBER DEN SCHON DEN GANZEN TAG BERICHTET WIRD!
ACH SO ...
WIESO VERDECKEN DIE MIKROFONE SEIN GESICHT?
DIE MEDIEN HASSEN IHN GANZ BESONDERS.
DARUM WAGT SICH AUCH NIEMAND ...
... AN CHIARO RAN.
SIE KANN EINEM ECHT LEID TUN.
PIETA.
DU HAST DEN CHAI-LATTE-ZAUBERSPRUCH AUSWENDIG GELERNT ...
... KENNST ABER NICHT EINMAL DIE NAMEN DEINER KLASSENKAMERADEN.
DU HAST WIRKLICH ...
... NUR AUGEN FÜR DIE DINGE, DIE DICH INTERESSIEREN.
NGH ... DA HAST DU VOLLKOMMEN RECHT ...

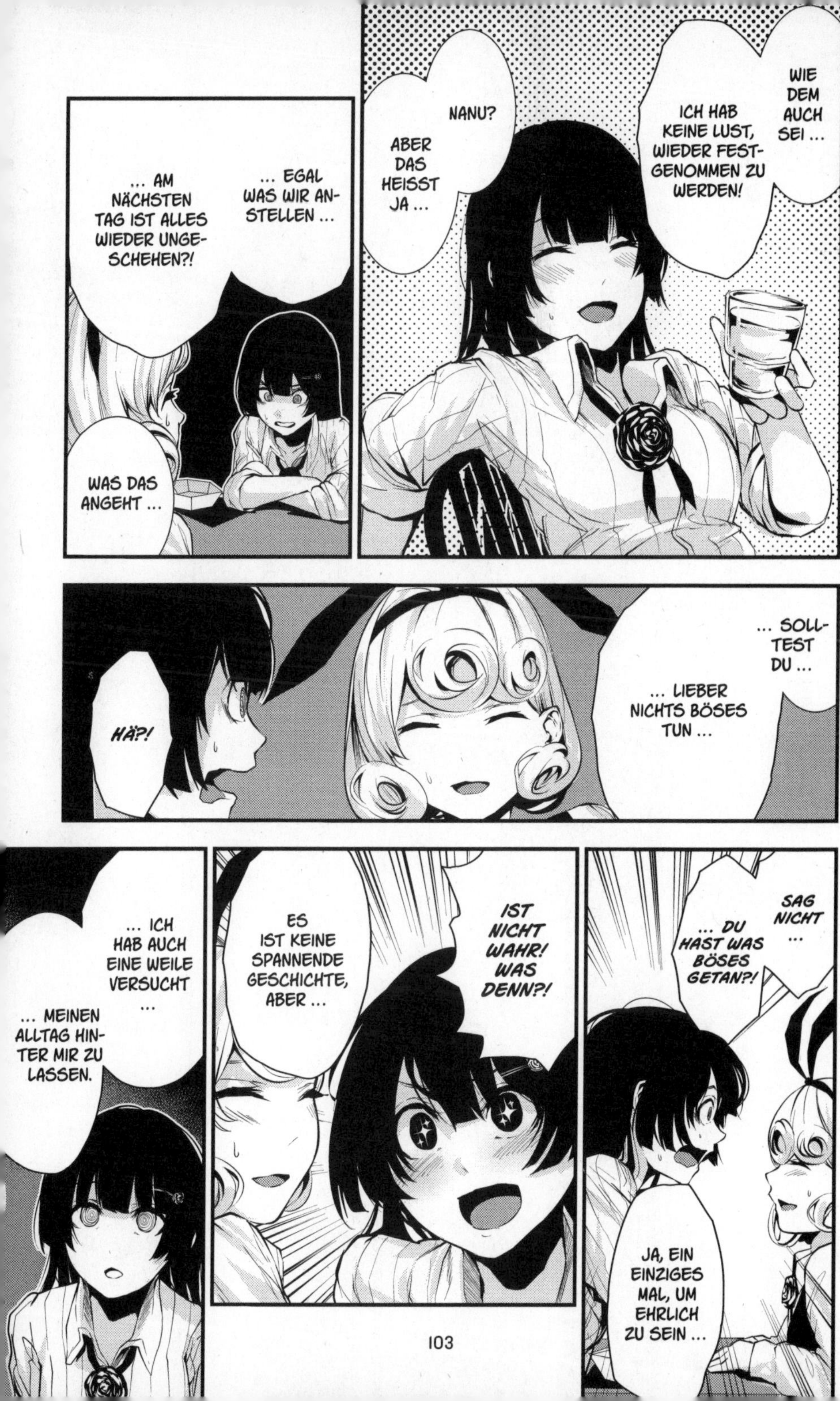
WIE DEM AUCH SEI …
ICH HAB KEINE LUST, WIEDER FEST-GENOMMEN ZU WERDEN!
NANU?
ABER DAS HEISST JA …
… EGAL WAS WIR AN-STELLEN …
… AM NÄCHSTEN TAG IST ALLES WIEDER UNGE-SCHEHEN?!
WAS DAS ANGEHT …
… SOLL-TEST DU …
… LIEBER NICHTS BÖSES TUN …
HÄ?!
SAG NICHT …
… DU HAST WAS BÖSES GETAN?!
JA, EIN EINZIGES MAL, UM EHRLICH ZU SEIN …
IST NICHT WAHR! WAS DENN?!
ES IST KEINE SPANNENDE GESCHICHTE, ABER …
… ICH HAB AUCH EINE WEILE VERSUCHT …
… MEINEN ALLTAG HIN-TER MIR ZU LASSEN.

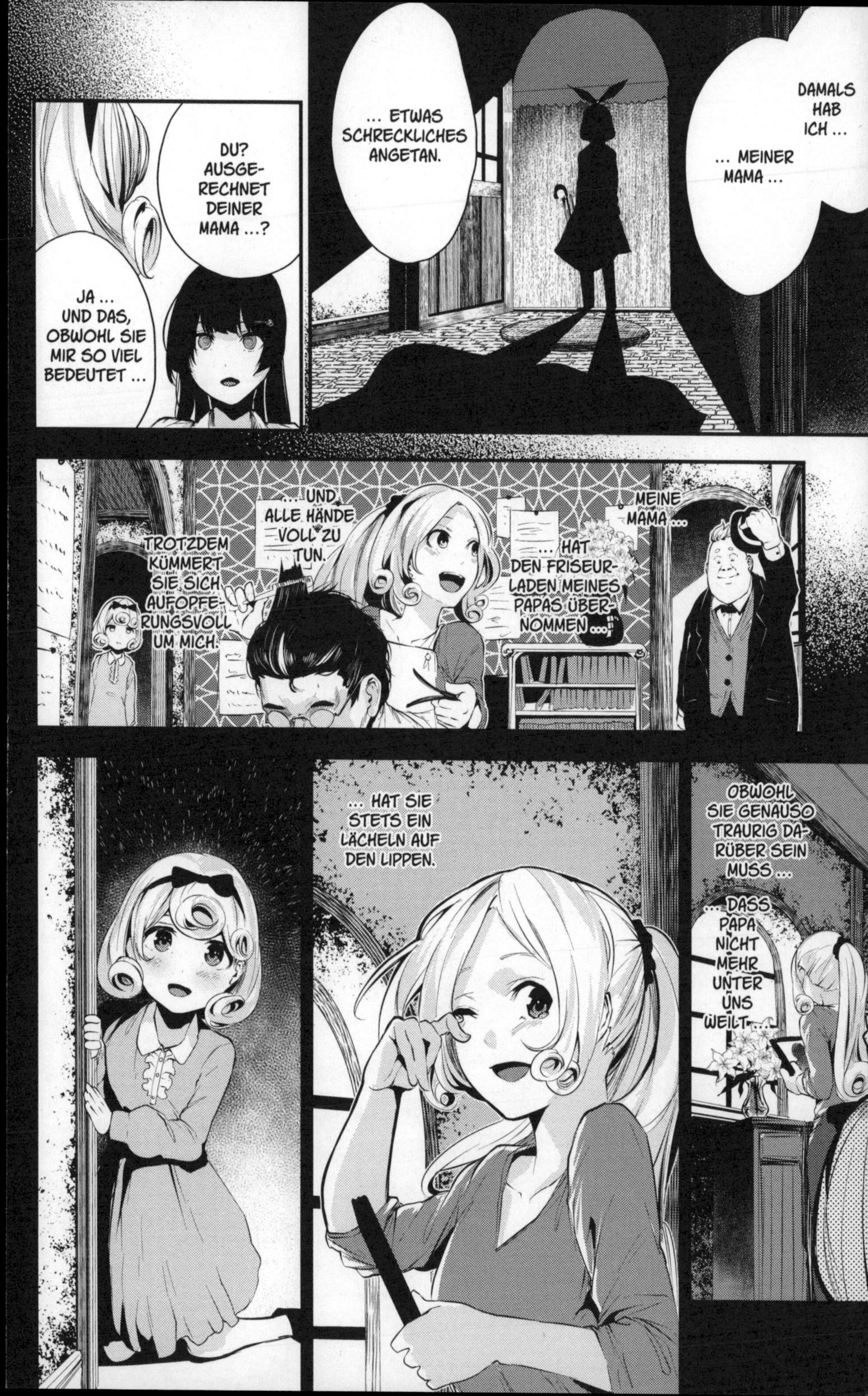
DAMALS HAB ICH ...
... MEINER MAMA ...
... ETWAS SCHRECKLICHES ANGETAN.
DU? AUSGERECHNET DEINER MAMA ...?
JA ... UND DAS, OBWOHL SIE MIR SO VIEL BEDEUTET ...
MEINE MAMA ...
... HAT DEN FRISEURLADEN MEINES PAPAS ÜBERNOMMEN ...
... UND ALLE HÄNDE VOLL ZU TUN.
TROTZDEM KÜMMERT SIE SICH AUFOPFERUNGSVOLL UM MICH.
OBWOHL SIE GENAUSO TRAURIG DARÜBER SEIN MUSS ...
... DASS PAPA NICHT MEHR UNTER UNS WEILT ...
... HAT SIE STETS EIN LÄCHELN AUF DEN LIPPEN.

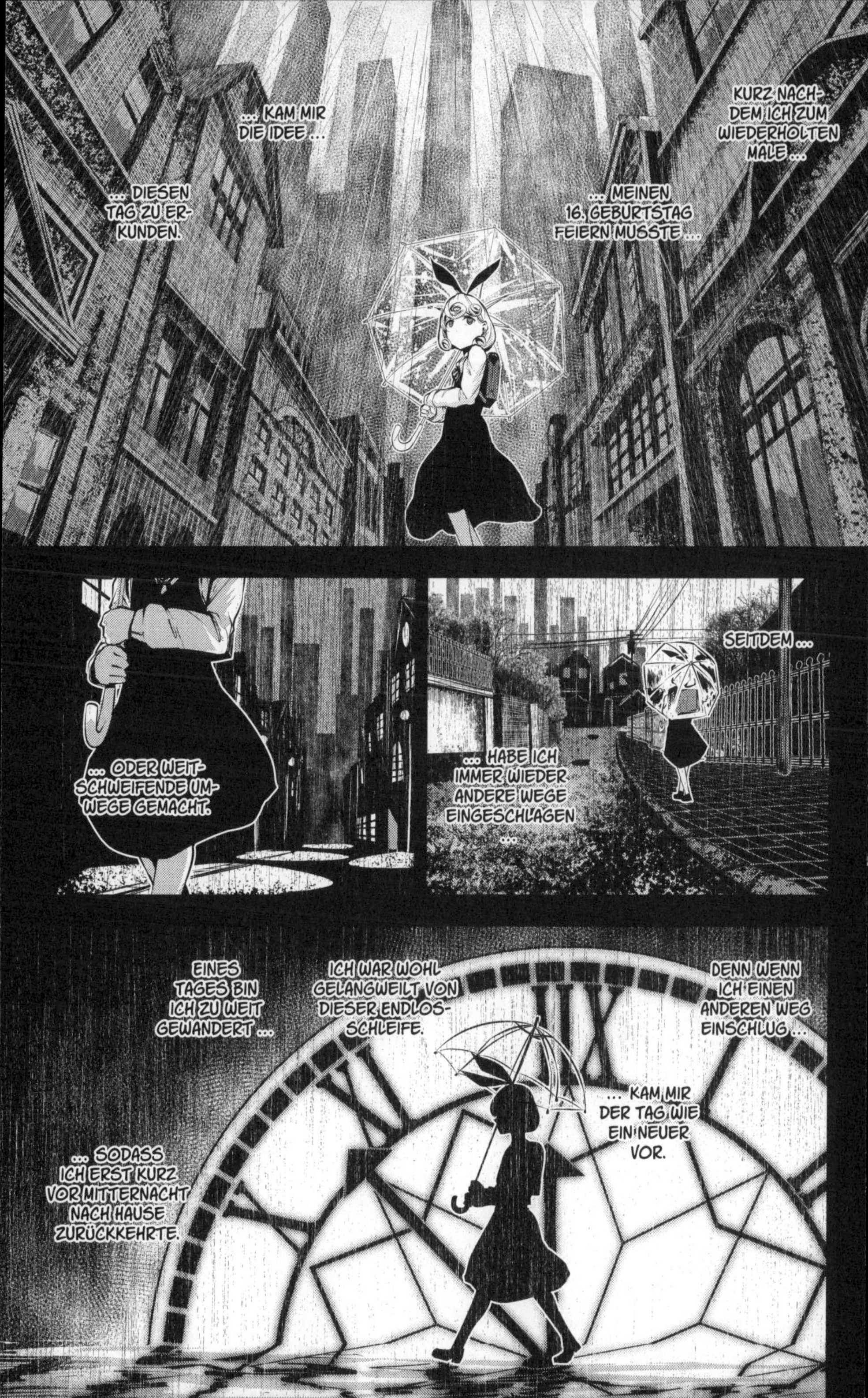
KURZ NACHDEM ICH ZUM WIEDERHOLTEN MALE ...
... MEINEN 16. GEBURTSTAG FEIERN MUSSTE ...
... KAM MIR DIE IDEE ...
... DIESEN TAG ZU ERKUNDEN.
SEITDEM ...
... HABE ICH IMMER WIEDER ANDERE WEGE EINGESCHLAGEN ...
... ODER WEITSCHWEIFENDE UMWEGE GEMACHT.
DENN WENN ICH EINEN ANDEREN WEG EINSCHLUG ...
... KAM MIR DER TAG WIE EIN NEUER VOR.
ICH WAR WOHL GELANGWEILT VON DIESER ENDLOSSCHLEIFE.
EINES TAGES BIN ICH ZU WEIT GEWANDERT ...
... SODASS ICH ERST KURZ VOR MITTERNACHT NACH HAUSE ZURÜCKKEHRTE.

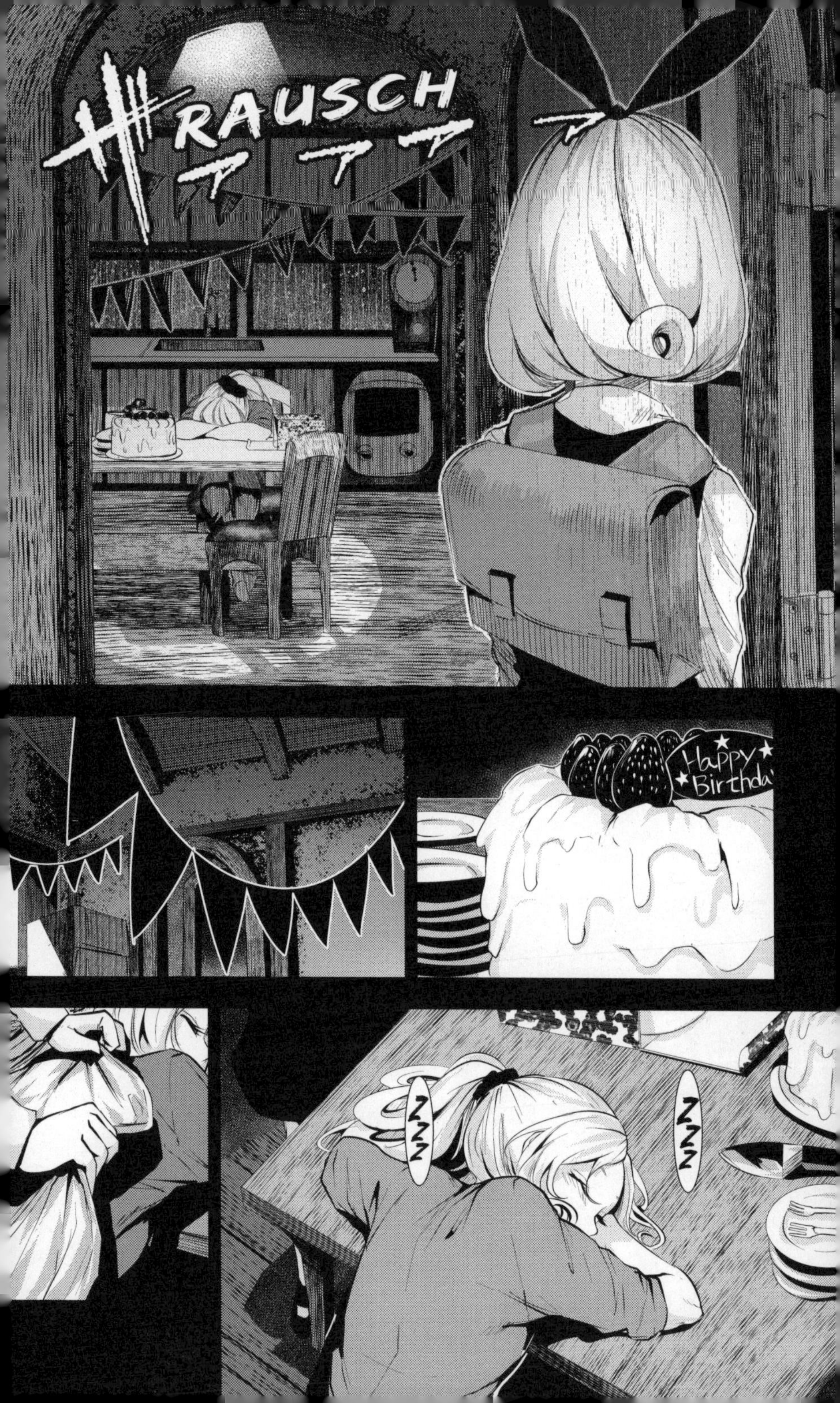
RAUSCH
アアア
Happy Birthda
ZZZ
ZZZ

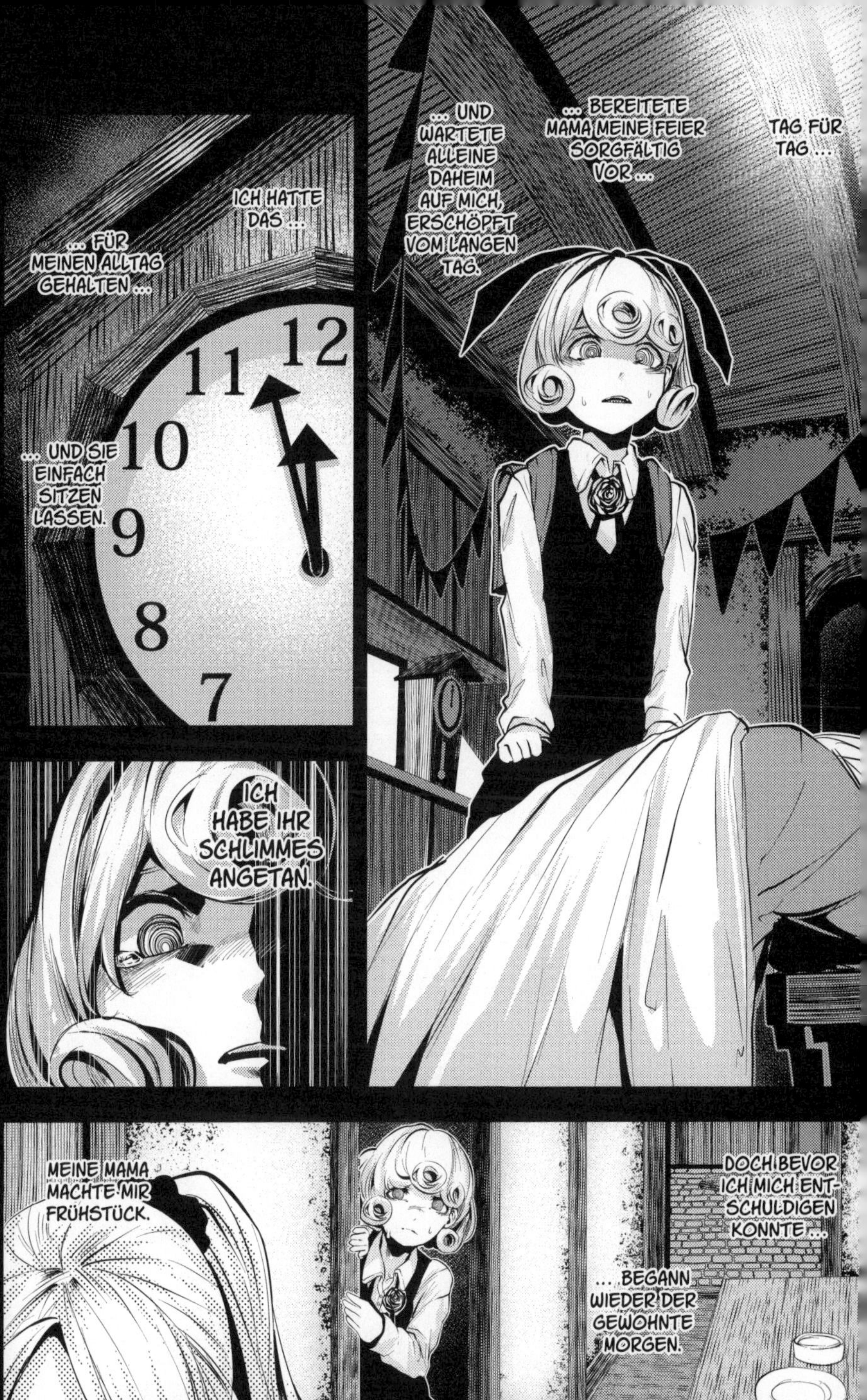
TAG FÜR TAG ...
... BEREITETE MAMA MEINE FEIER SORGFÄLTIG VOR ...
... UND WARTETE ALLEINE DAHEIM AUF MICH, ERSCHÖPFT VOM LANGEN TAG.
ICH HATTE DAS ...
... FÜR MEINEN ALLTAG GEHALTEN ...
... UND SIE EINFACH SITZEN LASSEN.
ICH HABE IHR SCHLIMMES ANGETAN.
DOCH BEVOR ICH MICH ENT-SCHULDIGEN KONNTE ...
... BEGANN WIEDER DER GEWOHNTE MORGEN.
MEINE MAMA MACHTE MIR FRÜHSTÜCK.

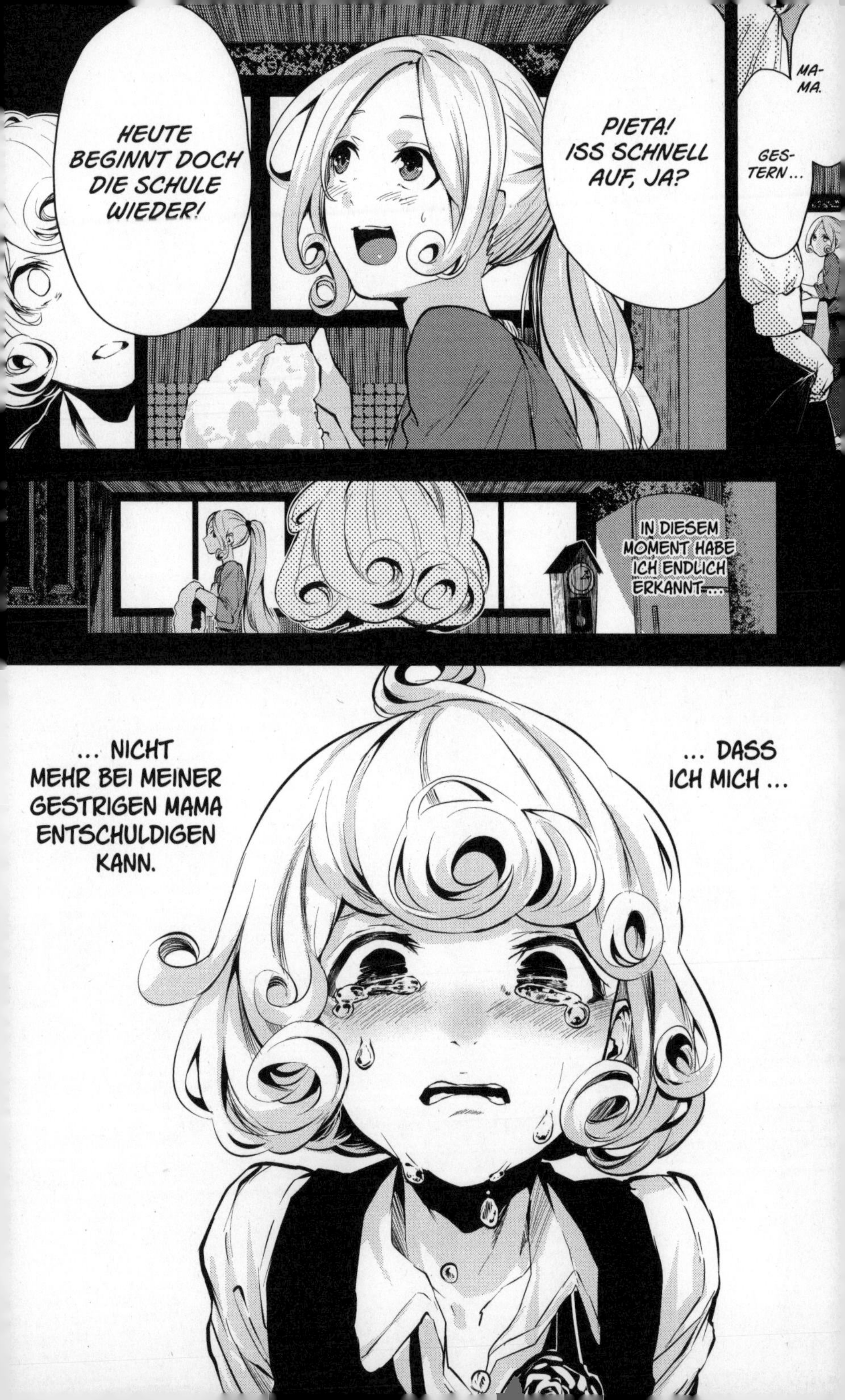
MAMA.
GESTERN …
PIETA! ISS SCHNELL AUF, JA?
HEUTE BEGINNT DOCH DIE SCHULE WIEDER!
IN DIESEM MOMENT HABE ICH ENDLICH ERKANNT …
… DASS ICH MICH …
… NICHT MEHR BEI MEINER GESTRIGEN MAMA ENTSCHULDIGEN KANN.

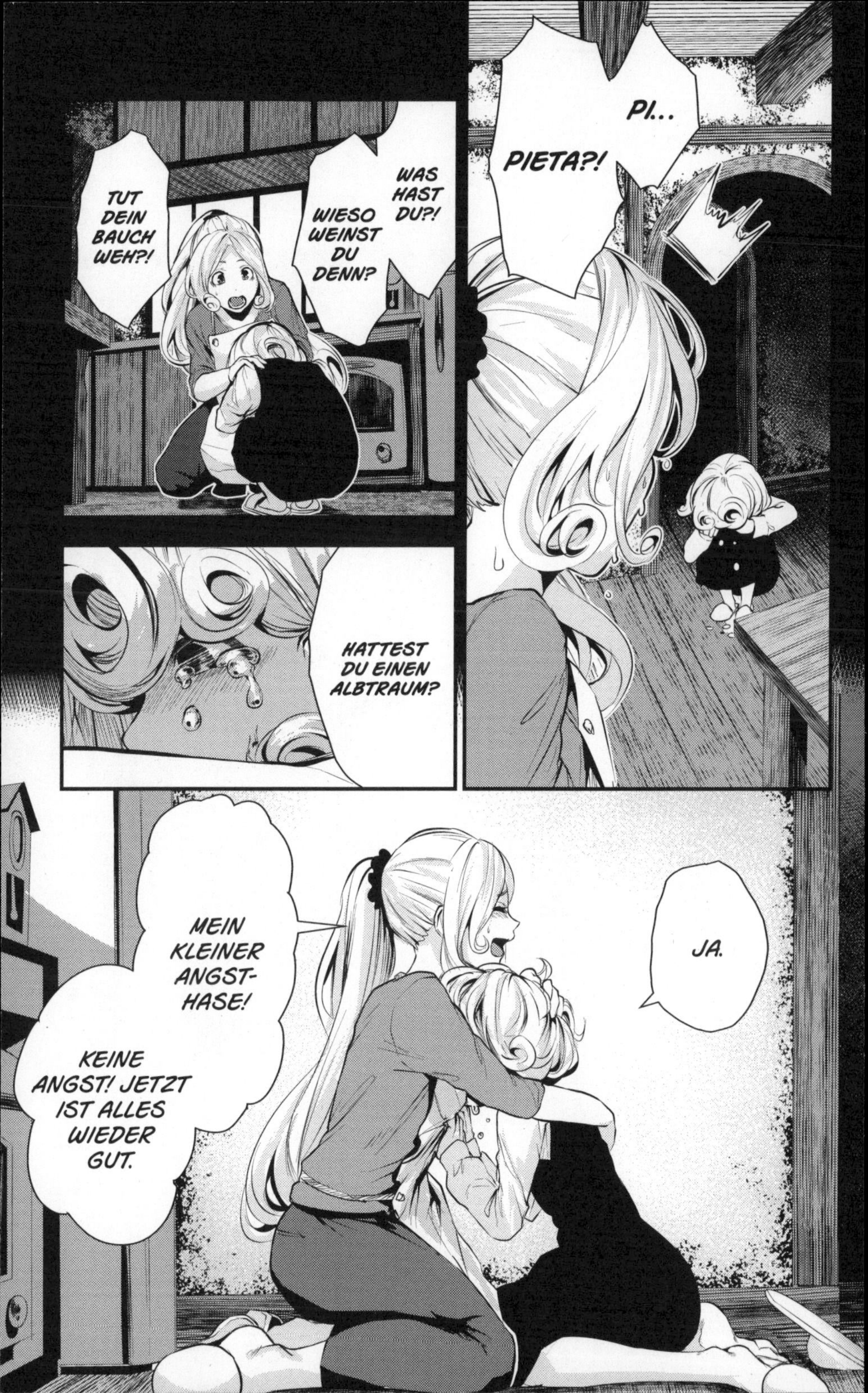
PI...
PIETA?!
WAS HAST DU?!
WIESO WEINST DU DENN?
TUT DEIN BAUCH WEH?!
HATTEST DU EINEN ALBTRAUM?
JA.
MEIN KLEINER ANGST-HASE!
KEINE ANGST! JETZT IST ALLES WIEDER GUT.

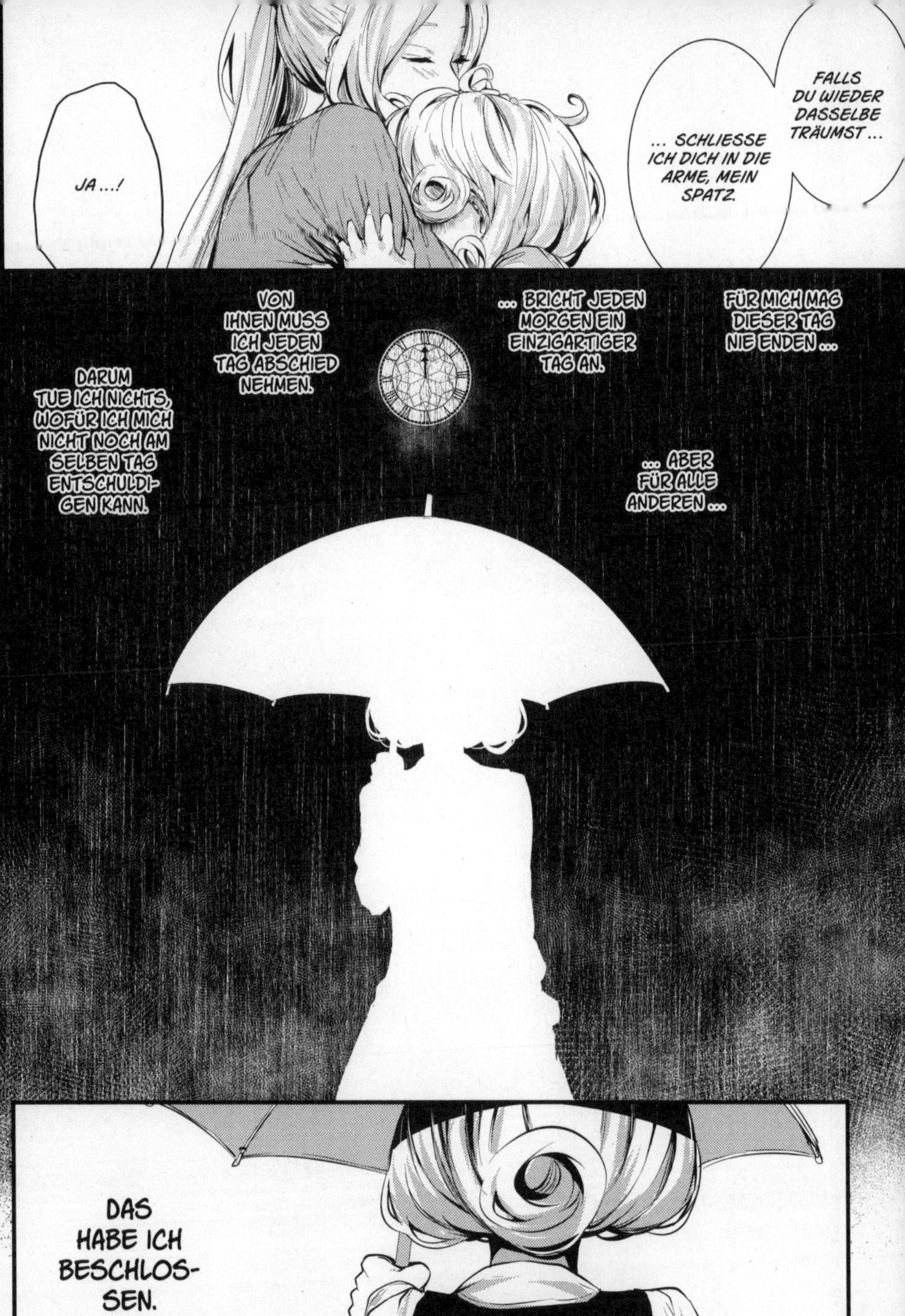
FALLS DU WIEDER DASSELBE TRÄUMST ...
... SCHLIESSE ICH DICH IN DIE ARME, MEIN SPATZ.
JA ...!
FÜR MICH MAG DIESER TAG NIE ENDEN ...
... ABER FÜR ALLE ANDEREN ...
... BRICHT JEDEN MORGEN EIN EINZIGARTIGER TAG AN.
VON IHNEN MUSS ICH JEDEN TAG ABSCHIED NEHMEN.
DARUM TUE ICH NICHTS, WOFÜR ICH MICH NICHT NOCH AM SELBEN TAG ENTSCHULDIGEN KANN.
DAS HABE ICH BESCHLOS-SEN.

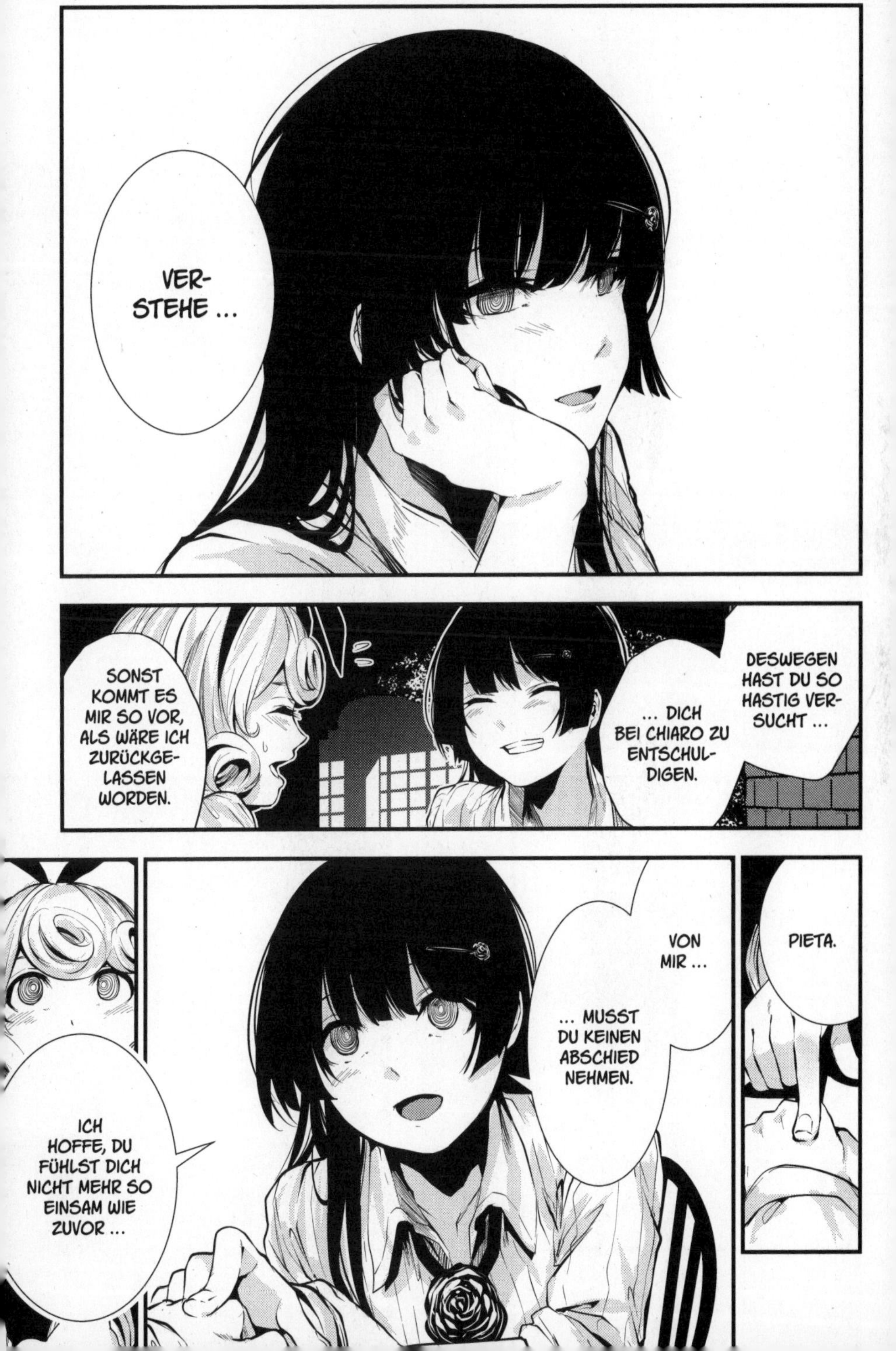
VERSTEHE …
DESWEGEN HAST DU SO HASTIG VERSUCHT …
… DICH BEI CHIARO ZU ENTSCHULDIGEN.
SONST KOMMT ES MIR SO VOR, ALS WÄRE ICH ZURÜCKGELASSEN WORDEN.
PIETA.
VON MIR …
… MUSST DU KEINEN ABSCHIED NEHMEN.
ICH HOFFE, DU FÜHLST DICH NICHT MEHR SO EINSAM WIE ZUVOR …

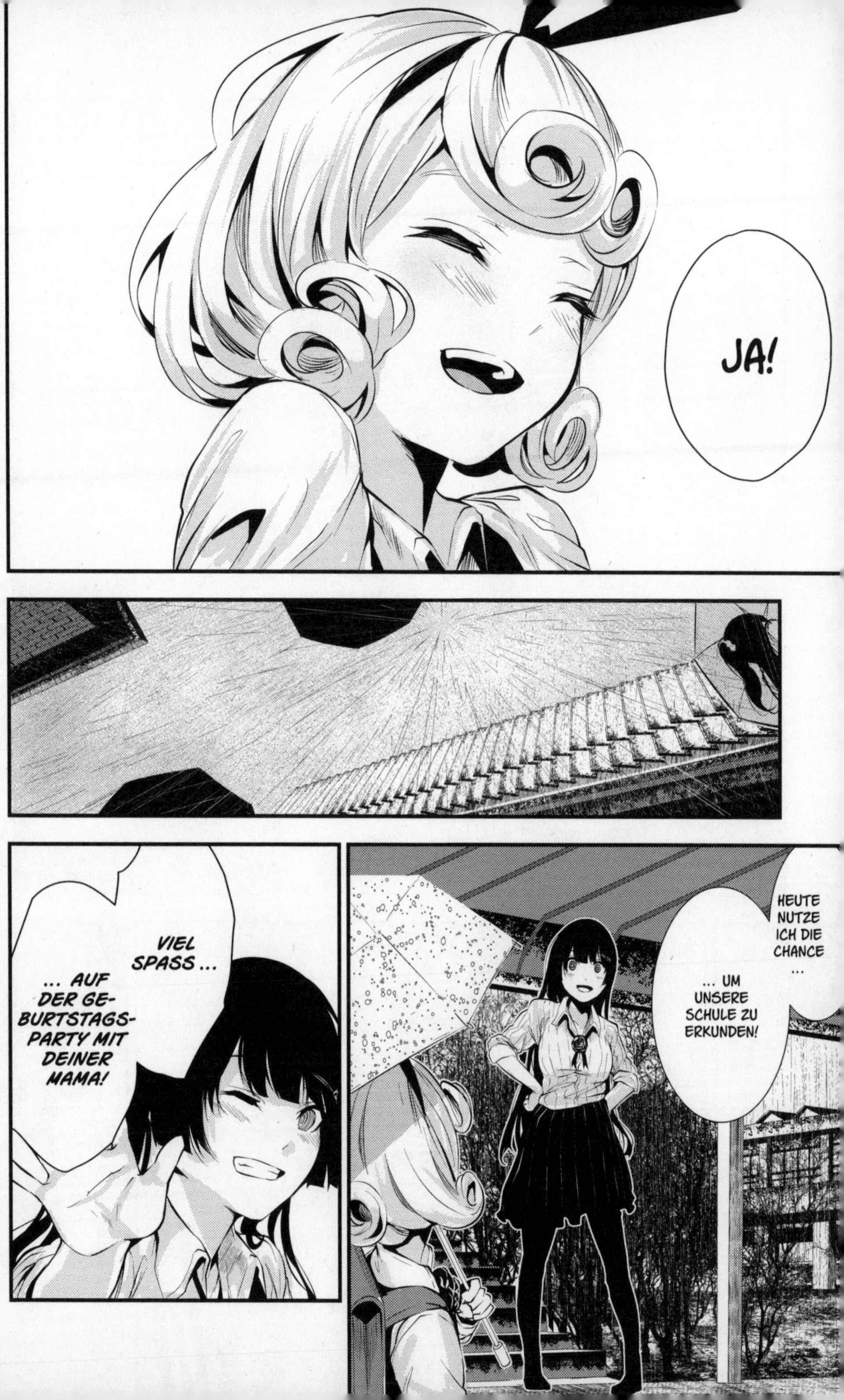
JA!
HEUTE NUTZE ICH DIE CHANCE …
… UM UNSERE SCHULE ZU ERKUNDEN!
VIEL SPASS …
… AUF DER GEBURTSTAGSPARTY MIT DEINER MAMA!

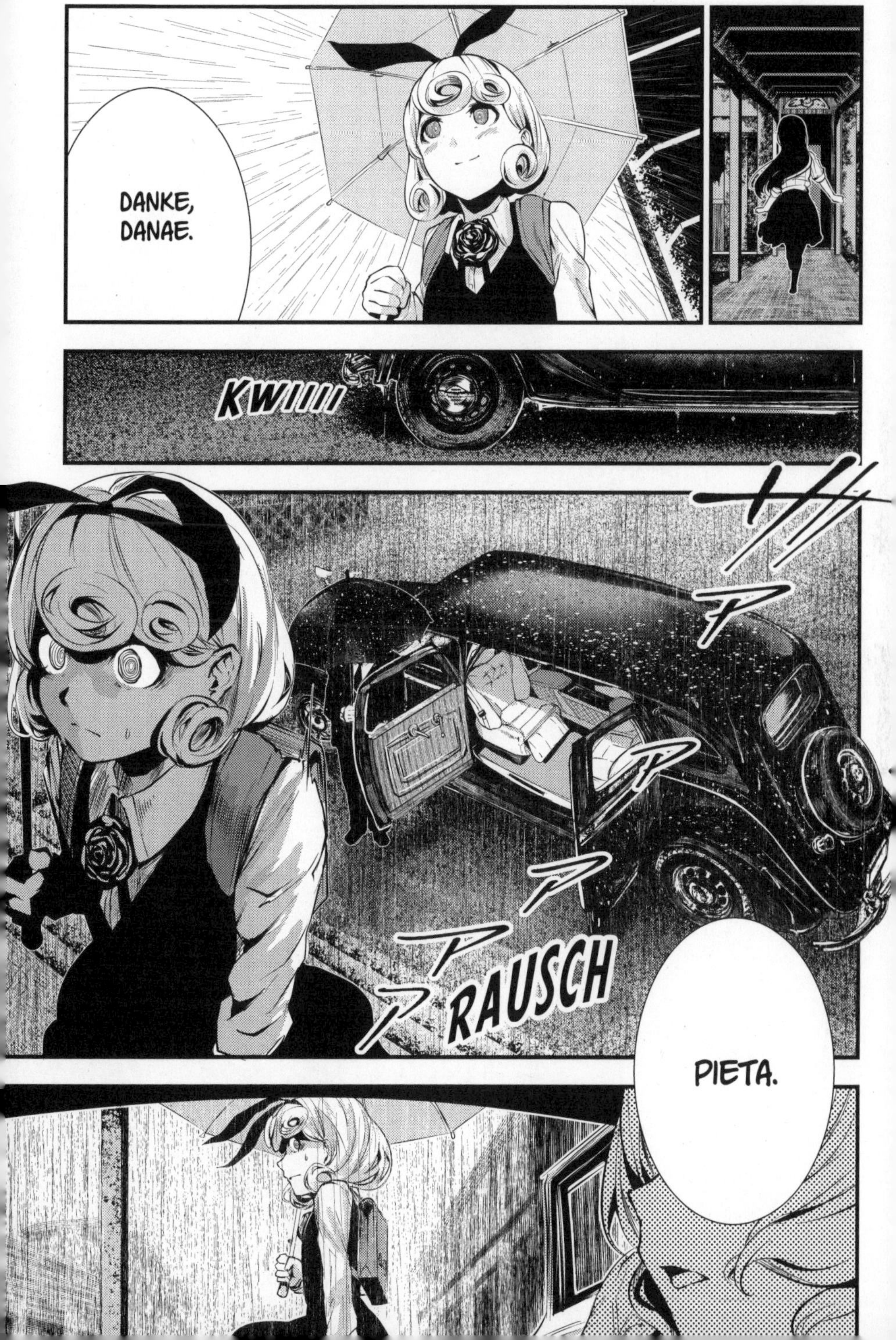
DANKE, DANAE.
KWIIII
RAUSCH
PIETA.

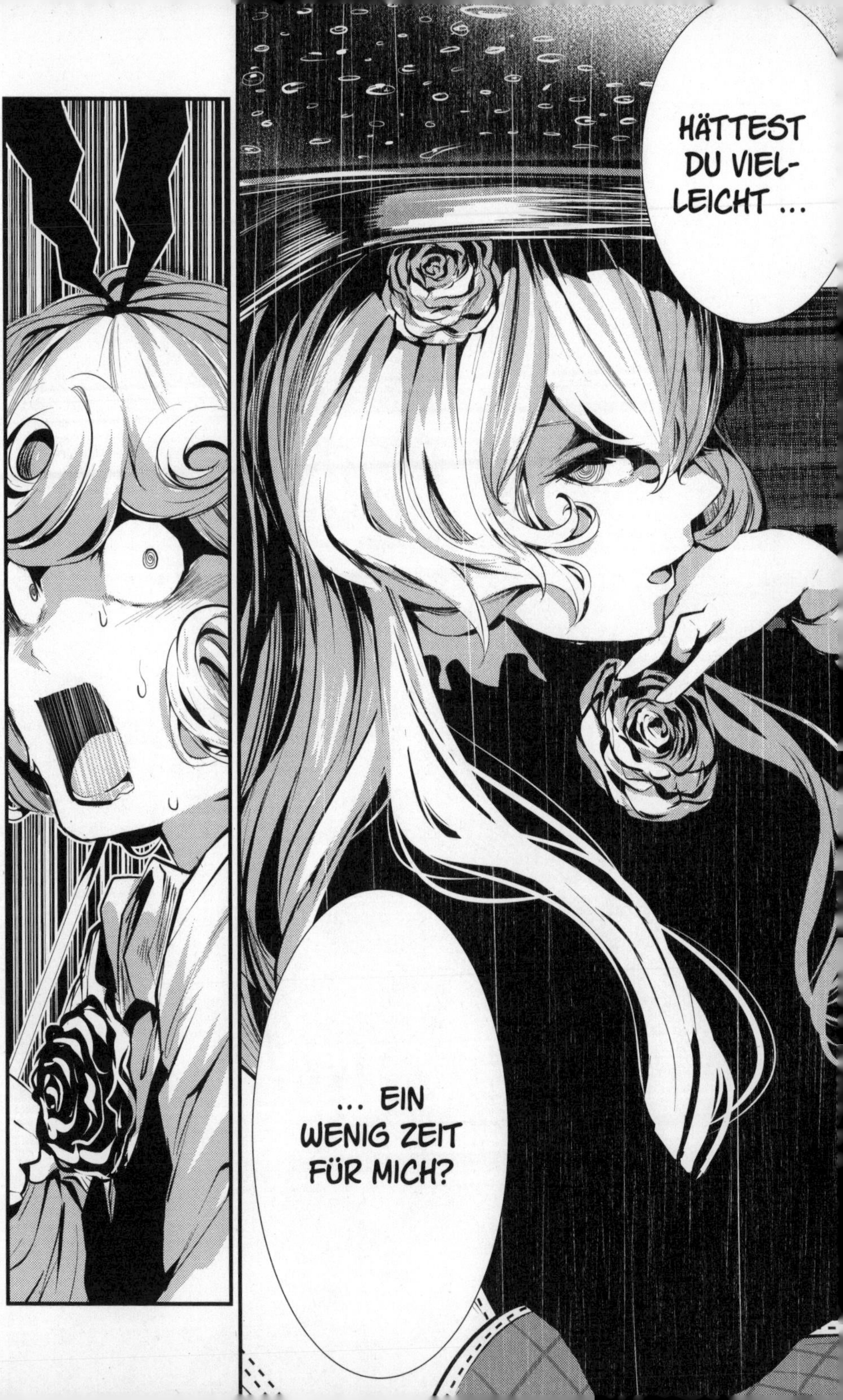
HÄTTEST DU VIEL-
LEICHT …
… EIN WENIG ZEIT FÜR MICH?

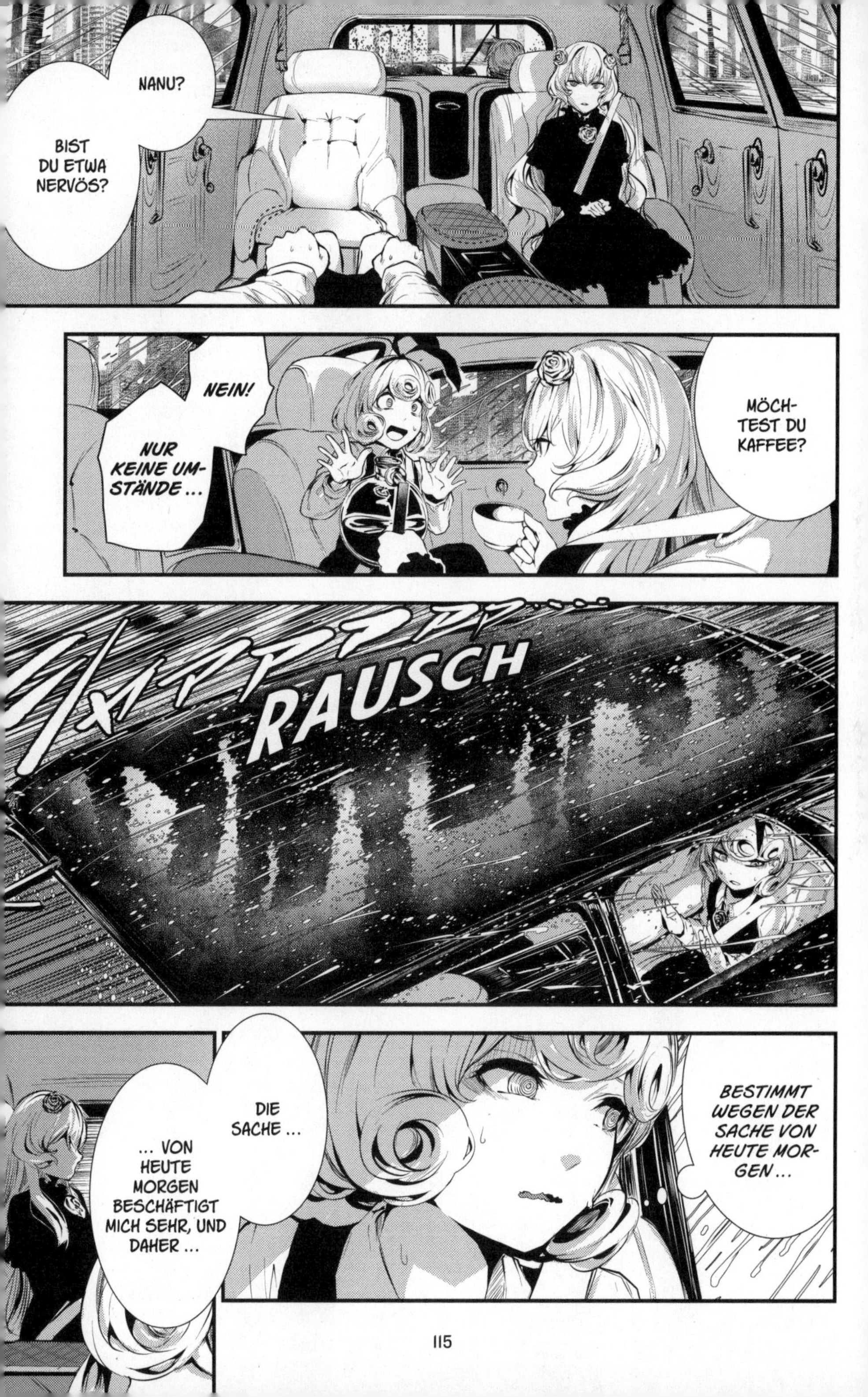
NANU?
BIST DU ETWA NERVÖS?
MÖCHTEST DU KAFFEE?
NEIN!
NUR KEINE UMSTÄNDE …
RAUSCH
BESTIMMT WEGEN DER SACHE VON HEUTE MORGEN …
DIE SACHE …
… VON HEUTE MORGEN BESCHÄFTIGT MICH SEHR, UND DAHER …

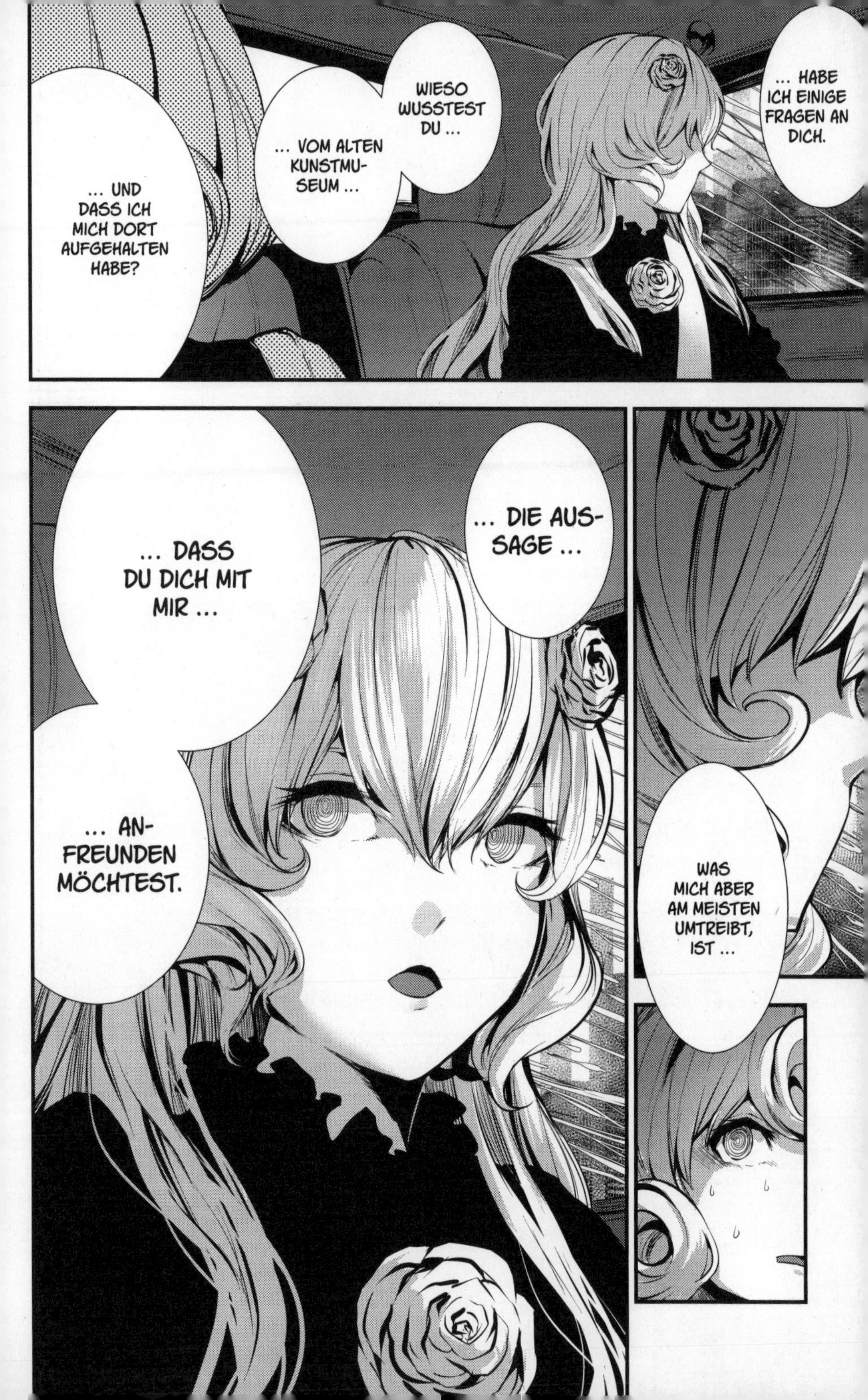
... HABE ICH EINIGE FRAGEN AN DICH.
WIESO WUSSTEST DU ...
... VOM ALTEN KUNSTMU-SEUM ...
... UND DASS ICH MICH DORT AUFGEHALTEN HABE?
WAS MICH ABER AM MEISTEN UMTREIBT, IST ...
... DIE AUS-SAGE ...
... DASS DU DICH MIT MIR ...
... AN-FREUNDEN MÖCHTEST.

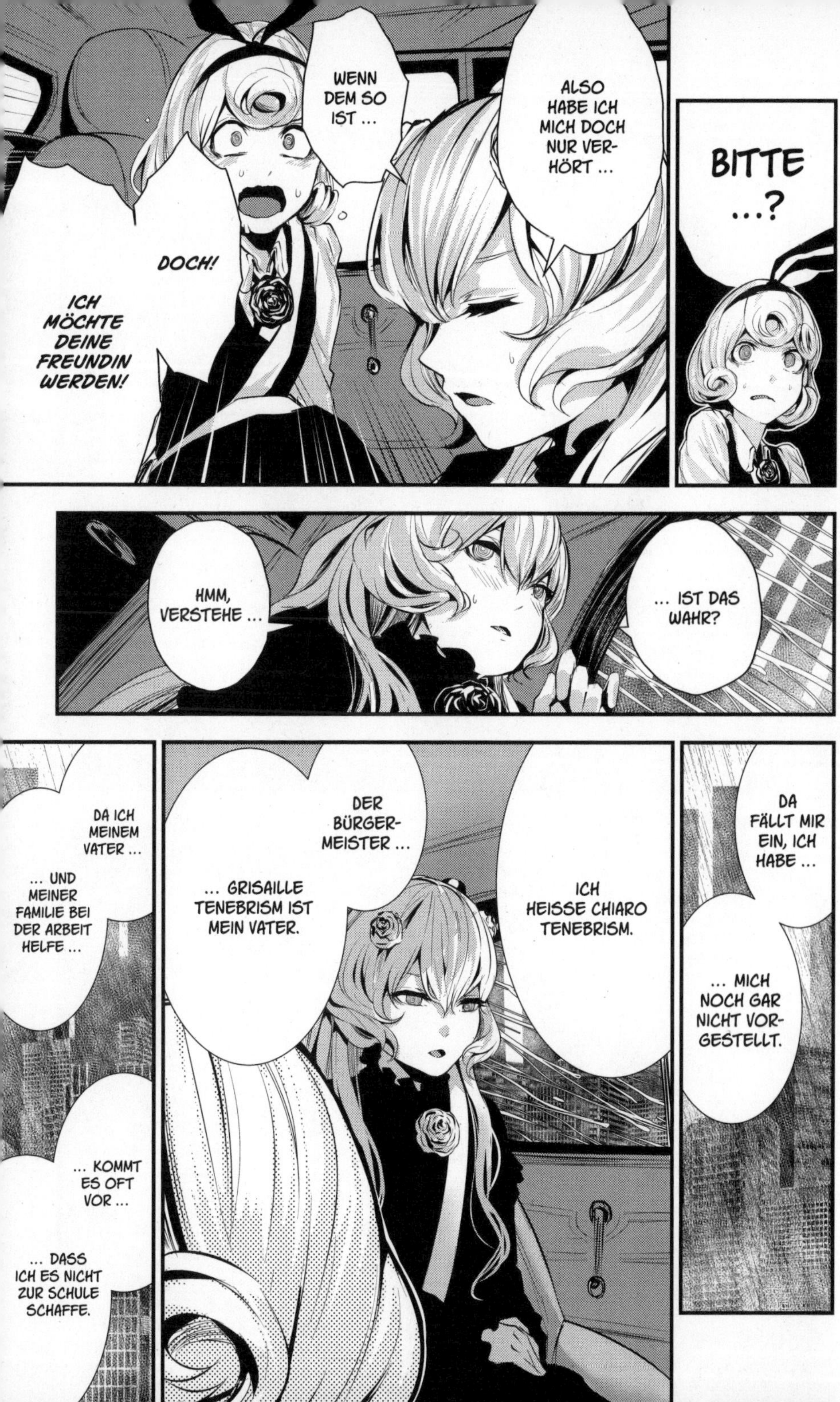
BITTE …?
ALSO HABE ICH MICH DOCH NUR VERHÖRT …
WENN DEM SO IST …
DOCH!
ICH MÖCHTE DEINE FREUNDIN WERDEN!
… IST DAS WAHR?
HMM, VERSTEHE …
DA FÄLLT MIR EIN, ICH HABE …
… MICH NOCH GAR NICHT VORGESTELLT.
ICH HEISSE CHIARO TENEBRISM.
DER BÜRGERMEISTER …
… GRISAILLE TENEBRISM IST MEIN VATER.
DA ICH MEINEM VATER …
… UND MEINER FAMILIE BEI DER ARBEIT HELFE …
… KOMMT ES OFT VOR …
… DASS ICH ES NICHT ZUR SCHULE SCHAFFE.

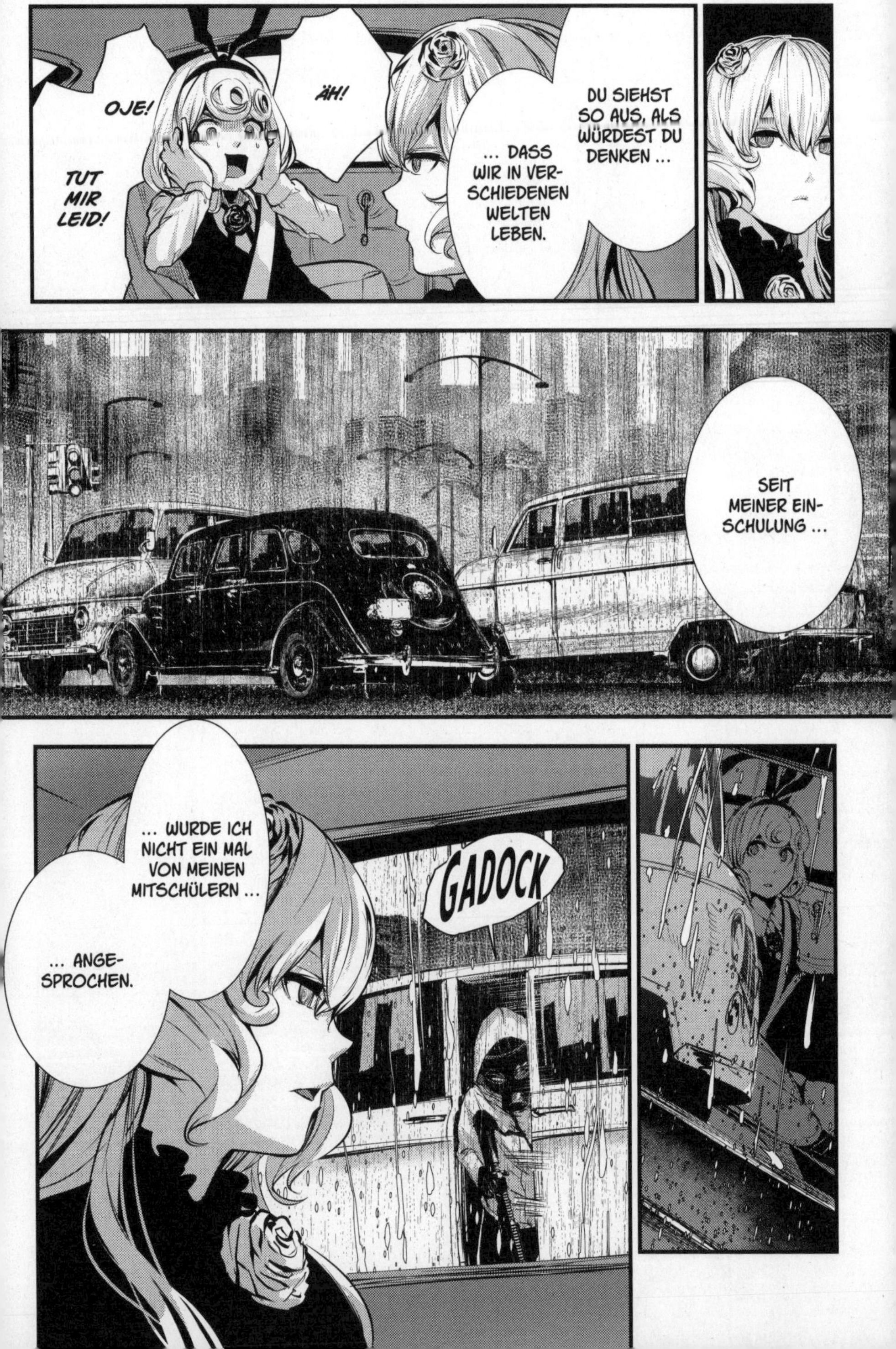
DU SIEHST SO AUS, ALS WÜRDEST DU DENKEN ...
... DASS WIR IN VER-SCHIEDENEN WELTEN LEBEN.
ÄH!
OJE!
TUT MIR LEID!
SEIT MEINER EIN-SCHULUNG ...
GADOCK
... WURDE ICH NICHT EIN MAL VON MEINEN MITSCHÜLERN ...
... ANGE-SPROCHEN.

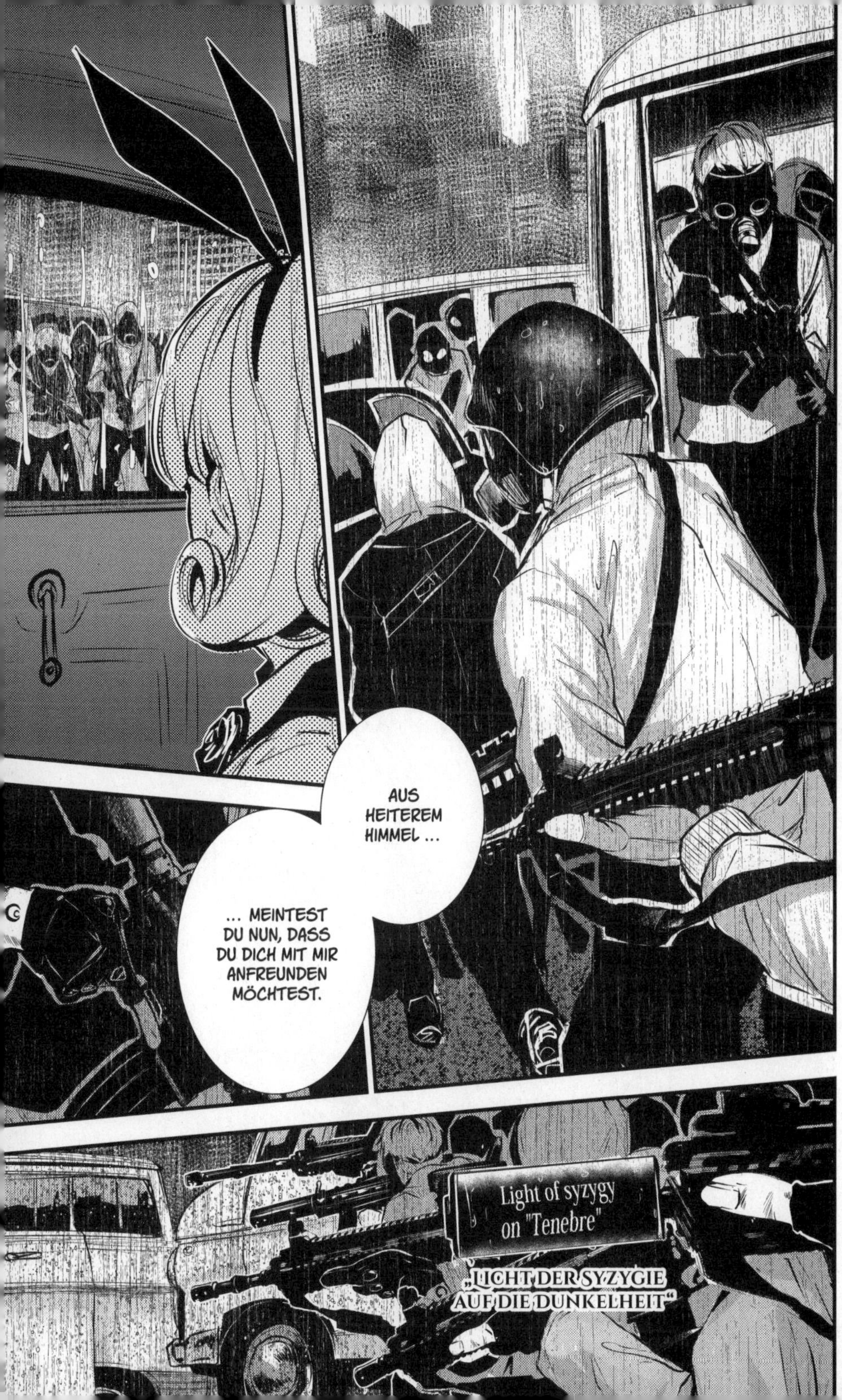
AUS HEITEREM HIMMEL …
… MEINTEST DU NUN, DASS DU DICH MIT MIR ANFREUNDEN MÖCHTEST.
Light of syzygy on "Tenebre"
„LICHT DER SYZYGIE AUF DIE DUNKELHEIT"

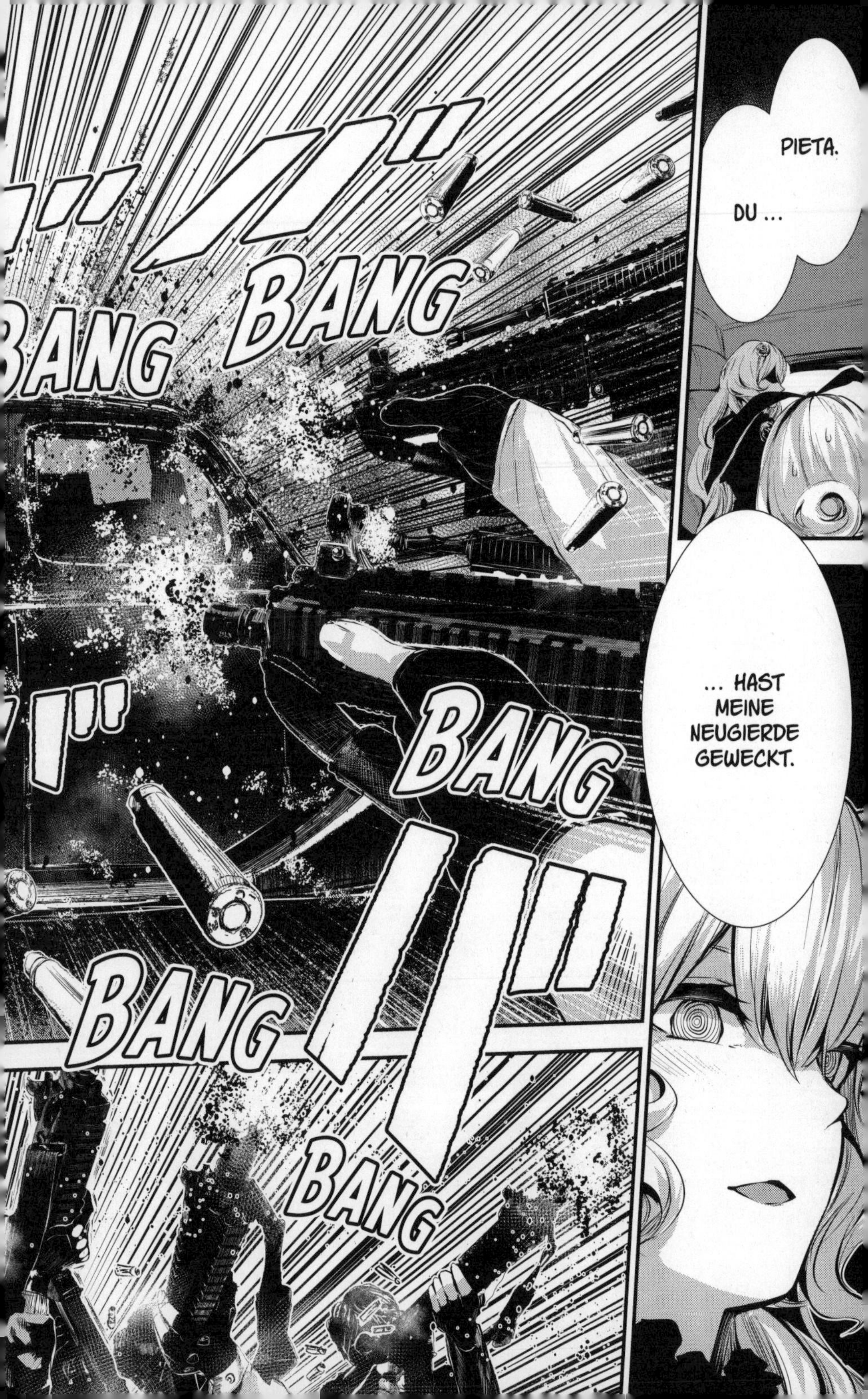
PIETA.
DU ...
... HAST MEINE NEUGIERDE GEWECKT.
BANG
BANG
BANG
BANG
BANG

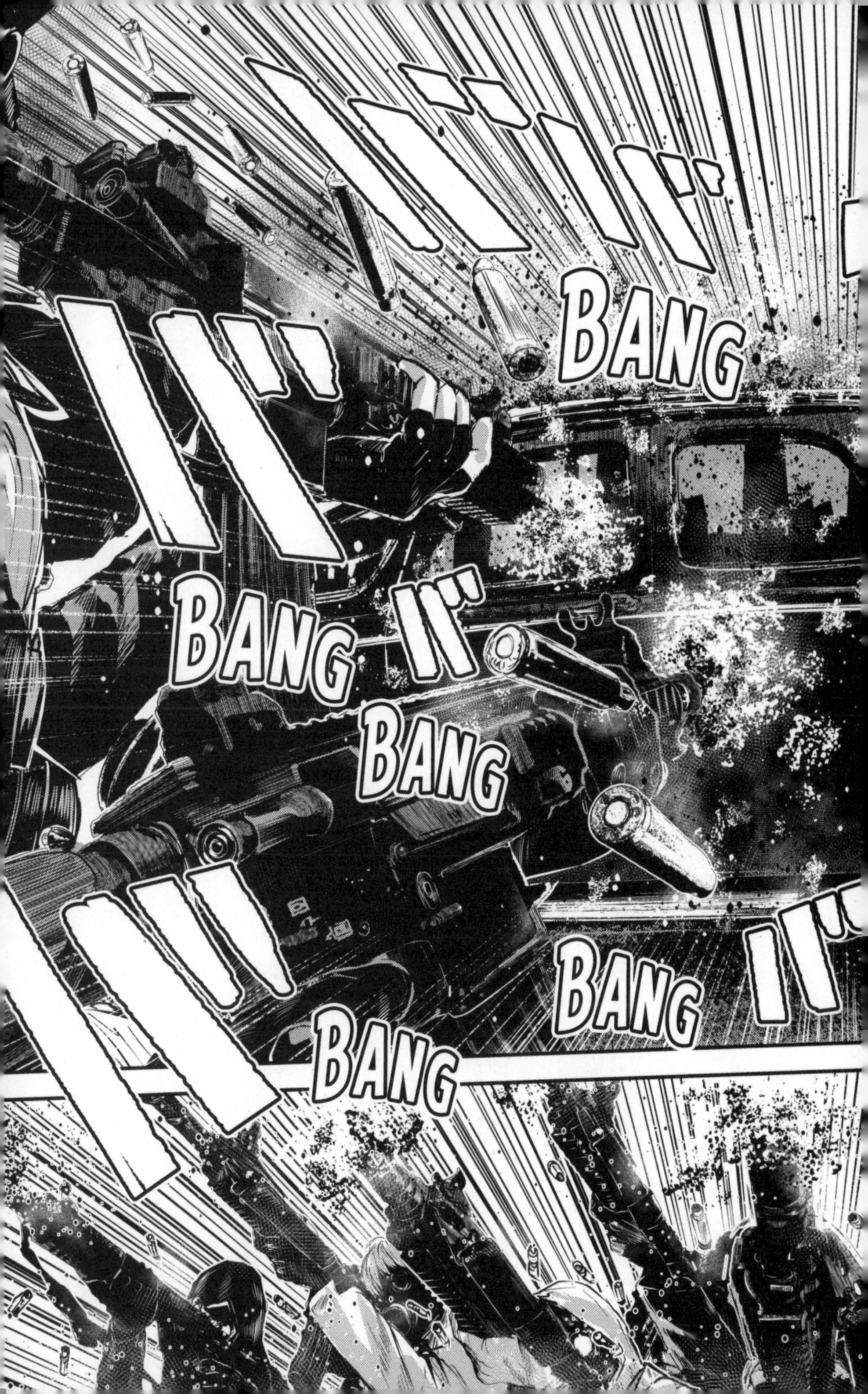
BANG
BANG
BANG
BANG
BANG

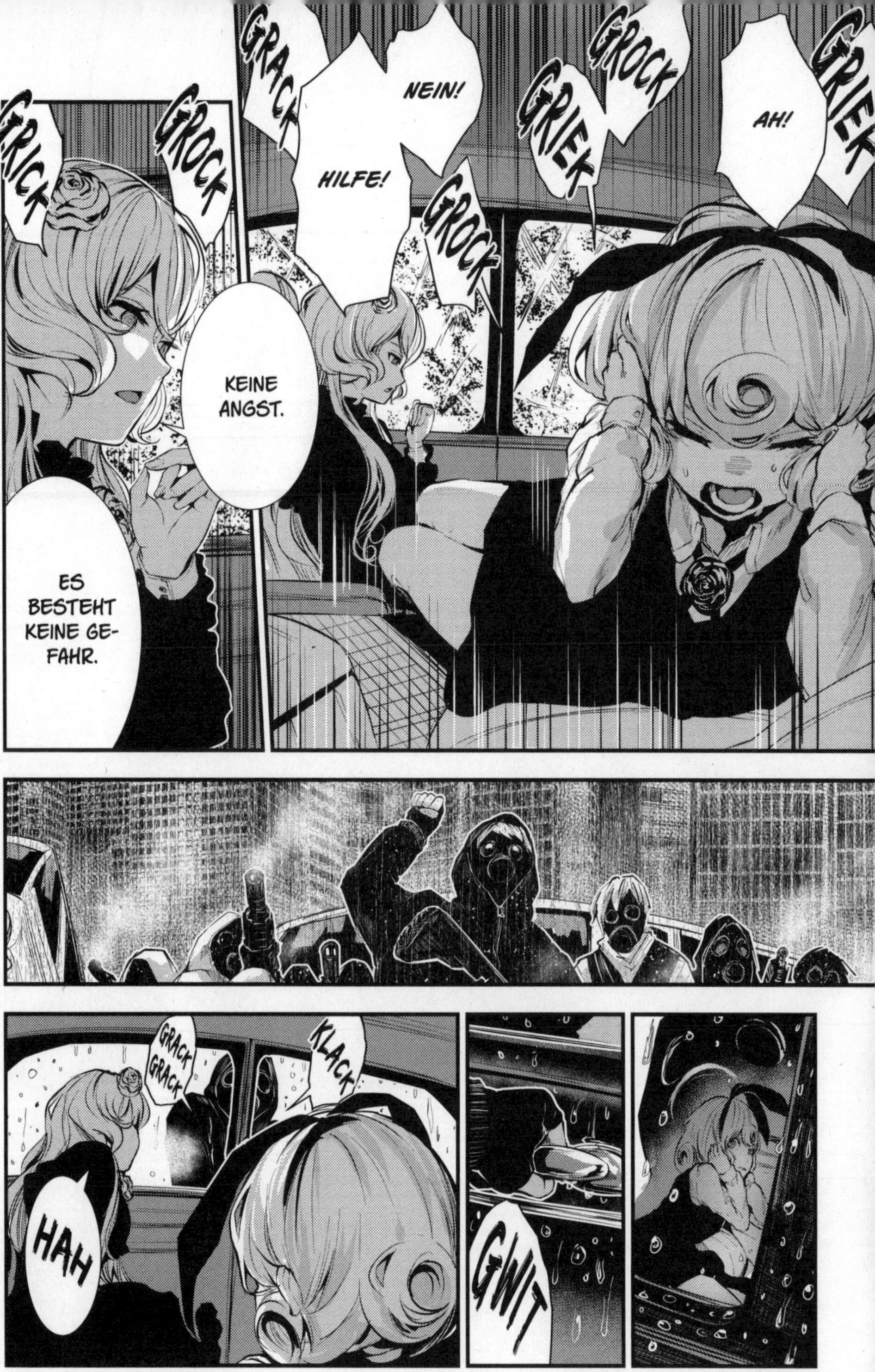
GRIEK
AH!
GROCK
GRIEK
GROCK
NEIN!
HILFE!
GRACK
GROCK
GRICK
KEINE ANGST.
ES BESTEHT KEINE GE-FAHR.
GWIT
KLACK
GRACK GRACK
HAH

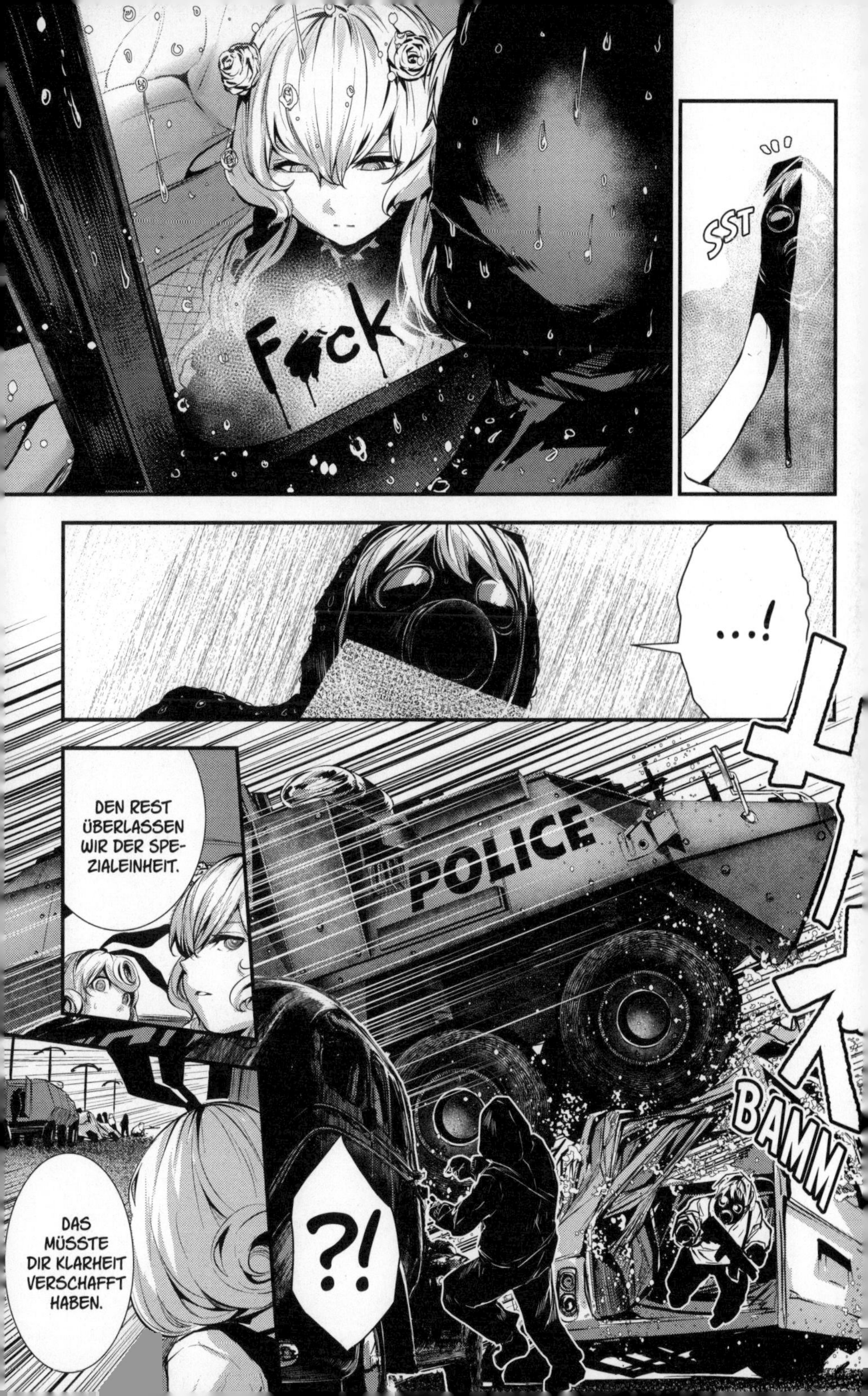
F*CK
SST
POLICE
...!
DEN REST ÜBERLASSEN WIR DER SPE-ZIALEINHEIT.
BAMM
?!
DAS MÜSSTE DIR KLARHEIT VERSCHAFFT HABEN.

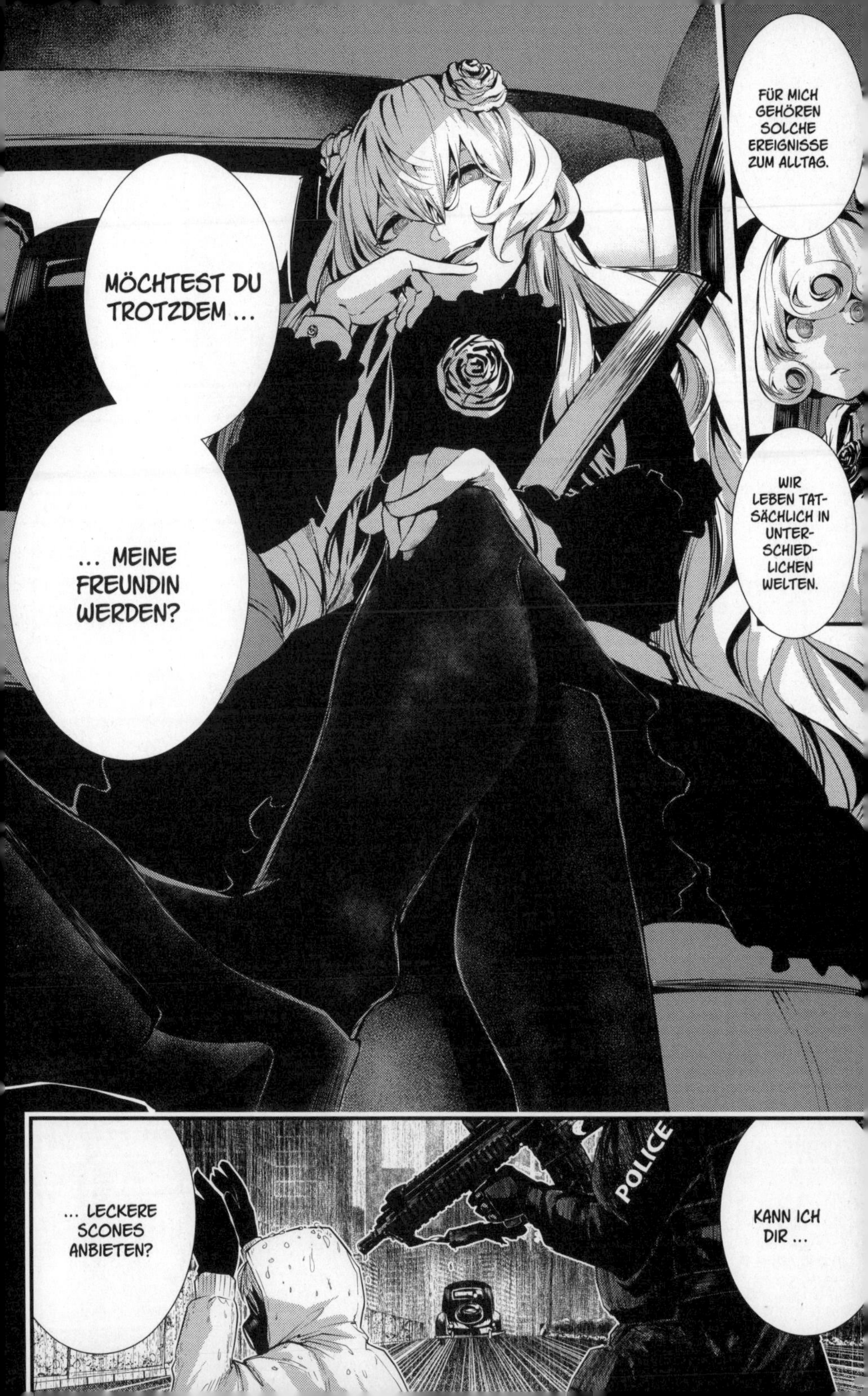
FÜR MICH GEHÖREN SOLCHE EREIGNISSE ZUM ALLTAG.
WIR LEBEN TATSÄCHLICH IN UNTERSCHIEDLICHEN WELTEN.
MÖCHTEST DU TROTZDEM ...
... MEINE FREUNDIN WERDEN?
POLICE
KANN ICH DIR ...
... LECKERE SCONES ANBIETEN?

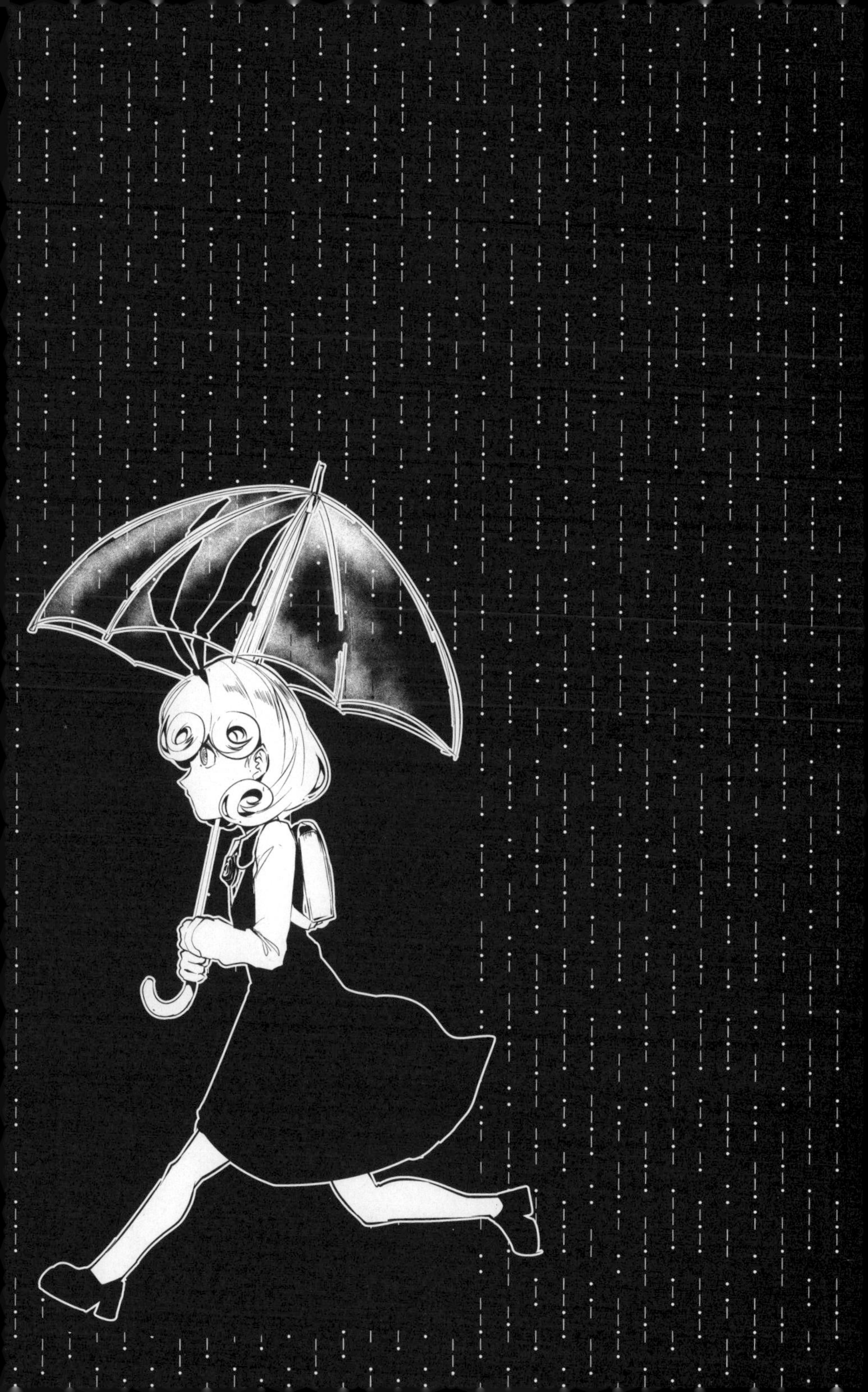

COFFEE MOON

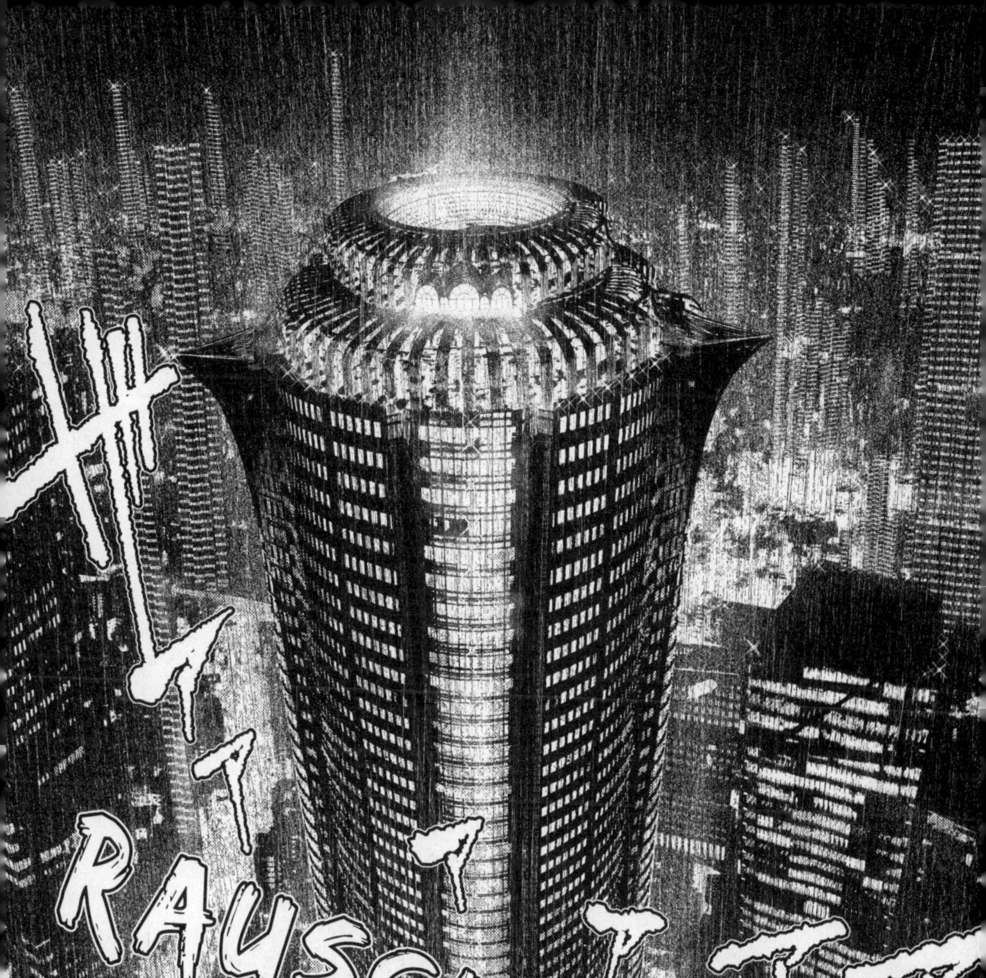

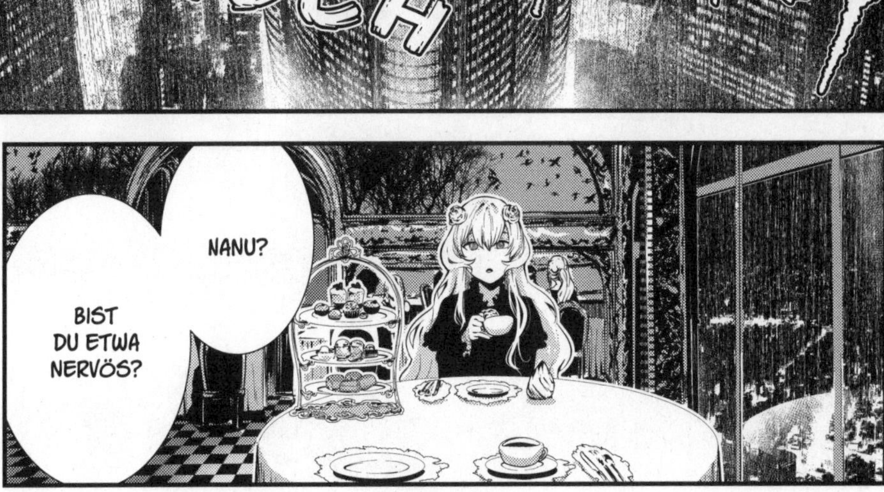

KAPITEL 4
ABER ...

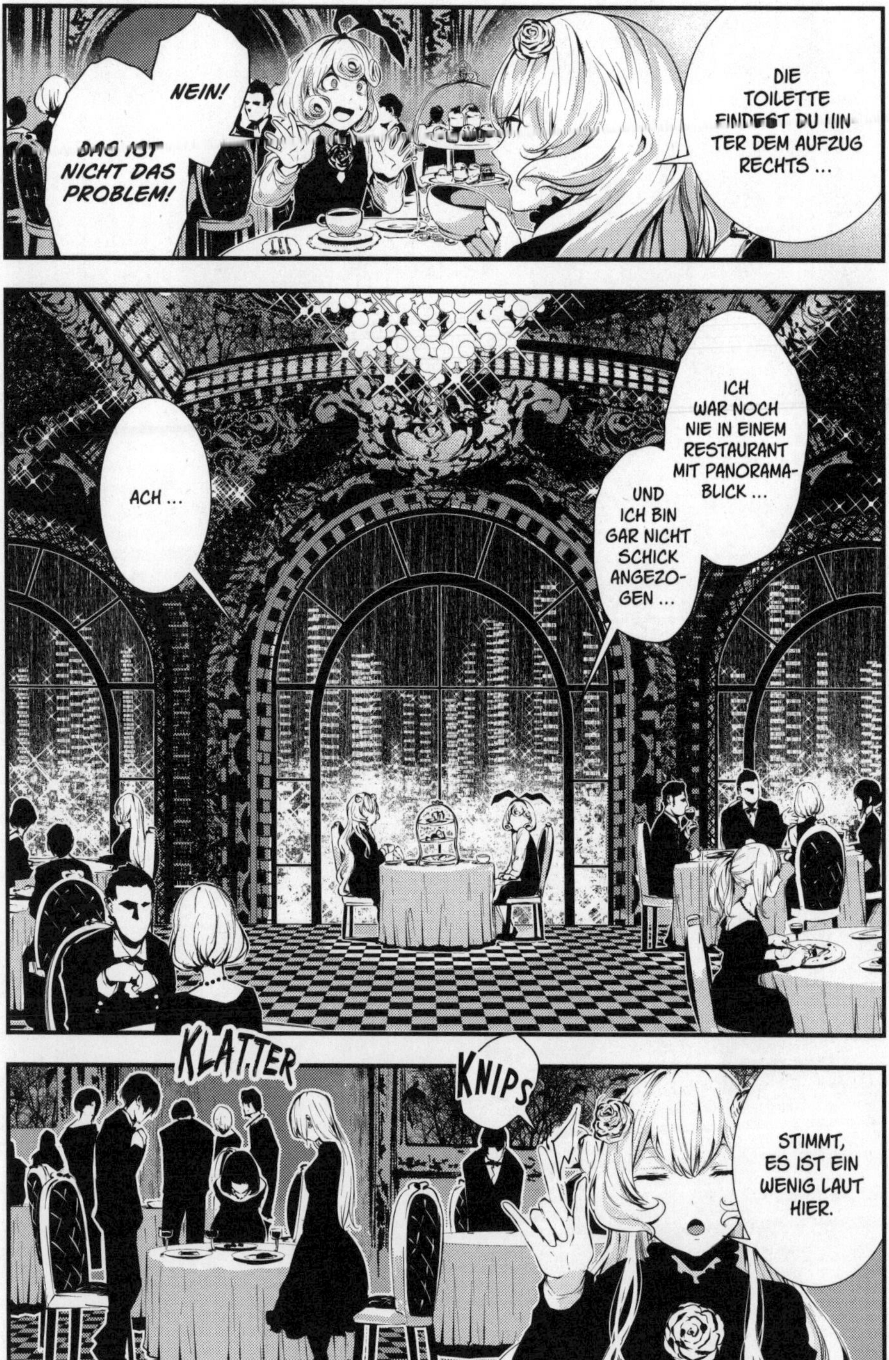
DIE TOILETTE FINDEST DU HINTER DEM AUFZUG RECHTS ...
NEIN!
DAS IST NICHT DAS PROBLEM!
ICH WAR NOCH NIE IN EINEM RESTAURANT MIT PANORAMABLICK ...
UND ICH BIN GAR NICHT SCHICK ANGEZOGEN ...
ACH ...
STIMMT, ES IST EIN WENIG LAUT HIER.
KNIPS
KLATTER

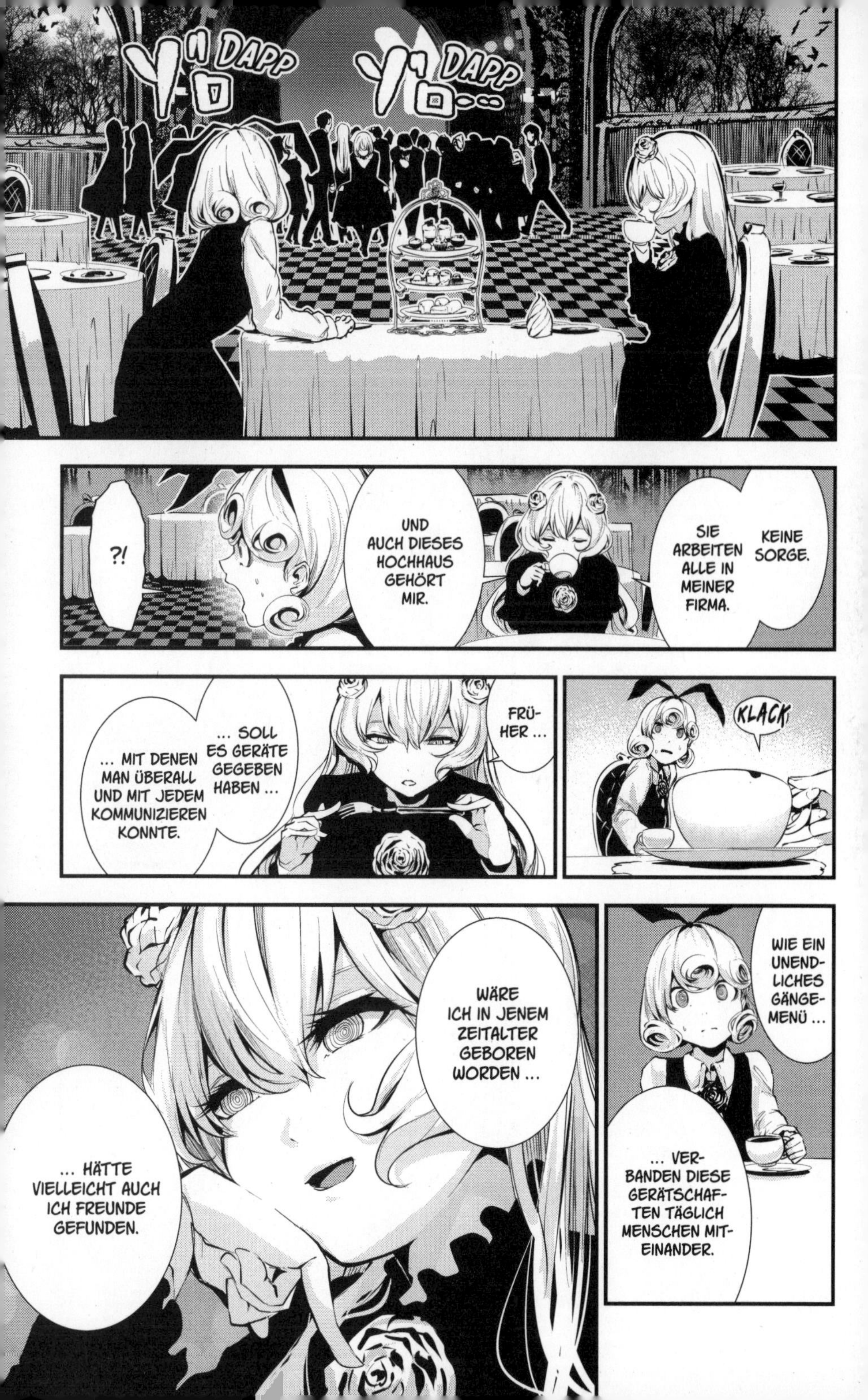
DAPP
DAPP
KEINE SORGE.
SIE ARBEITEN ALLE IN MEINER FIRMA.
UND AUCH DIESES HOCHHAUS GEHÖRT MIR.
?!
KLACK
FRÜHER …
… SOLL ES GERÄTE GEGEBEN HABEN …
… MIT DENEN MAN ÜBERALL UND MIT JEDEM KOMMUNIZIEREN KONNTE.
WIE EIN UNENDLICHES GÄNGEMENÜ …
… VERBANDEN DIESE GERÄTSCHAFTEN TÄGLICH MENSCHEN MITEINANDER.
WÄRE ICH IN JENEM ZEITALTER GEBOREN WORDEN …
… HÄTTE VIELLEICHT AUCH ICH FREUNDE GEFUNDEN.

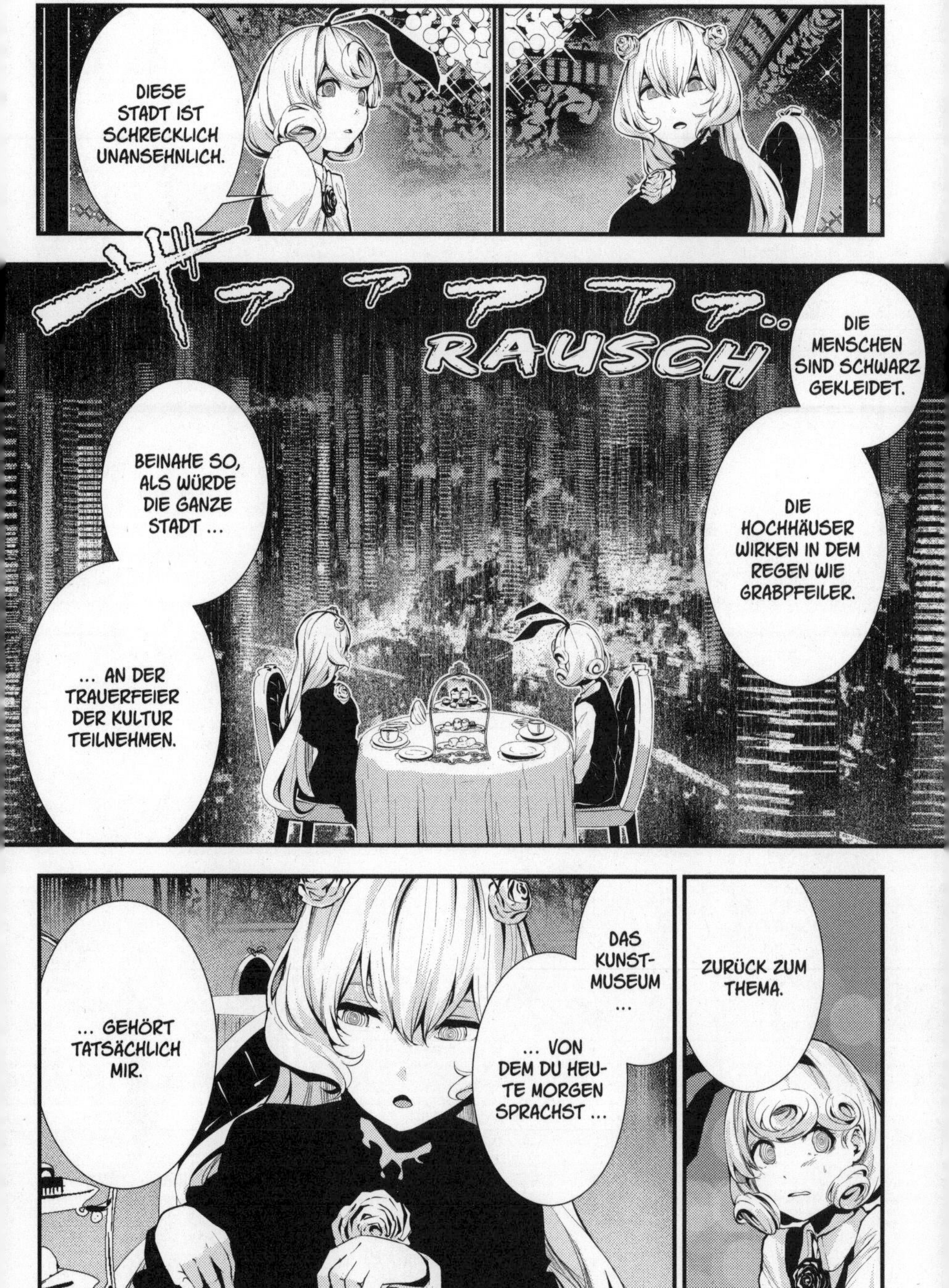
DIESE STADT IST SCHRECKLICH UNANSEHNLICH.
RAUSCH
DIE MENSCHEN SIND SCHWARZ GEKLEIDET.
DIE HOCHHÄUSER WIRKEN IN DEM REGEN WIE GRABPFEILER.
BEINAHE SO, ALS WÜRDE DIE GANZE STADT …
… AN DER TRAUERFEIER DER KULTUR TEILNEHMEN.
ZURÜCK ZUM THEMA.
DAS KUNST-MUSEUM …
… VON DEM DU HEU-TE MORGEN SPRACHST …
… GEHÖRT TATSÄCHLICH MIR.

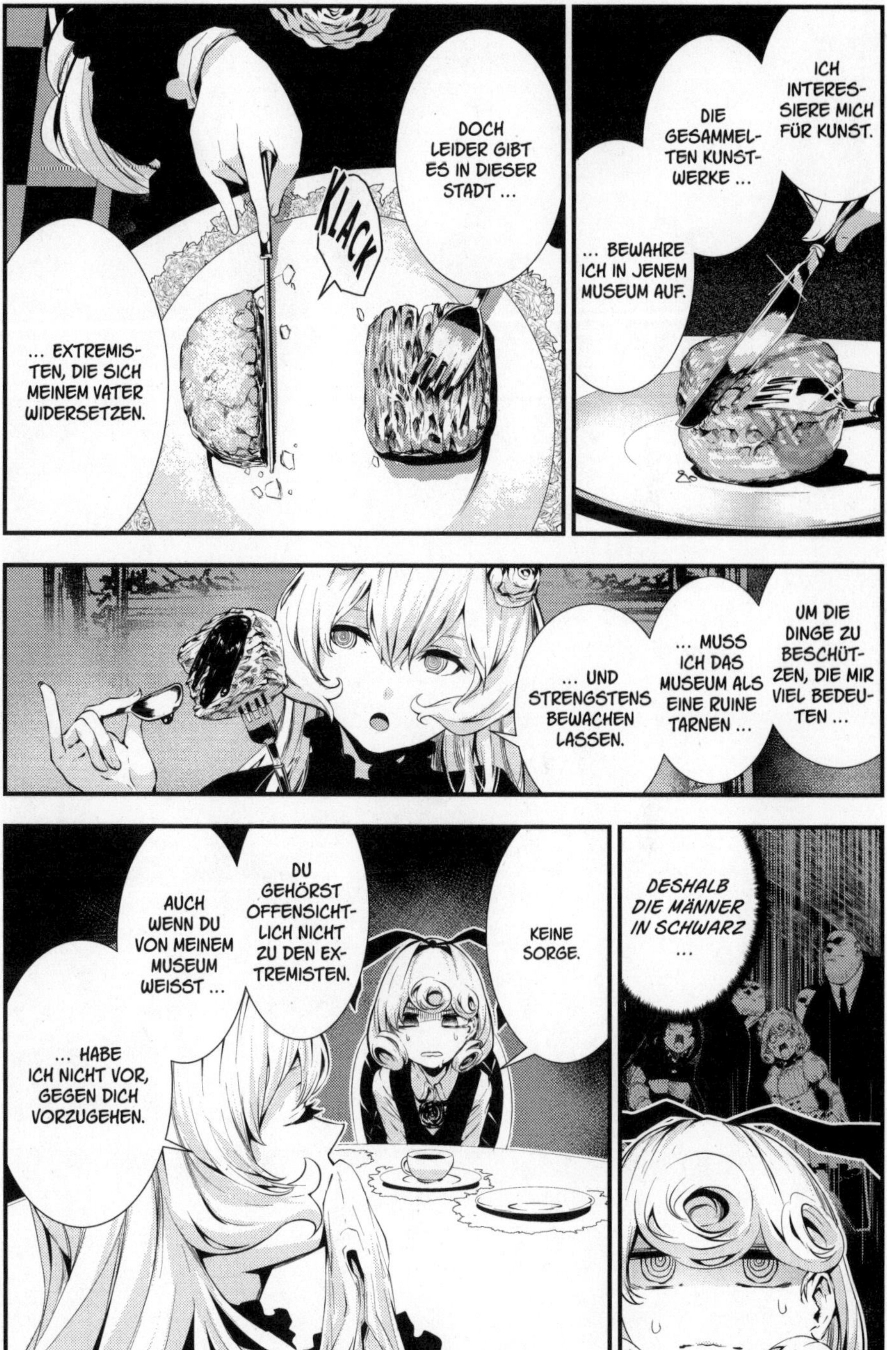

ICH INTERESSIERE MICH FÜR KUNST.
DIE GESAMMELTEN KUNSTWERKE …
… BEWAHRE ICH IN JENEM MUSEUM AUF.
DOCH LEIDER GIBT ES IN DIESER STADT …
KLACK
… EXTREMISTEN, DIE SICH MEINEM VATER WIDERSETZEN.
UM DIE DINGE ZU BESCHÜTZEN, DIE MIR VIEL BEDEUTEN …
… MUSS ICH DAS MUSEUM ALS EINE RUINE TARNEN …
… UND STRENGSTENS BEWACHEN LASSEN.
DESHALB DIE MÄNNER IN SCHWARZ …
KEINE SORGE.
DU GEHÖRST OFFENSICHTLICH NICHT ZU DEN EXTREMISTEN.
AUCH WENN DU VON MEINEM MUSEUM WEISST …
… HABE ICH NICHT VOR, GEGEN DICH VORZUGEHEN.

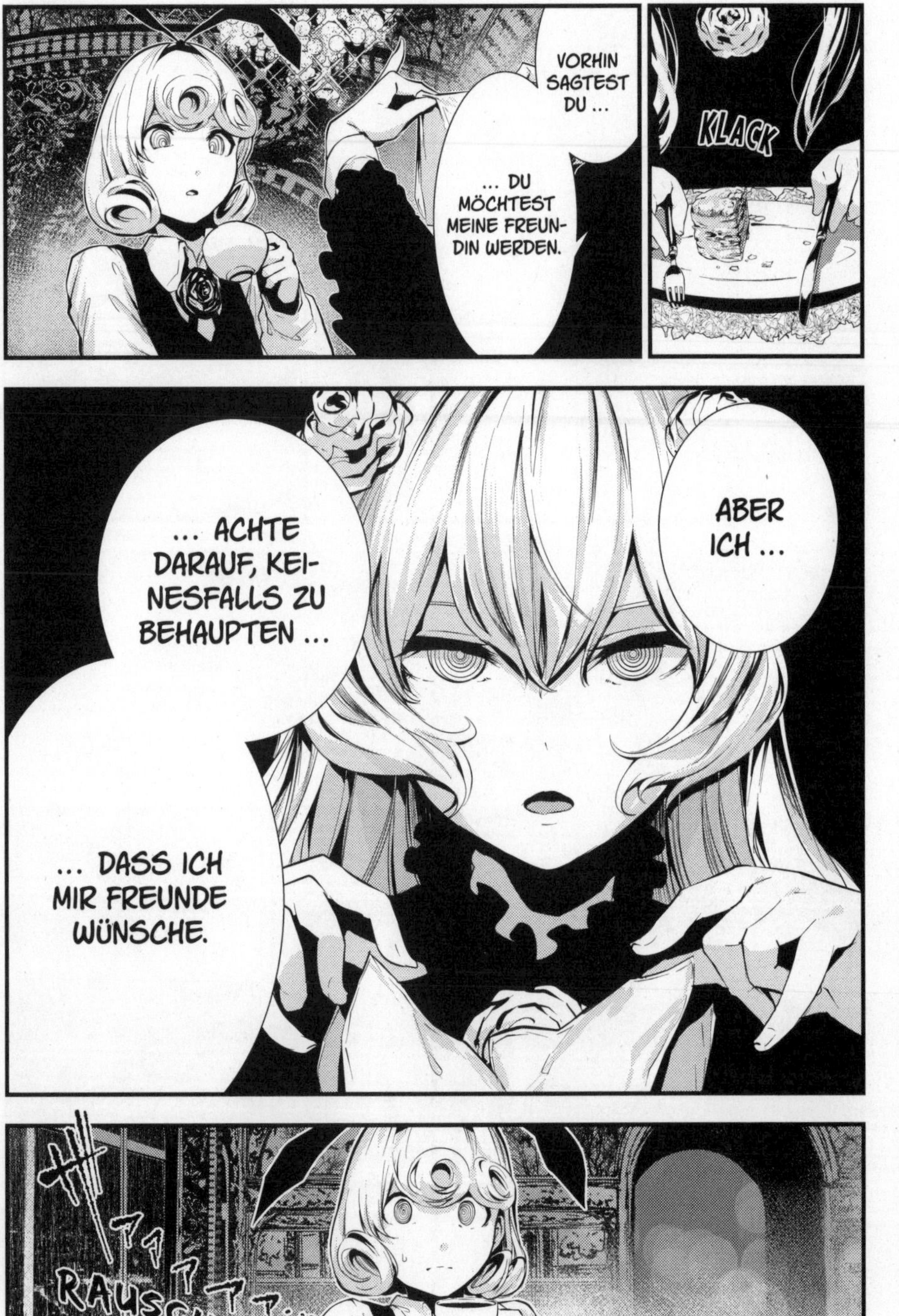
KLACK
VORHIN SAGTEST DU ...
... DU MÖCHTEST MEINE FREUN-DIN WERDEN.
ABER ICH ...
... ACHTE DARAUF, KEI-NESFALLS ZU BEHAUPTEN ...
... DASS ICH MIR FREUNDE WÜNSCHE.
RAUSCH

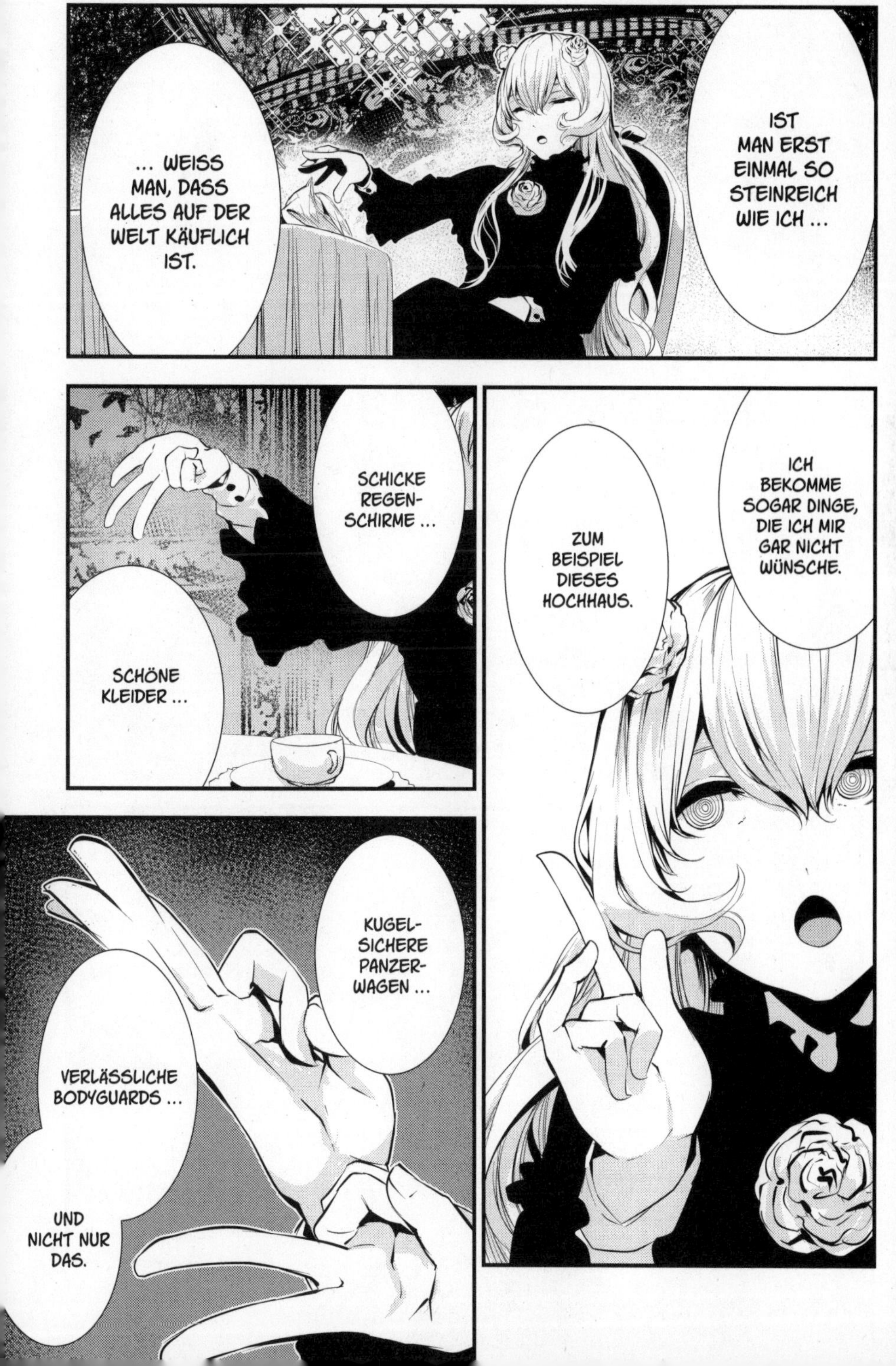
IST MAN ERST EINMAL SO STEINREICH WIE ICH …
… WEISS MAN, DASS ALLES AUF DER WELT KÄUFLICH IST.
SCHICKE REGEN-SCHIRME …
SCHÖNE KLEIDER …
KUGEL-SICHERE PANZER-WAGEN …
VERLÄSSLICHE BODYGUARDS …
UND NICHT NUR DAS.
ICH BEKOMME SOGAR DINGE, DIE ICH MIR GAR NICHT WÜNSCHE.
ZUM BEISPIEL DIESES HOCHHAUS.

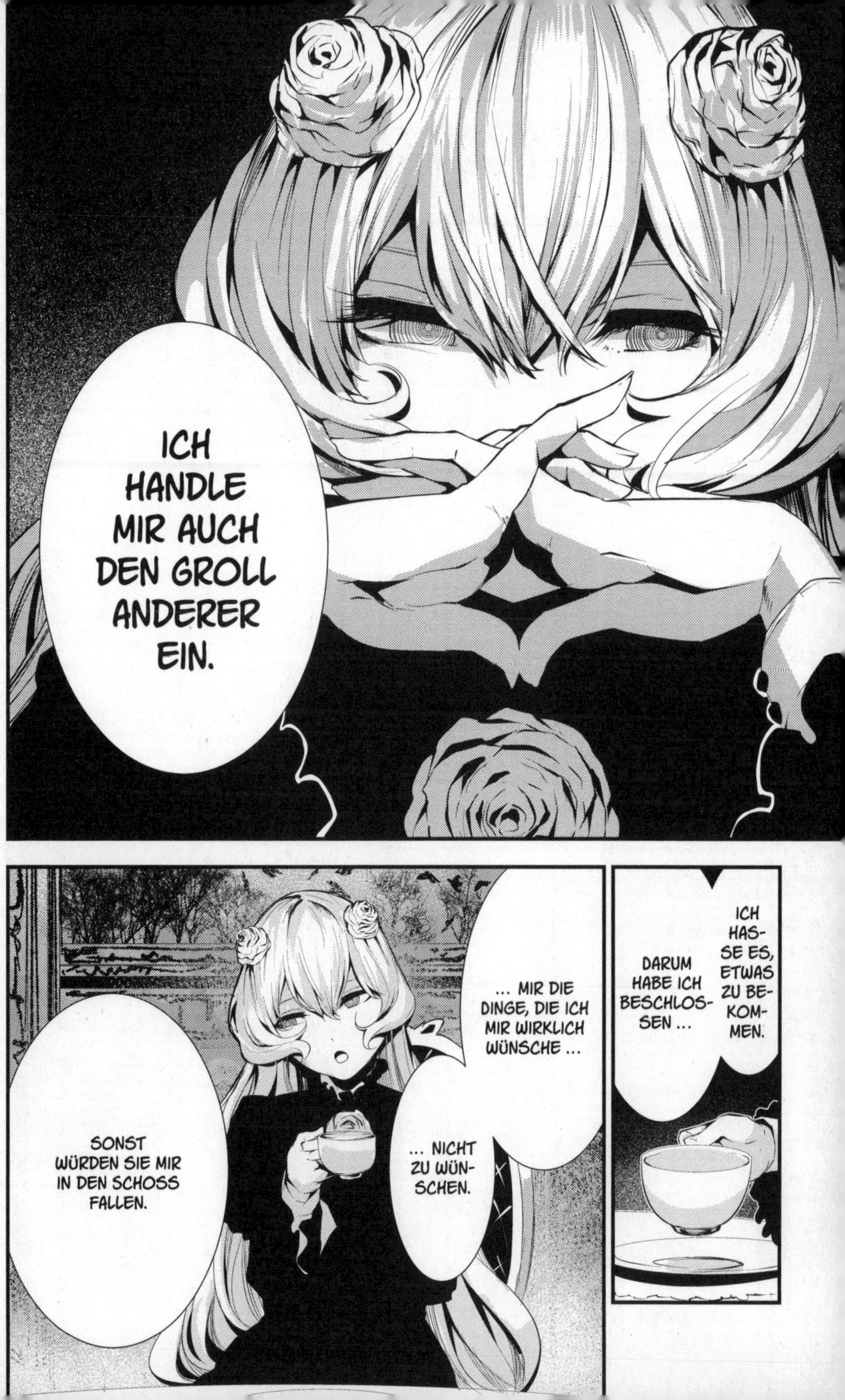
ICH HANDLE MIR AUCH DEN GROLL ANDERER EIN.
ICH HASSE ES, ETWAS ZU BEKOMMEN.
DARUM HABE ICH BESCHLOSSEN …
… MIR DIE DINGE, DIE ICH MIR WIRKLICH WÜNSCHE …
… NICHT ZU WÜNSCHEN.
SONST WÜRDEN SIE MIR IN DEN SCHOSS FALLEN.

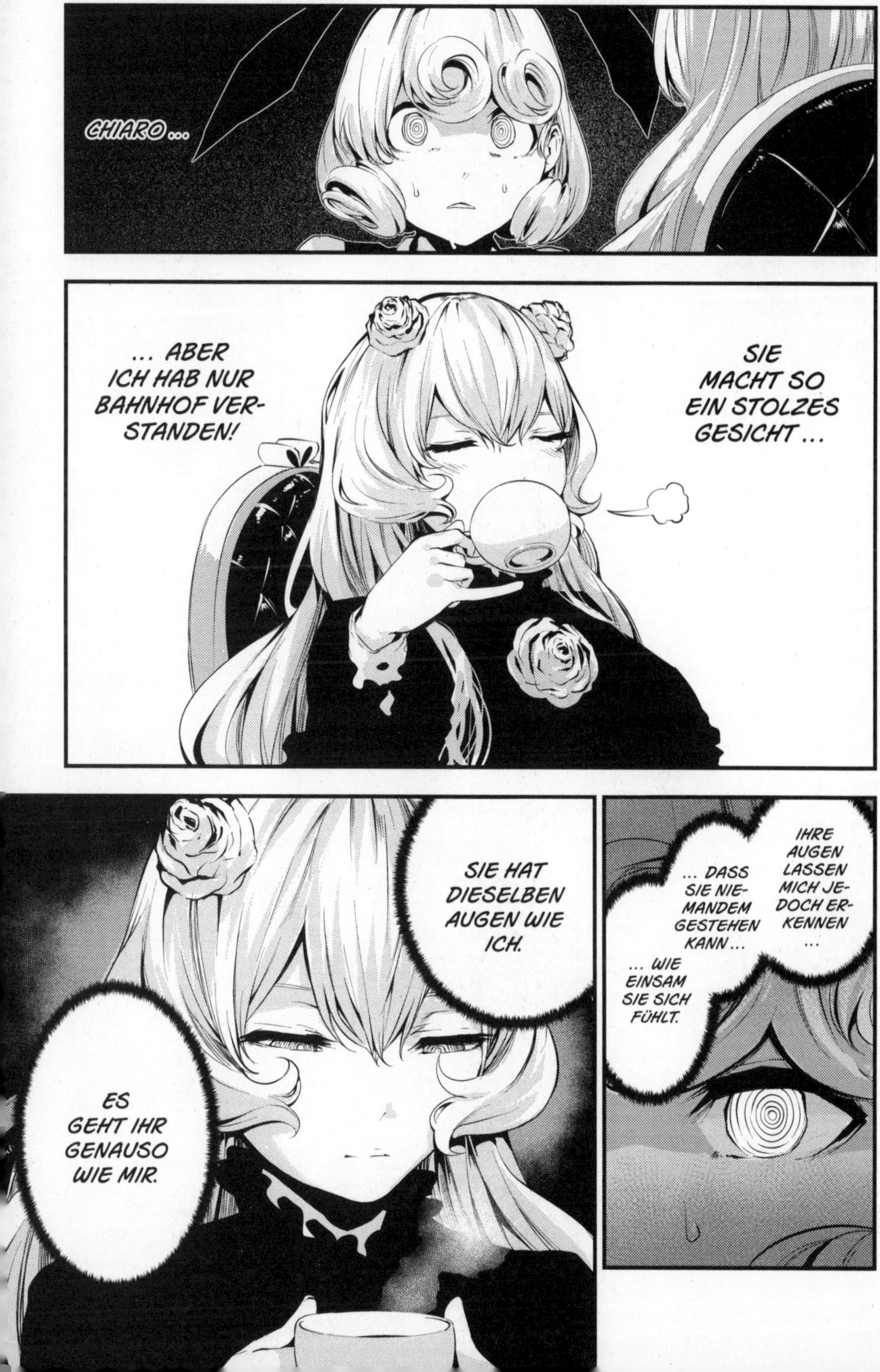
CHIARO ...
SIE MACHT SO EIN STOLZES GESICHT ...
... ABER ICH HAB NUR BAHNHOF VERSTANDEN!
IHRE AUGEN LASSEN MICH JEDOCH ERKENNEN ...
... DASS SIE NIEMANDEM GESTEHEN KANN ...
... WIE EINSAM SIE SICH FÜHLT.
SIE HAT DIESELBEN AUGEN WIE ICH.
ES GEHT IHR GENAUSO WIE MIR.

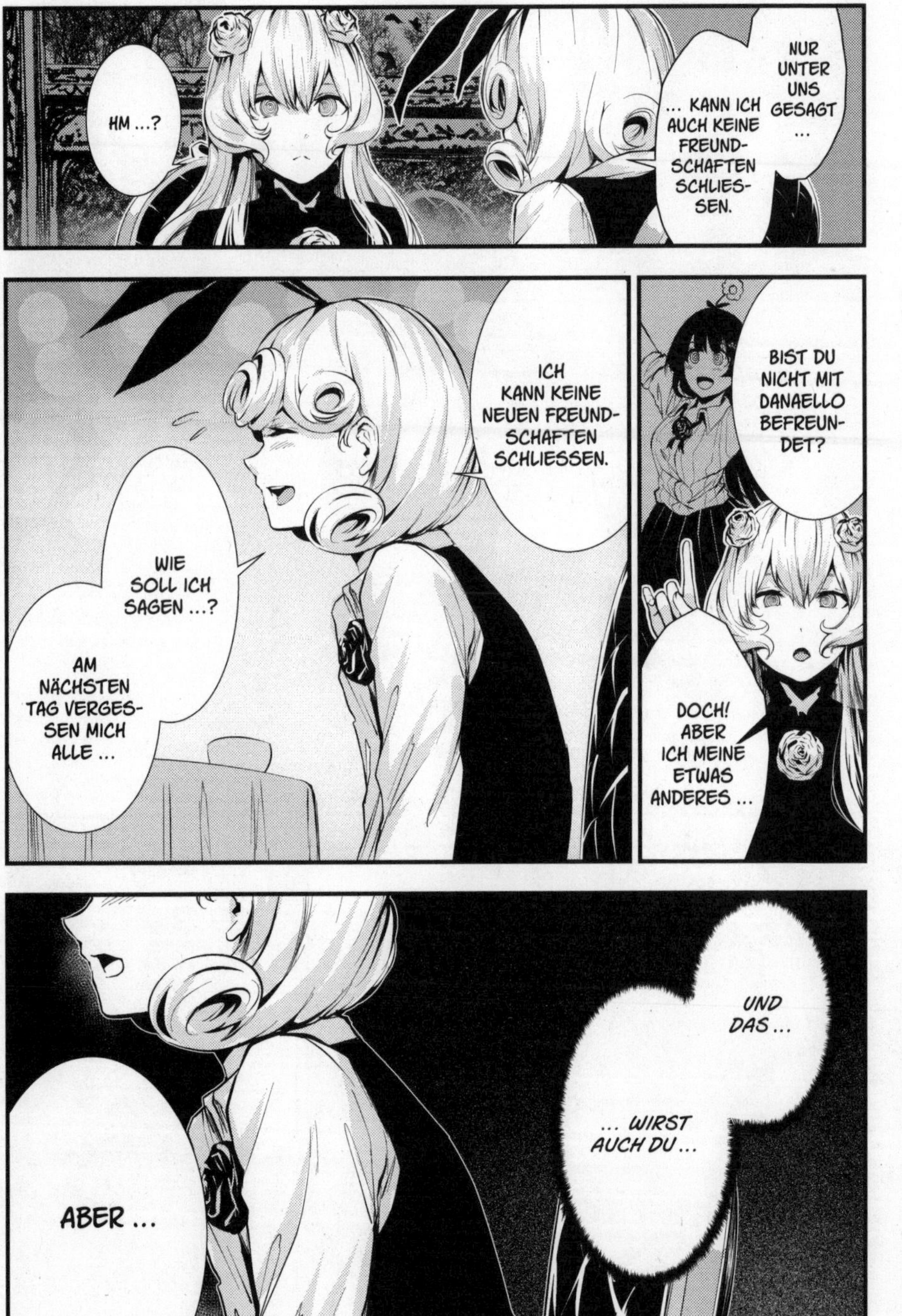
NUR UNTER UNS GESAGT ...
... KANN ICH AUCH KEINE FREUNDSCHAFTEN SCHLIESSEN.
HM ...?
BIST DU NICHT MIT DANAELLO BEFREUNDET?
DOCH! ABER ICH MEINE ETWAS ANDERES ...
ICH KANN KEINE NEUEN FREUNDSCHAFTEN SCHLIESSEN.
WIE SOLL ICH SAGEN ...?
AM NÄCHSTEN TAG VERGESSEN MICH ALLE ...
UND DAS ...
... WIRST AUCH DU ...
ABER ...

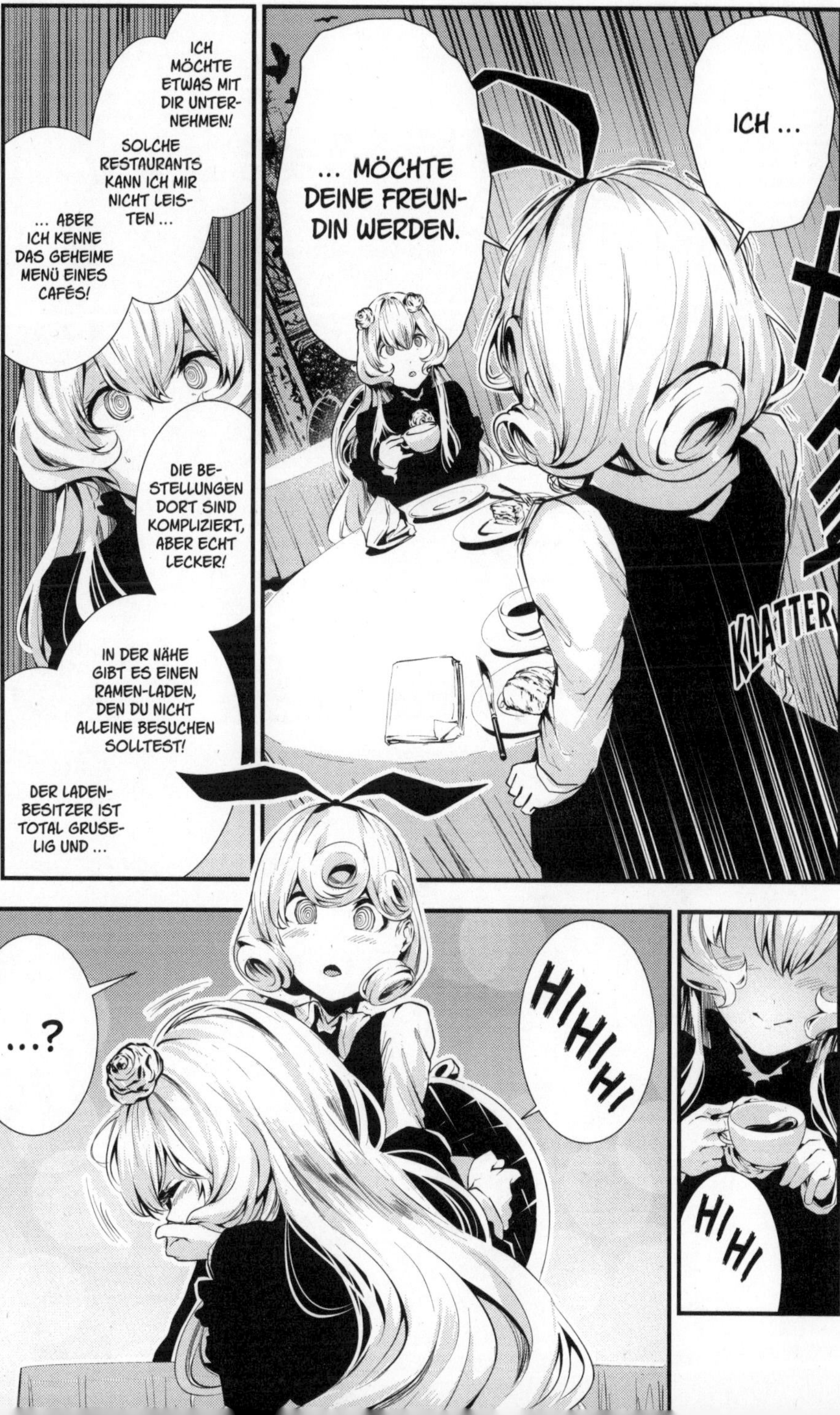
ICH …
KLATTER
… MÖCHTE DEINE FREUN-DIN WERDEN.
ICH MÖCHTE ETWAS MIT DIR UNTER-NEHMEN!
SOLCHE RESTAURANTS KANN ICH MIR NICHT LEIS-TEN …
… ABER ICH KENNE DAS GEHEIME MENÜ EINES CAFÉS!
DIE BE-STELLUNGEN DORT SIND KOMPLIZIERT, ABER ECHT LECKER!
IN DER NÄHE GIBT ES EINEN RAMEN-LADEN, DEN DU NICHT ALLEINE BESUCHEN SOLLTEST!
DER LADEN-BESITZER IST TOTAL GRUSE-LIG UND …
HI HI
HIHIHI
…?

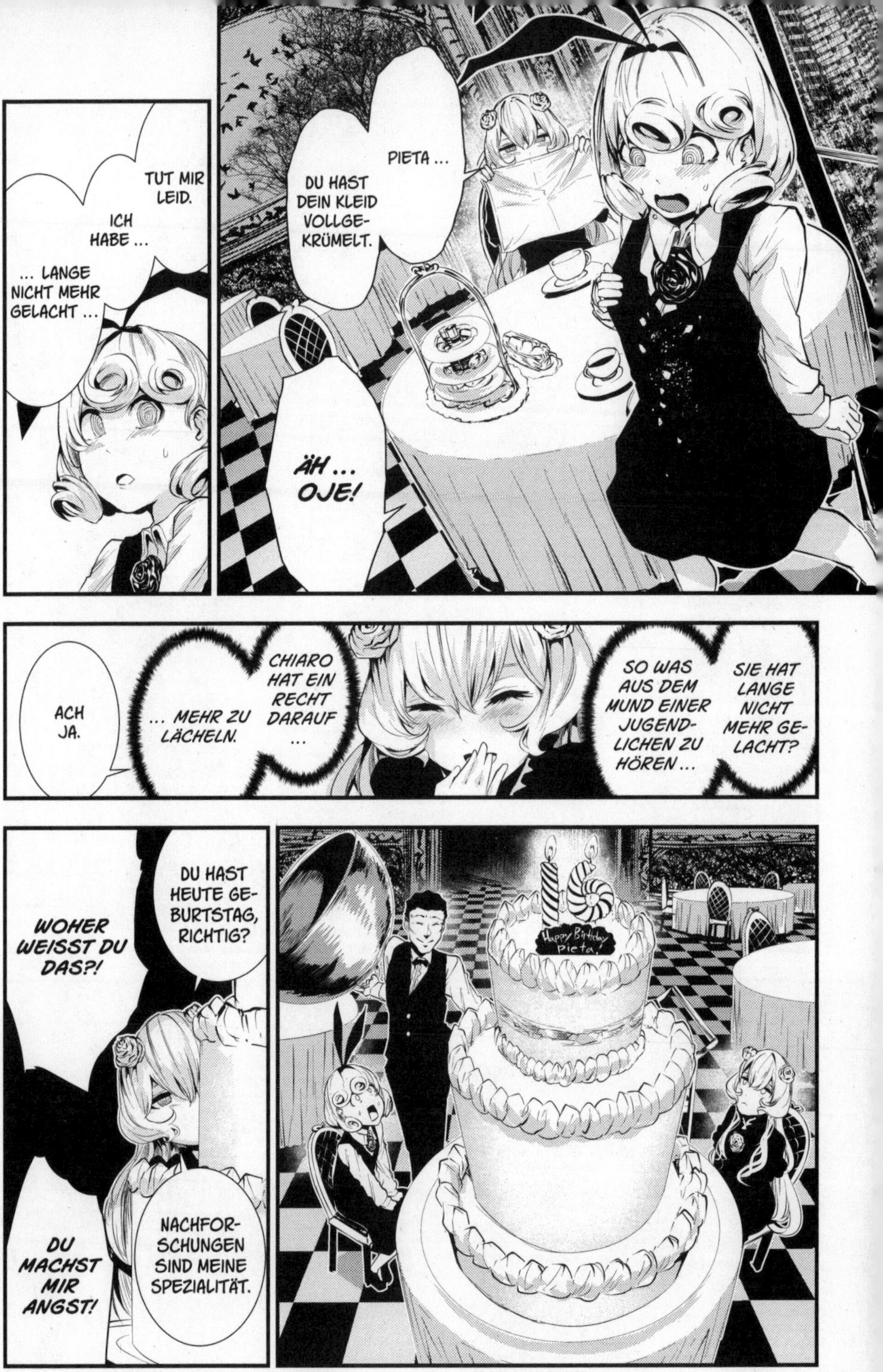
PIETA … DU HAST DEIN KLEID VOLLGEKRÜMELT.
ÄH … OJE!
TUT MIR LEID. ICH HABE … … LANGE NICHT MEHR GELACHT …
SIE HAT LANGE NICHT MEHR GELACHT?
SO WAS AUS DEM MUND EINER JUGENDLICHEN ZU HÖREN …
CHIARO HAT EIN RECHT DARAUF …
… MEHR ZU LÄCHELN.
ACH JA.
Happy Birthday Pieta!
DU HAST HEUTE GEBURTSTAG, RICHTIG?
WOHER WEISST DU DAS?!
NACHFORSCHUNGEN SIND MEINE SPEZIALITÄT.
DU MACHST MIR ANGST!

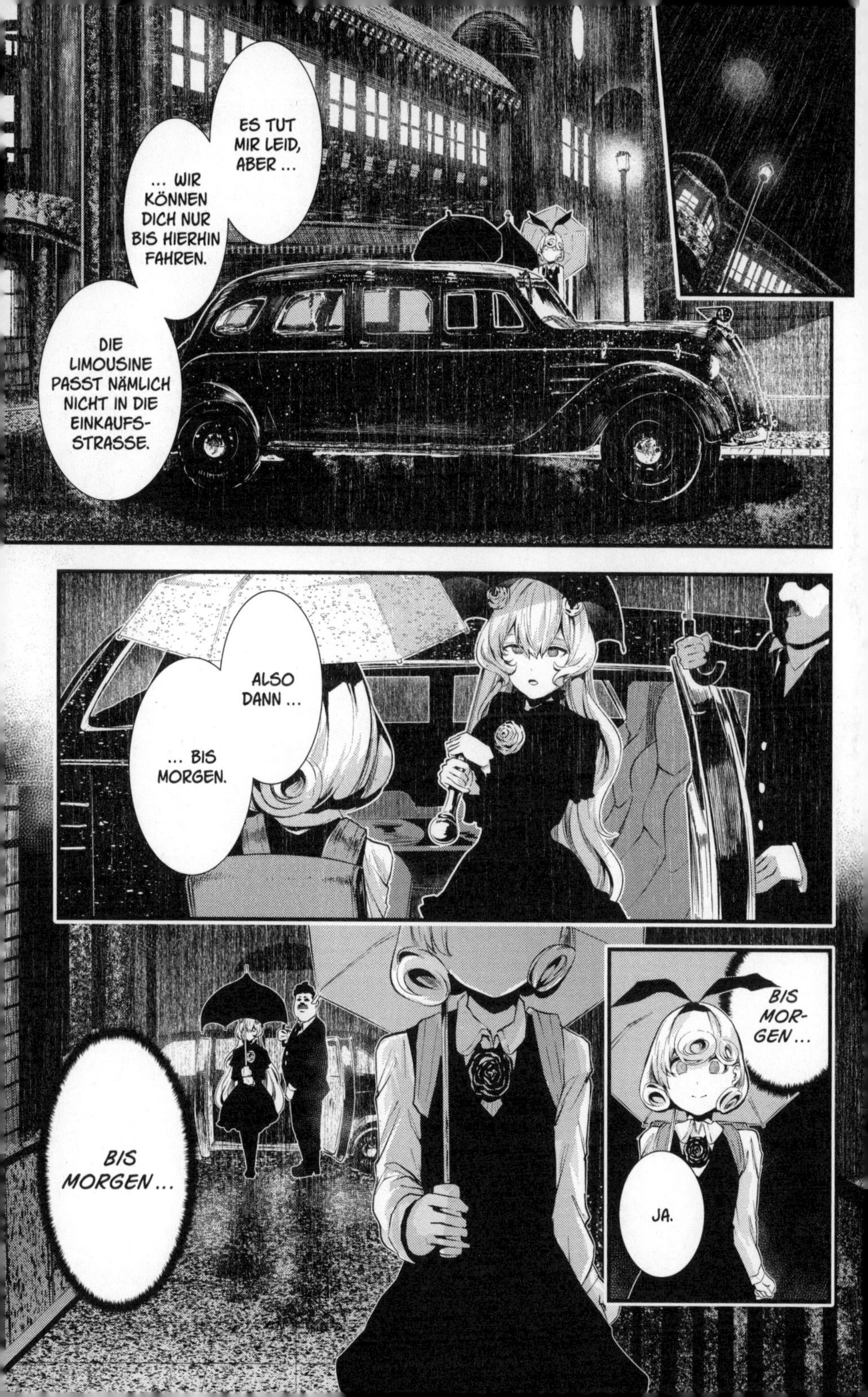
ES TUT MIR LEID, ABER …
… WIR KÖNNEN DICH NUR BIS HIERHIN FAHREN.
DIE LIMOUSINE PASST NÄMLICH NICHT IN DIE EINKAUFS-STRASSE.
ALSO DANN …
… BIS MORGEN.
BIS MOR-GEN …
JA.
BIS MORGEN …

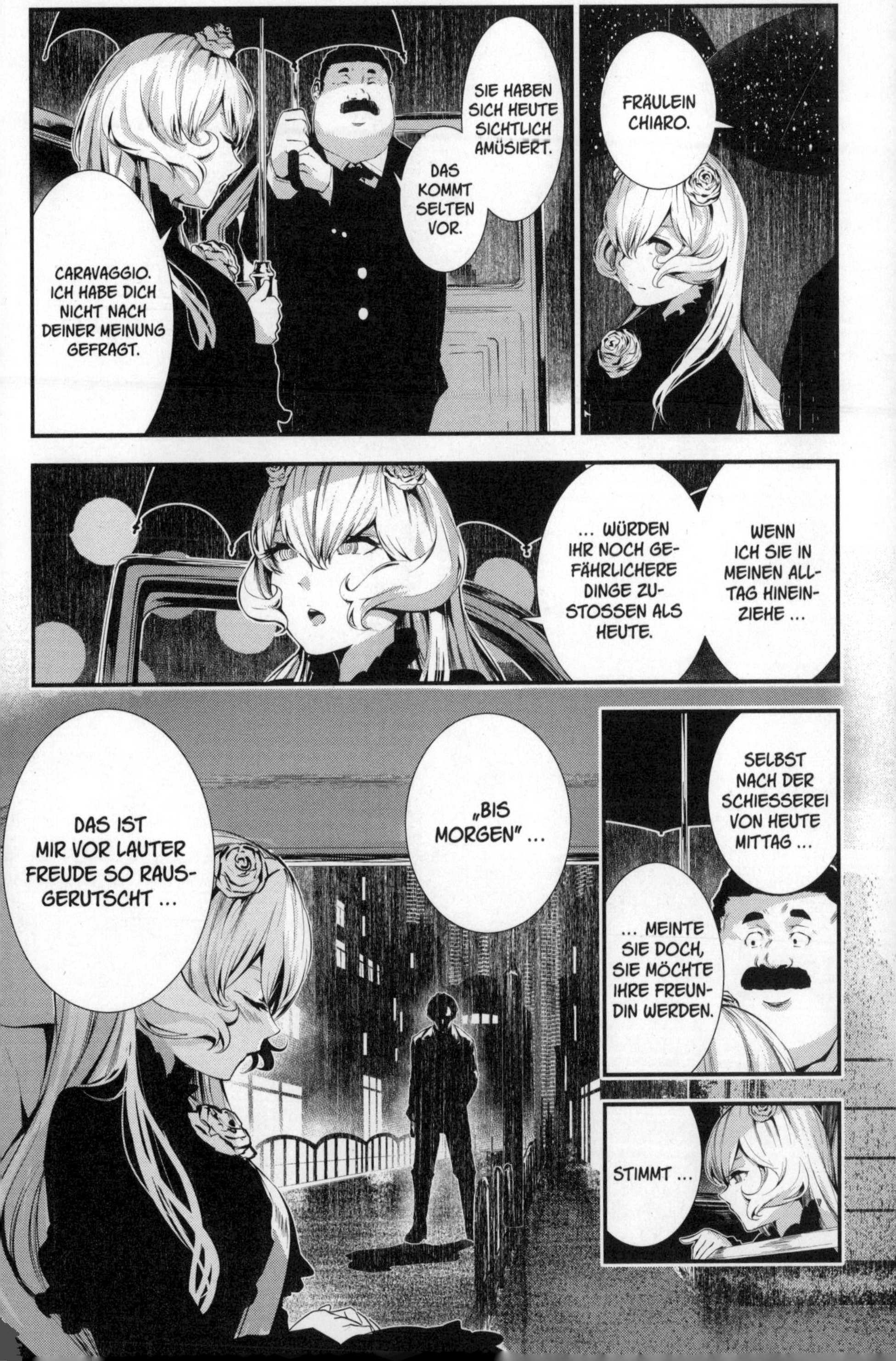
FRÄULEIN CHIARO.
SIE HABEN SICH HEUTE SICHTLICH AMÜSIERT.
DAS KOMMT SELTEN VOR.
CARAVAGGIO. ICH HABE DICH NICHT NACH DEINER MEINUNG GEFRAGT.
WENN ICH SIE IN MEINEN ALLTAG HINEINZIEHE …
… WÜRDEN IHR NOCH GEFÄHRLICHERE DINGE ZUSTOSSEN ALS HEUTE.
SELBST NACH DER SCHIESSEREI VON HEUTE MITTAG …
… MEINTE SIE DOCH, SIE MÖCHTE IHRE FREUNDIN WERDEN.
STIMMT …
„BIS MORGEN" …
DAS IST MIR VOR LAUTER FREUDE SO RAUSGERUTSCHT …

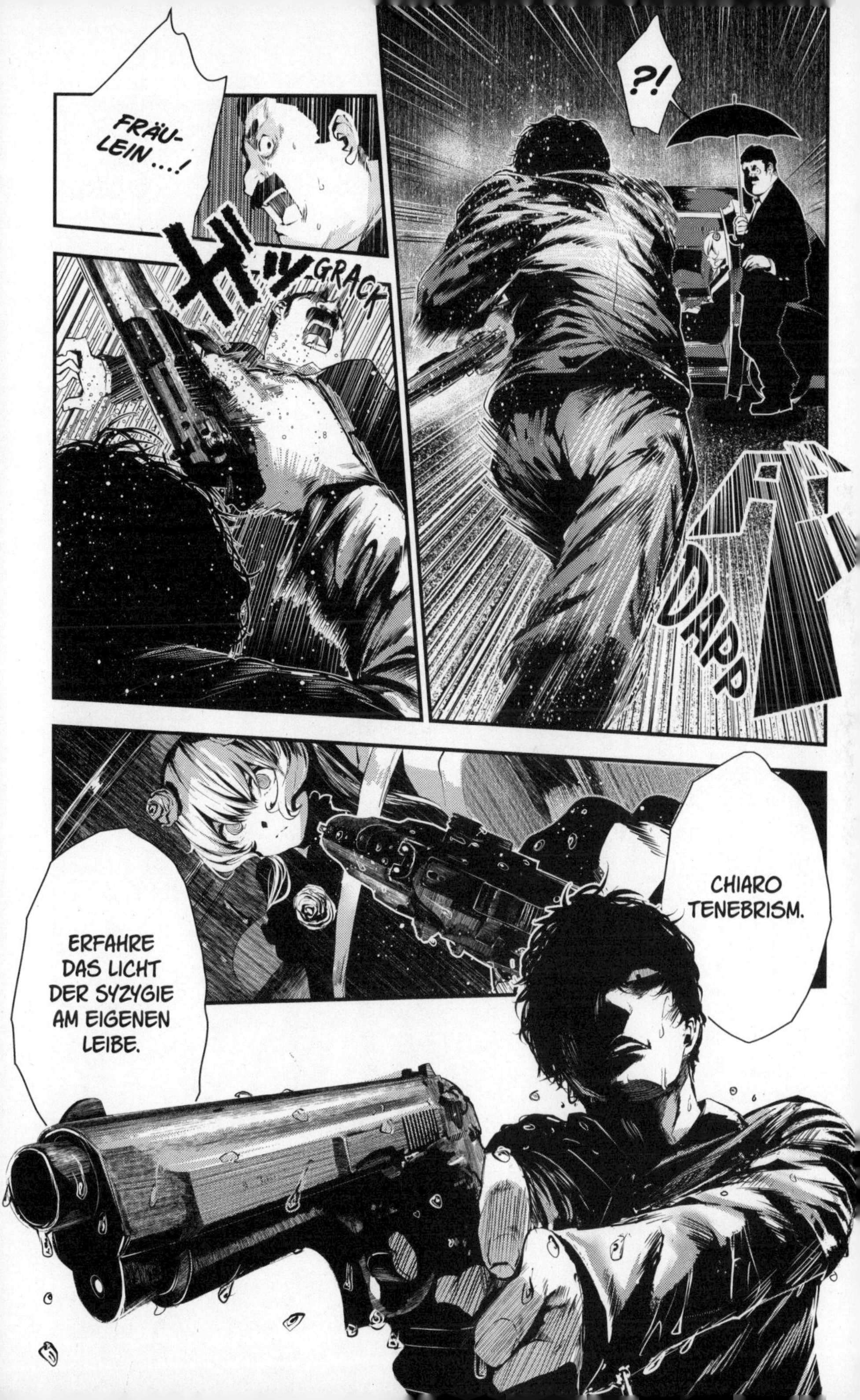
?!
FRÄU-
LEIN ...!
GRACK
DAPP
CHIARO
TENEBRISM.
ERFAHRE
DAS LICHT
DER SYZYGIE
AM EIGENEN
LEIBE.

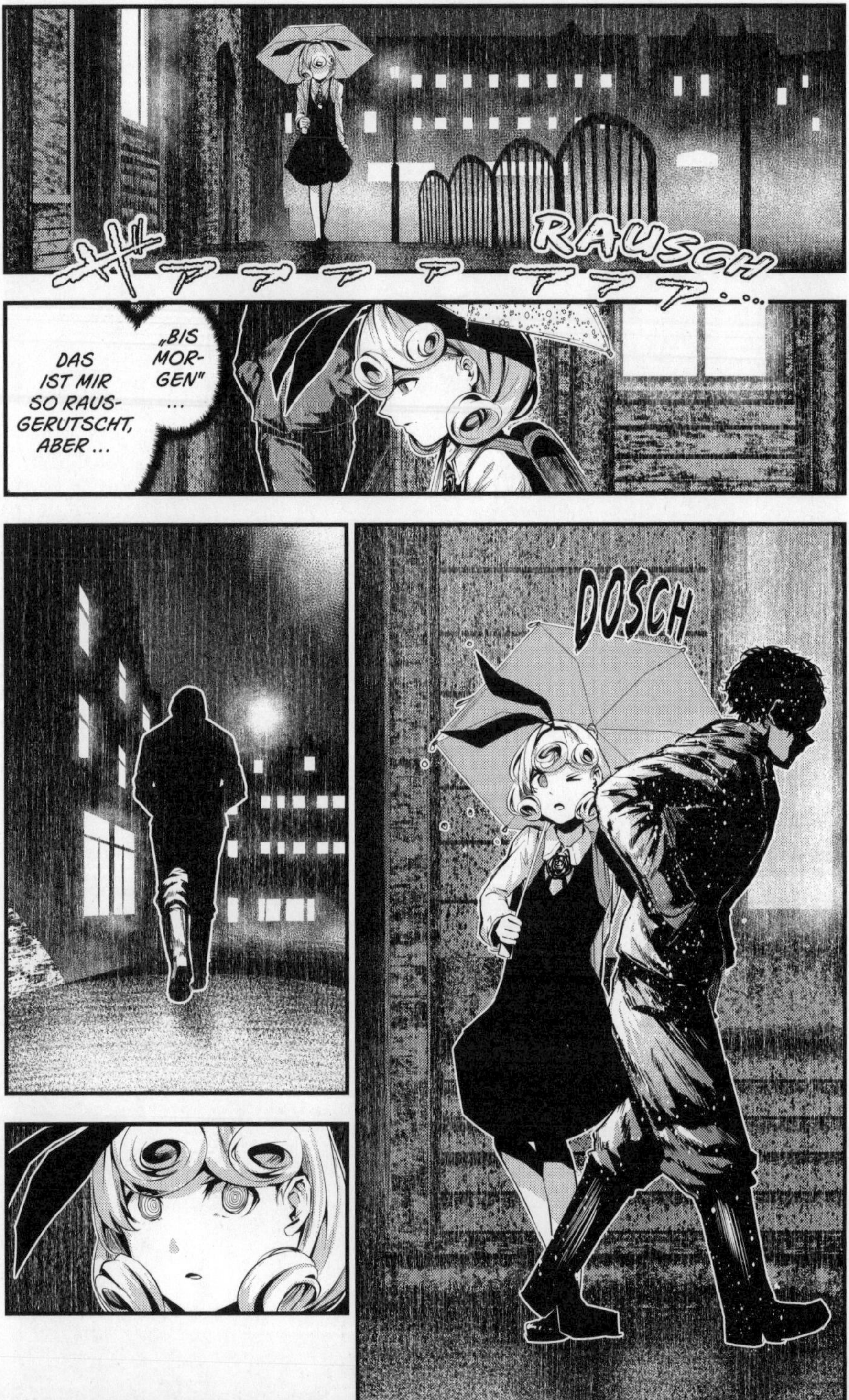
RAUSCH
„BIS MOR-GEN" …
DAS IST MIR SO RAUS-GERUTSCHT, ABER …
DOSCH

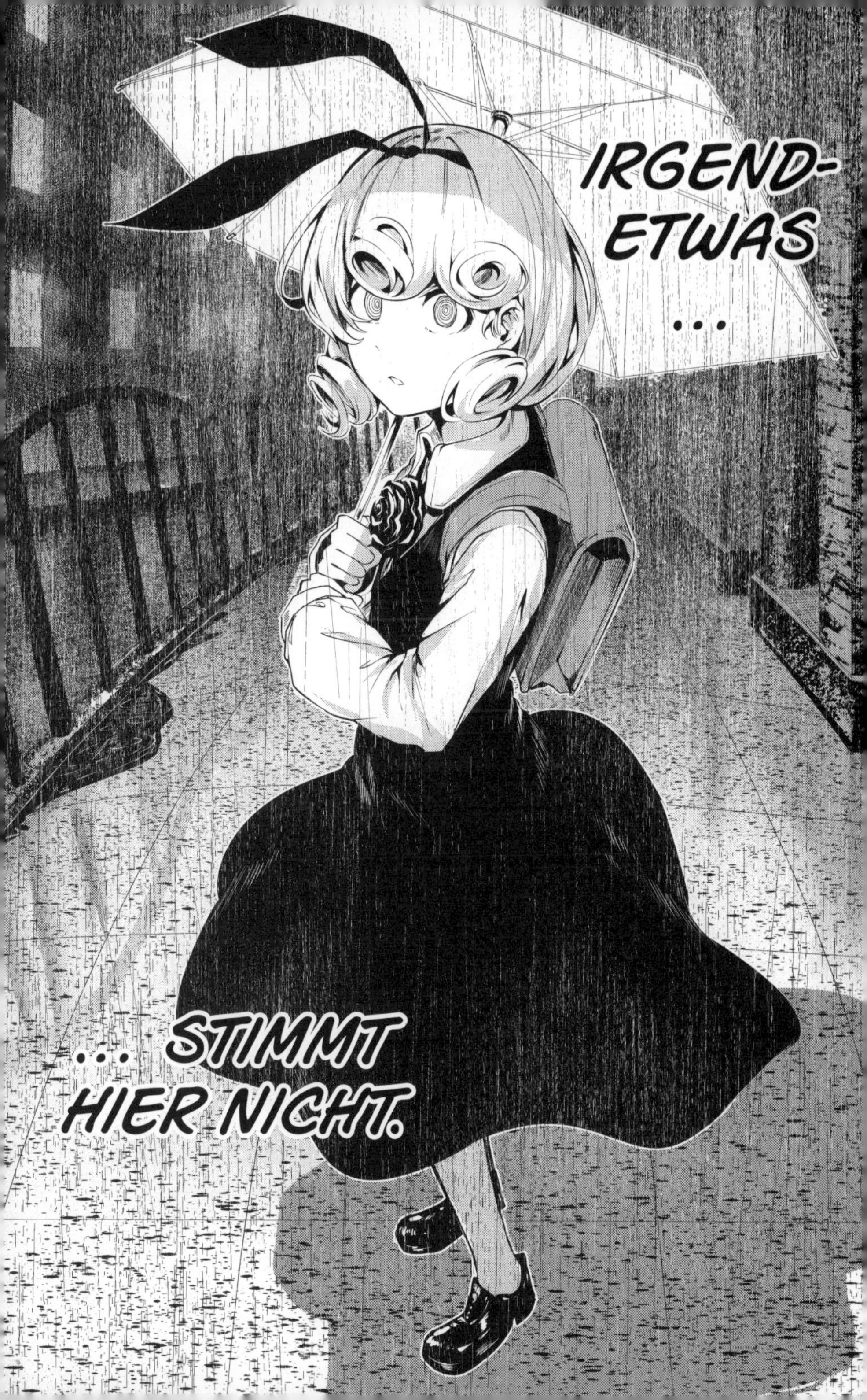
IRGEND-
ETWAS
...
... STIMMT
HIER NICHT.

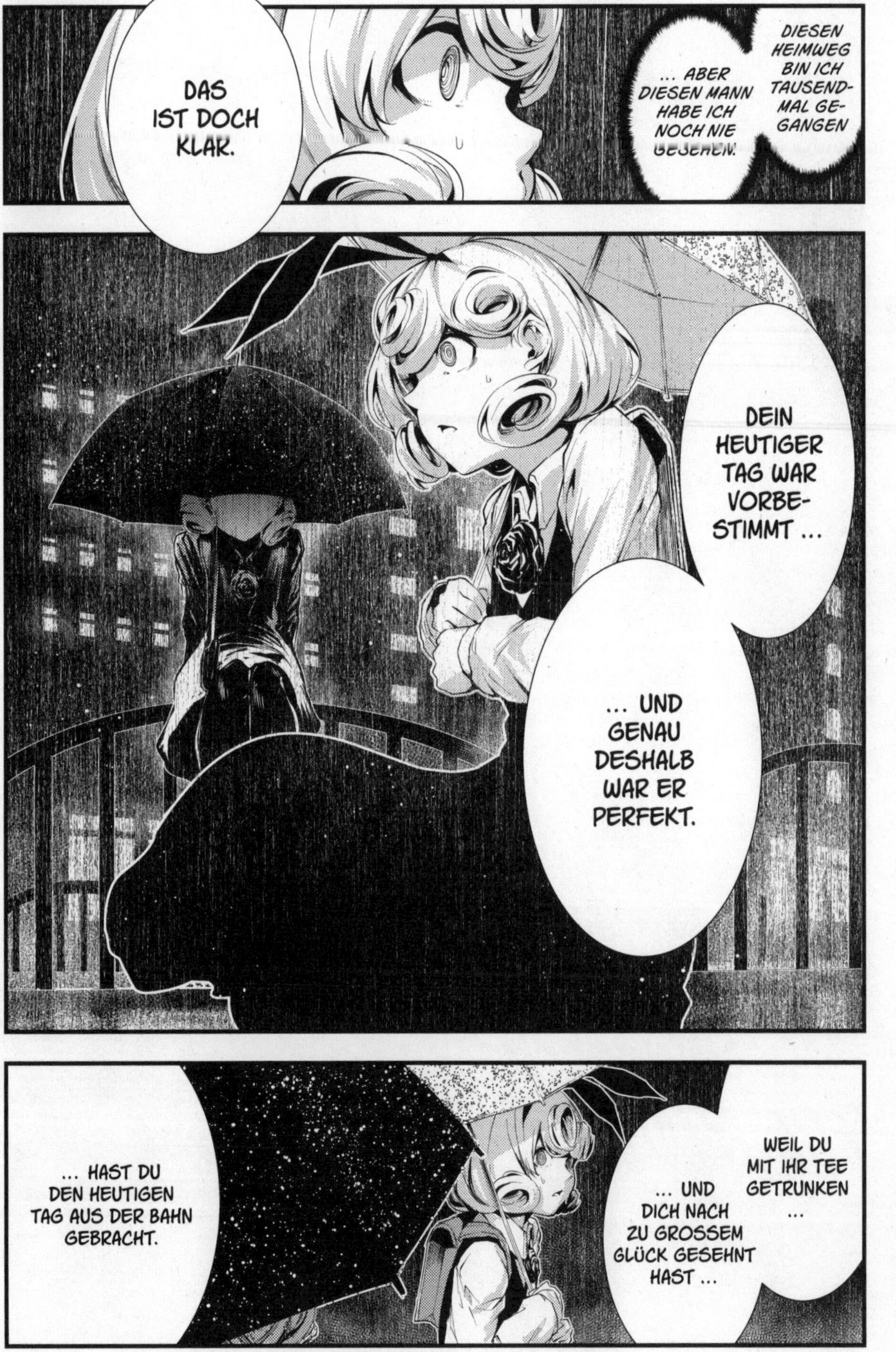
DIESEN HEIMWEG BIN ICH TAUSEND-MAL GE-GANGEN
... ABER DIESEN MANN HABE ICH NOCH NIE GESEHEN.
DAS IST DOCH KLAR.
DEIN HEUTIGER TAG WAR VORBE-STIMMT ...
... UND GENAU DESHALB WAR ER PERFEKT.
WEIL DU MIT IHR TEE GETRUNKEN ...
... UND DICH NACH ZU GROSSEM GLÜCK GESEHNT HAST ...
... HAST DU DEN HEUTIGEN TAG AUS DER BAHN GEBRACHT.

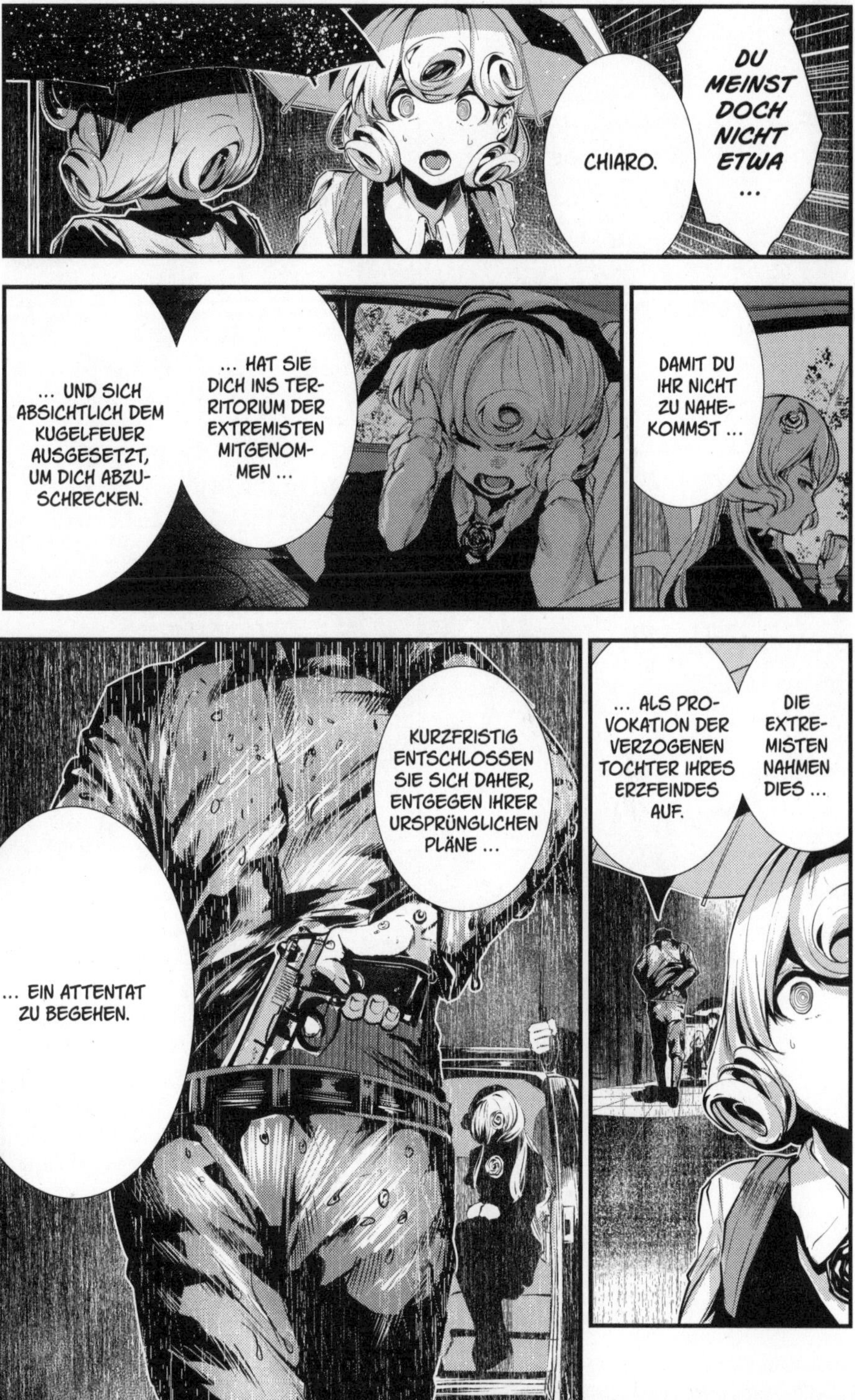
DU MEINST DOCH NICHT ETWA …
CHIARO.
DAMIT DU IHR NICHT ZU NAHEKOMMST …
… HAT SIE DICH INS TERRITORIUM DER EXTREMISTEN MITGENOMMEN …
… UND SICH ABSICHTLICH DEM KUGELFEUER AUSGESETZT, UM DICH ABZUSCHRECKEN.
DIE EXTREMISTEN NAHMEN DIES …
… ALS PROVOKATION DER VERZOGENEN TOCHTER IHRES ERZFEINDES AUF.
KURZFRISTIG ENTSCHLOSSEN SIE SICH DAHER, ENTGEGEN IHRER URSPRÜNGLICHEN PLÄNE …
… EIN ATTENTAT ZU BEGEHEN.

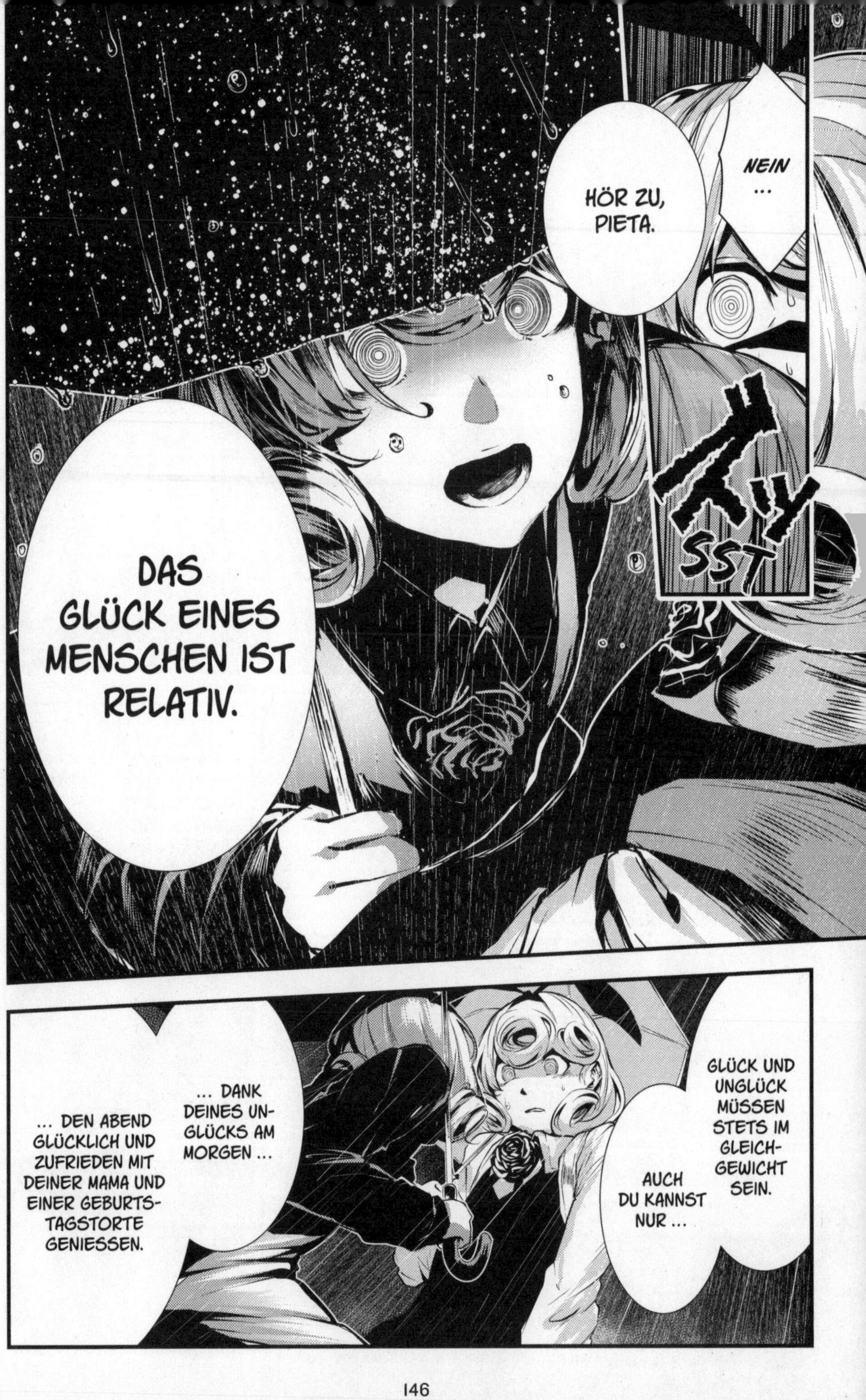
NEIN …
HÖR ZU, PIETA.
SST
DAS GLÜCK EINES MENSCHEN IST RELATIV.
GLÜCK UND UNGLÜCK MÜSSEN STETS IM GLEICH-GEWICHT SEIN.
AUCH DU KANNST NUR …
… DANK DEINES UN-GLÜCKS AM MORGEN …
… DEN ABEND GLÜCKLICH UND ZUFRIEDEN MIT DEINER MAMA UND EINER GEBURTS-TAGSTORTE GENIESSEN.

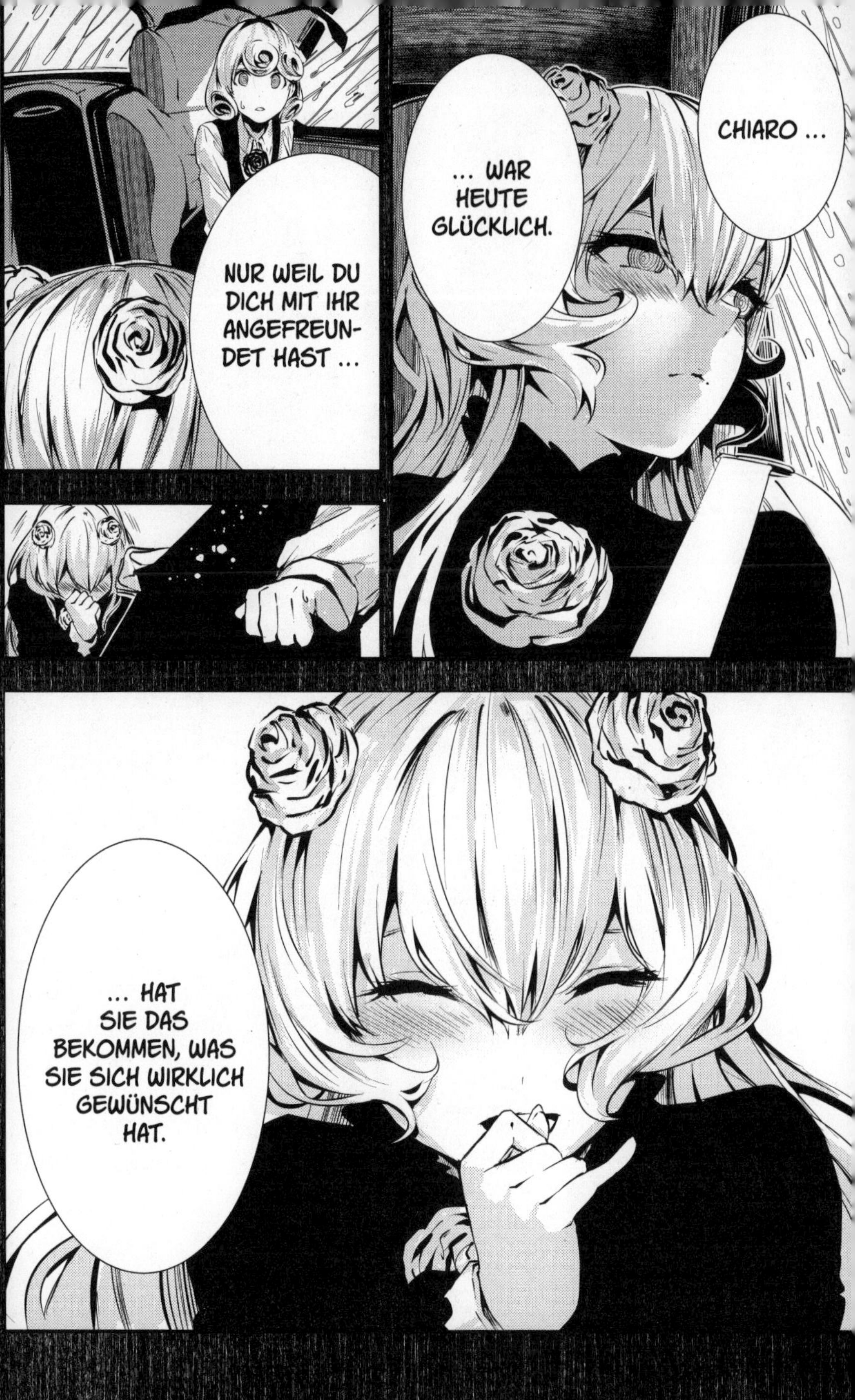
CHIARO ...
... WAR HEUTE GLÜCKLICH.
NUR WEIL DU DICH MIT IHR ANGEFREUN-DET HAST ...
... HAT SIE DAS BEKOMMEN, WAS SIE SICH WIRKLICH GEWÜNSCHT HAT.

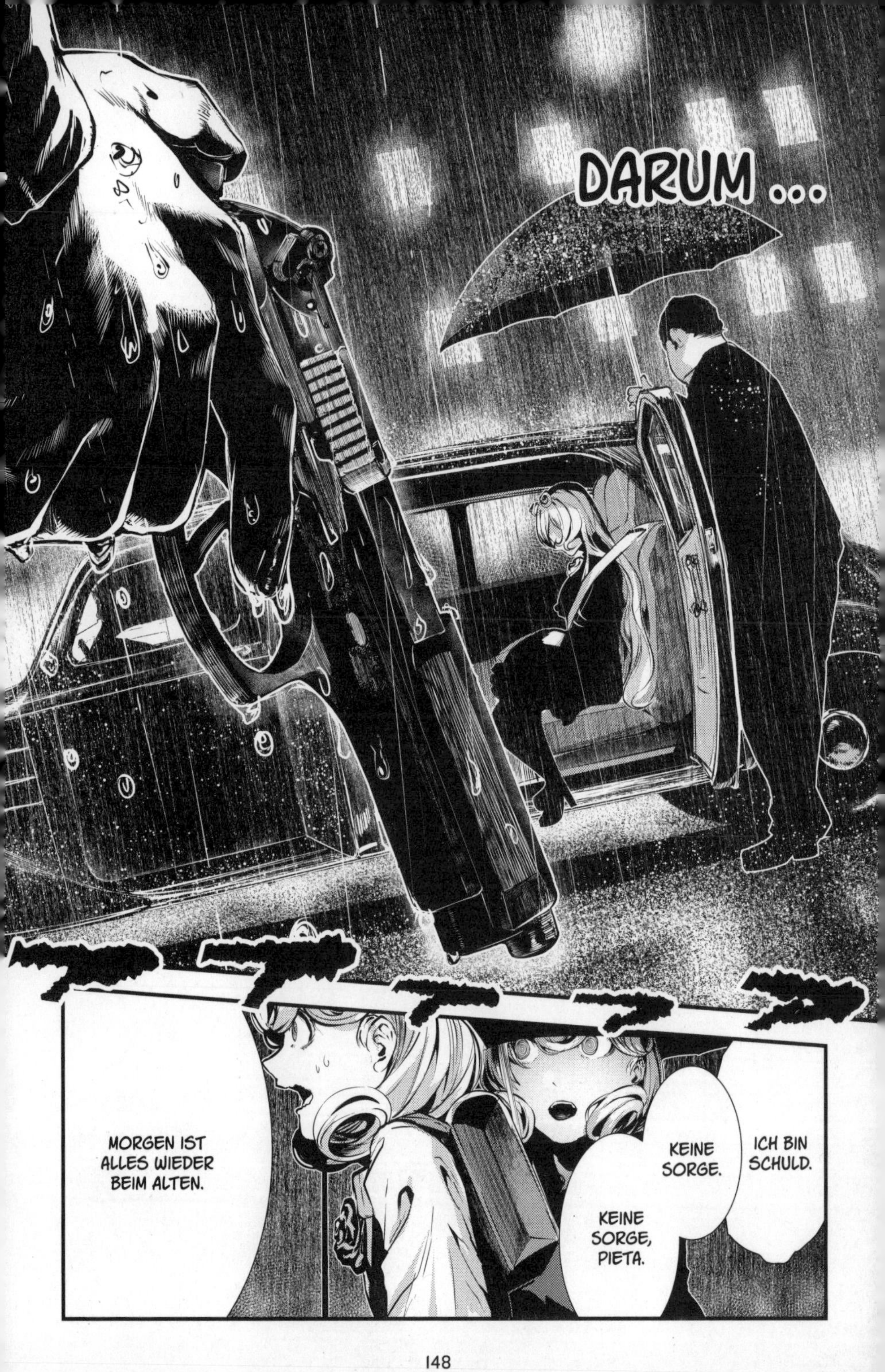

DARUM ...
ICH BIN SCHULD.
KEINE SORGE.
KEINE SORGE, PIETA.
MORGEN IST ALLES WIEDER BEIM ALTEN.

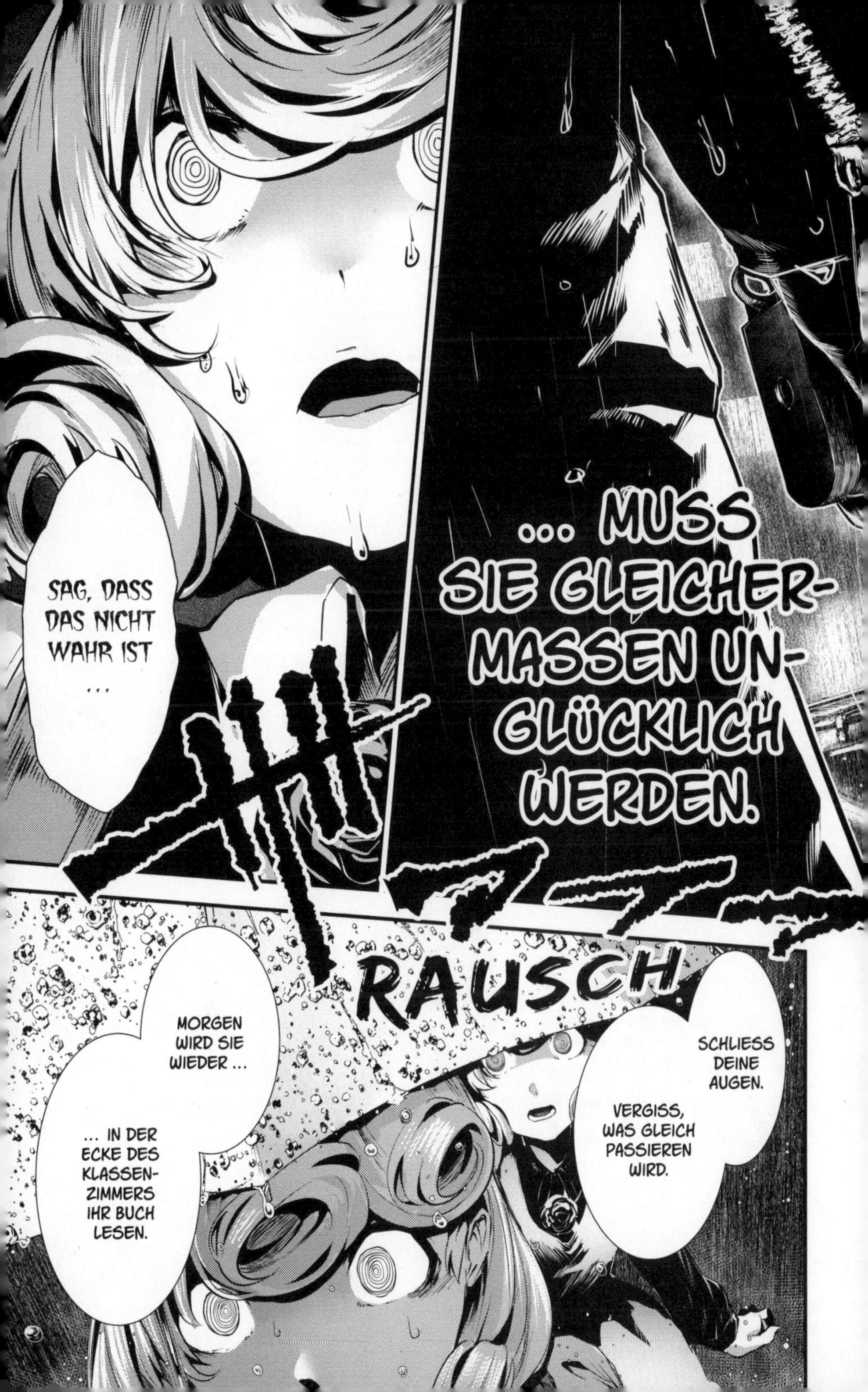
... MUSS SIE GLEICHER-MASSEN UN-GLÜCKLICH WERDEN.
SAG, DASS DAS NICHT WAHR IST ...
RAUSCH
SCHLIESS DEINE AUGEN.
VERGISS, WAS GLEICH PASSIEREN WIRD.
MORGEN WIRD SIE WIEDER ...
... IN DER ECKE DES KLASSEN-ZIMMERS IHR BUCH LESEN.

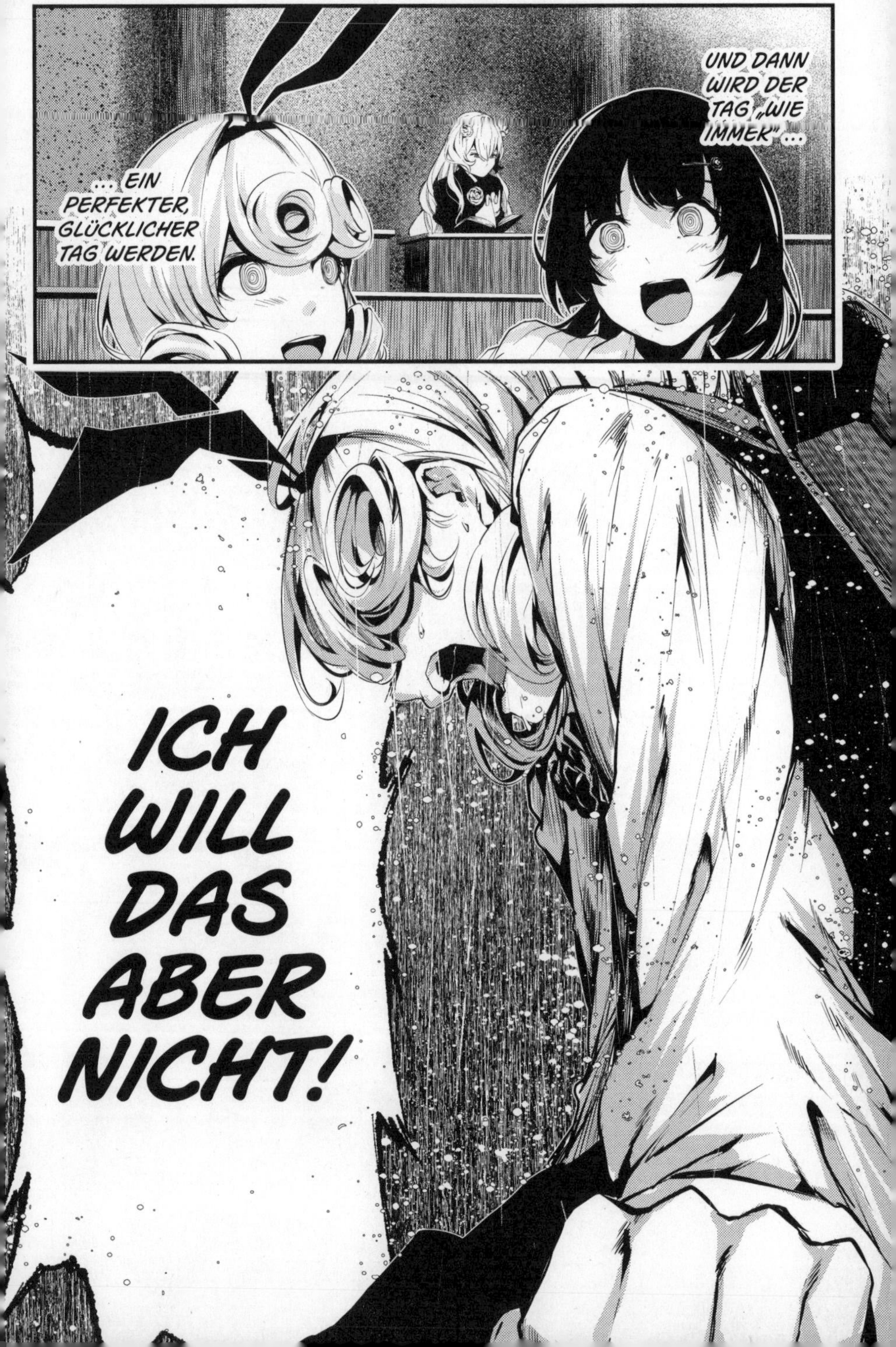
UND DANN WIRD DER TAG „WIE IMMER“ ...
... EIN PERFEKTER, GLÜCKLICHER TAG WERDEN.
ICH WILL DAS ABER NICHT!

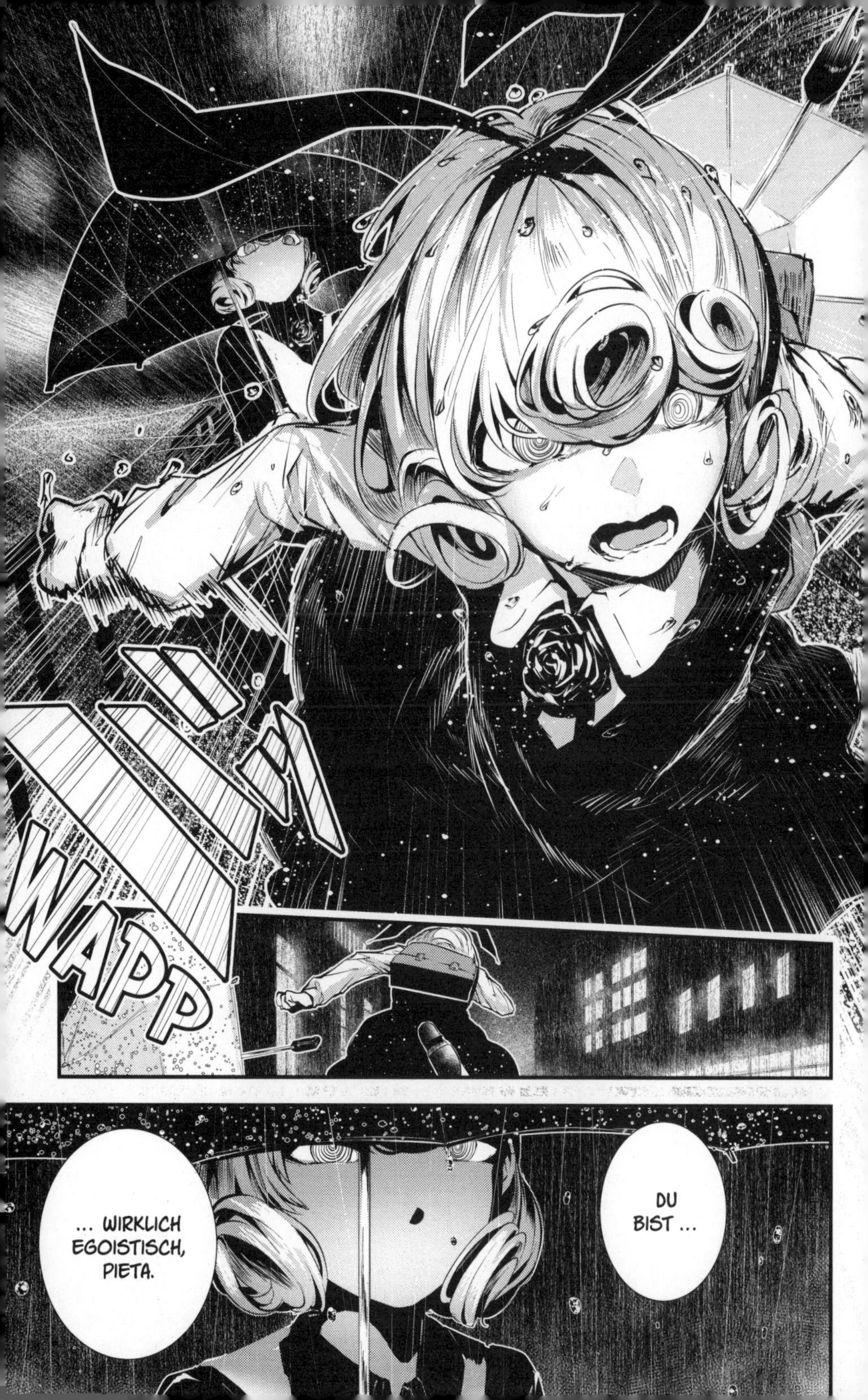
WAPP
DU BIST …
… WIRKLICH EGOISTISCH, PIETA.

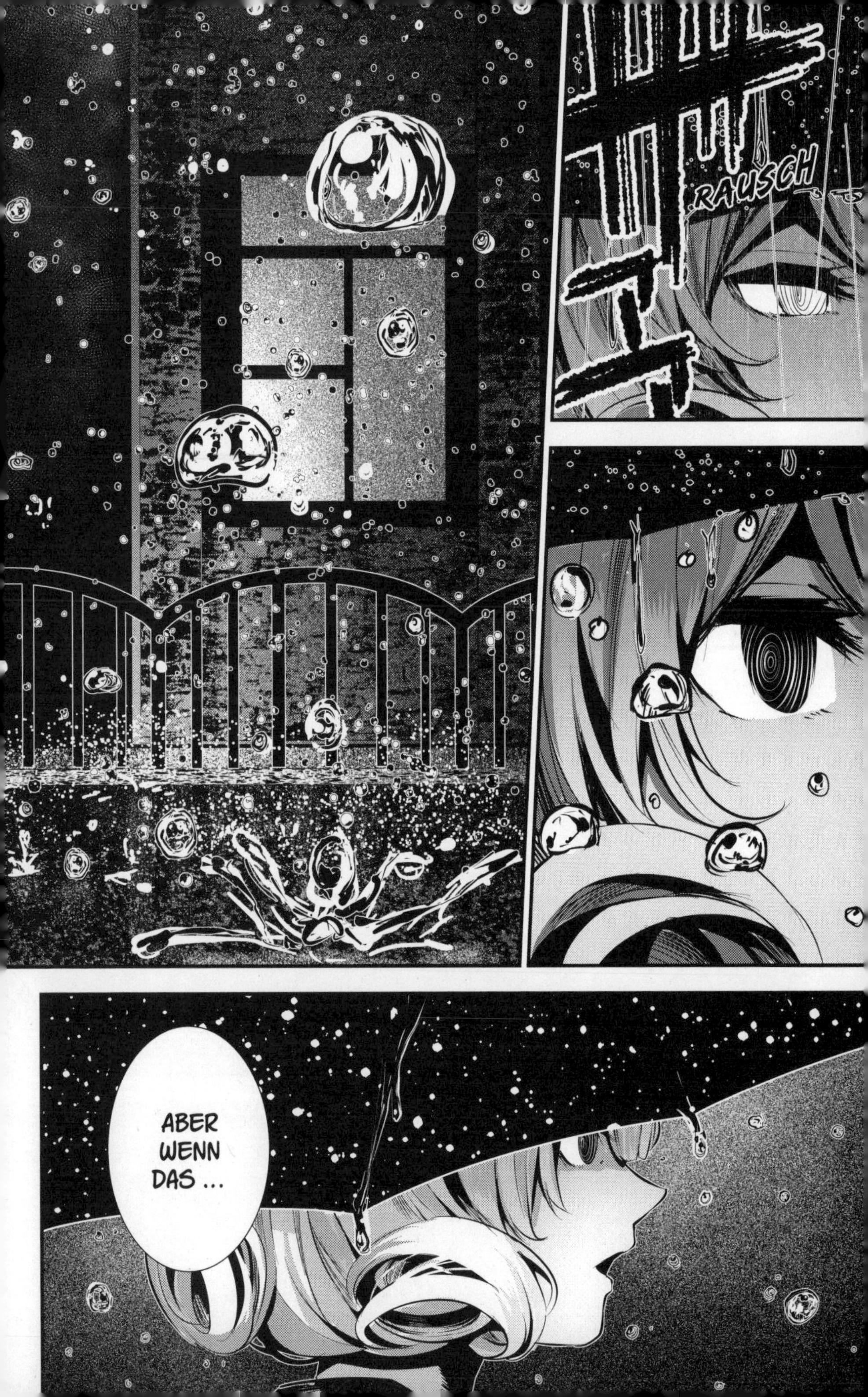
RAUSCH
ABER WENN DAS …

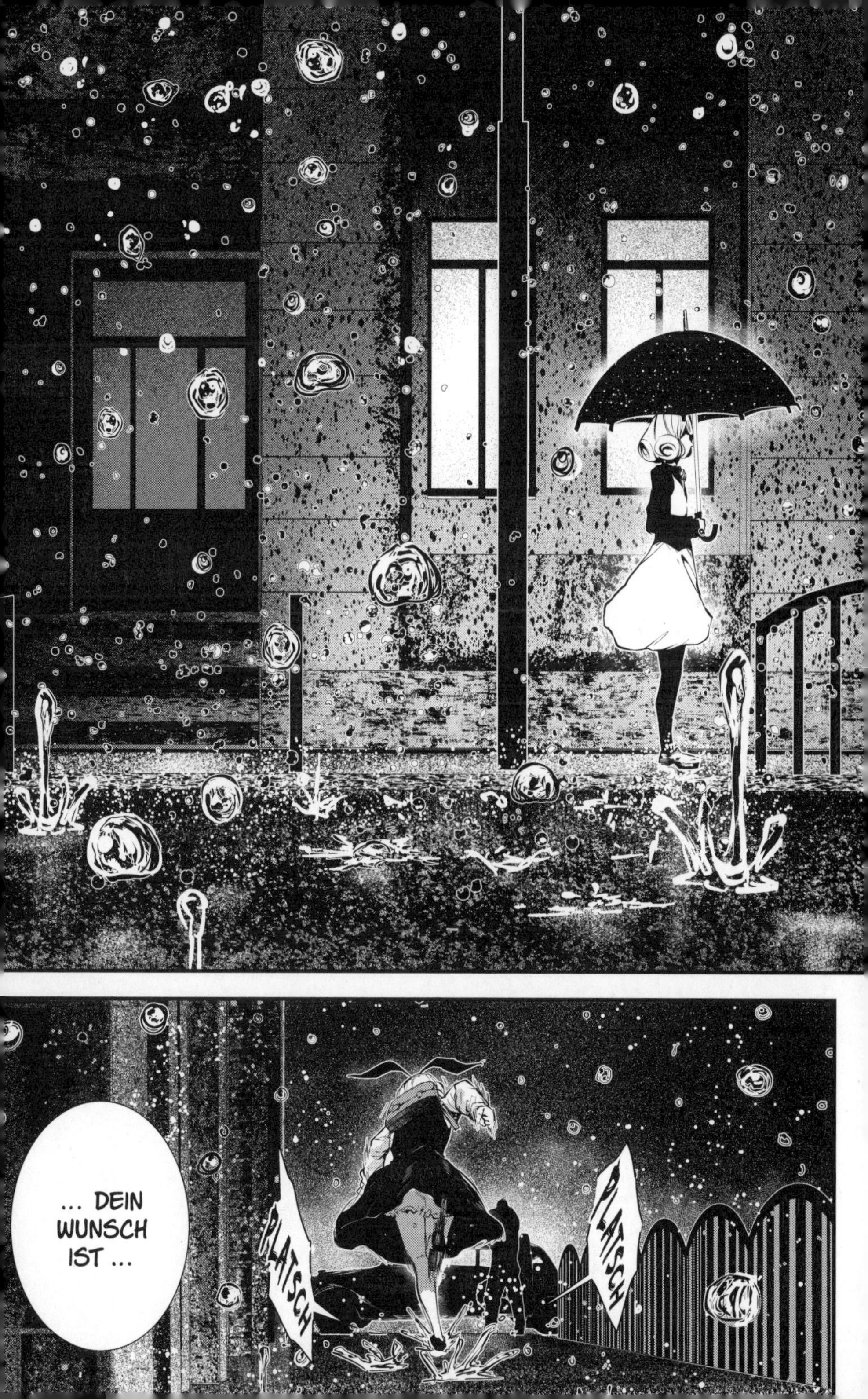
PLATSCH
PLATSCH
... DEIN WUNSCH IST ...

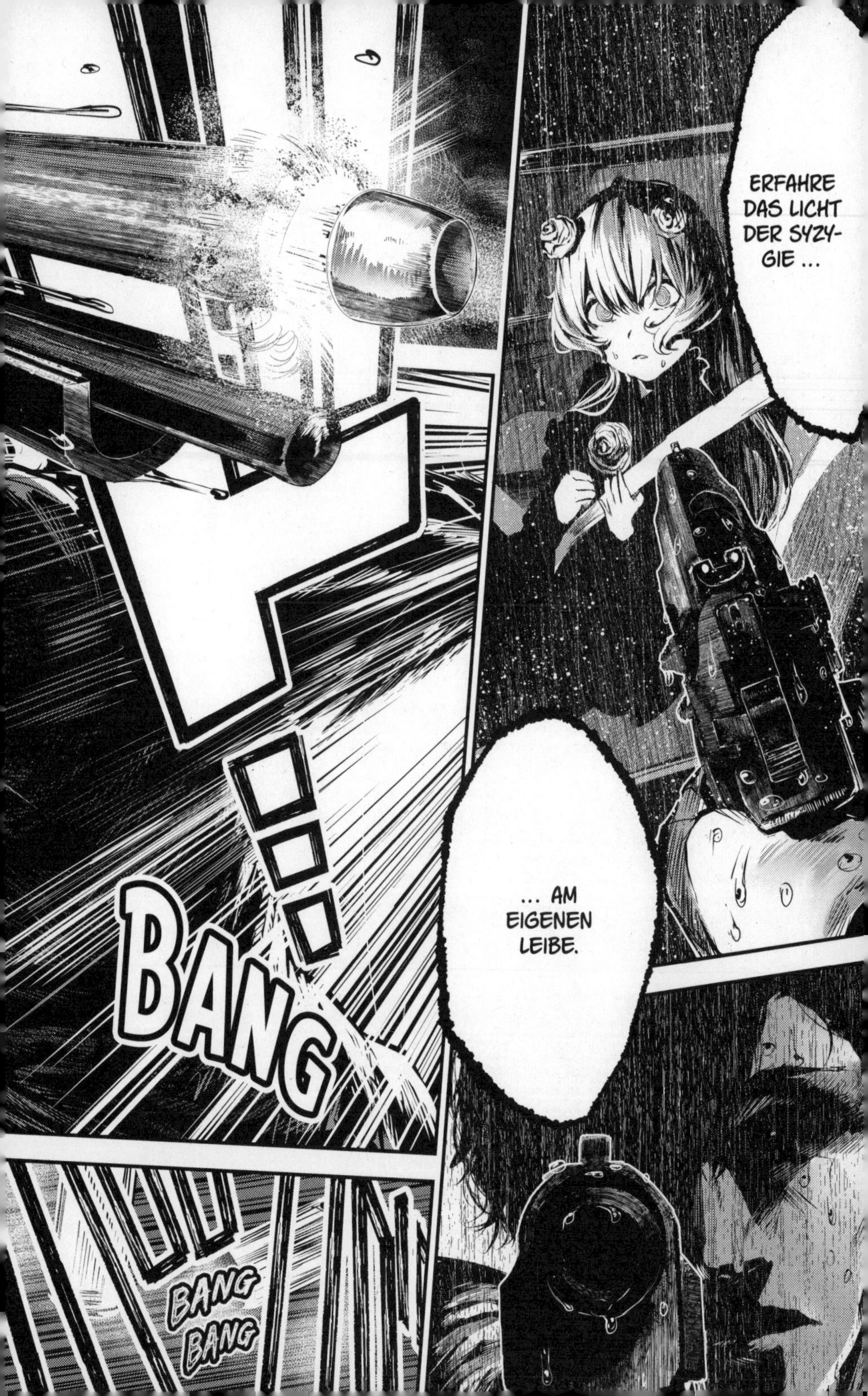
ERFAHRE DAS LICHT DER SYZY-GIE …
… AM EIGENEN LEIBE.
BANG
BANG
BANG

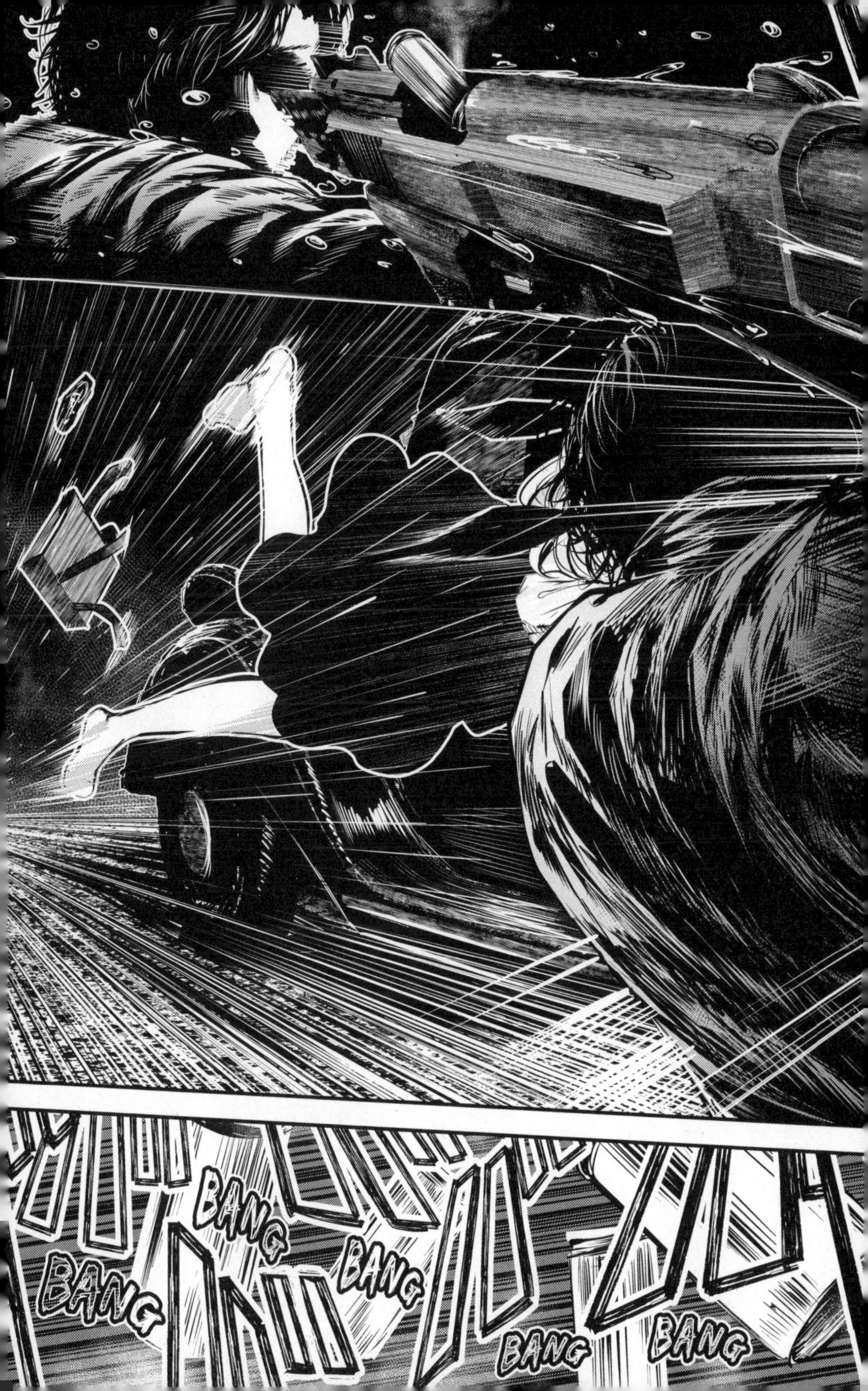
BANG
BANG
BANG
BANG
BANG
BANG

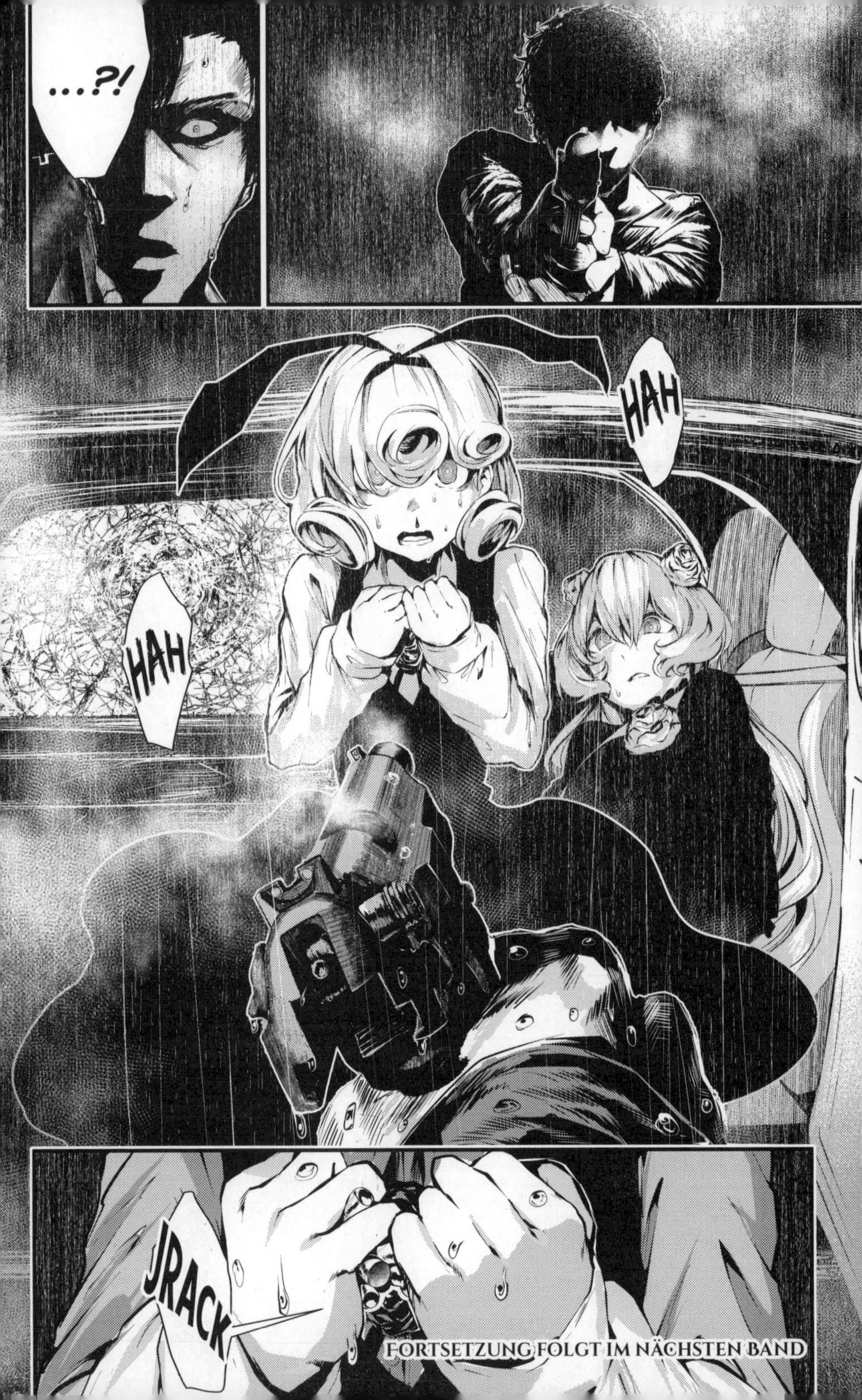
...?!
HAH
HAH
JRACK
FORTSETZUNG FOLGT IM NÄCHSTEN BAND

Chaos in der Stadt

Am 7. Februar um 21:00 Uhr wird der Bürgermeister Grisaille Tenebrism eine außerordentliche Pressekonferenz abhalten. Die Anspannung ist allseits spürbar. Am Ort der Pressekonferenz werden strenge Sicherheitsvorkehrungen getroffen, was den Ernst der aktuellen Lage widerspiegelt. Der Grund für die erhöhte Sicherheit ist die extremistische Gruppe „Licht der Syzygie". Der Bürgermeister und seine Familie erhalten weiterhin Morddrohungen, und es heißt, es sei ihnen unmöglich, sicher in die Altstadt zu gelangen. Wie der Bürgermeister am gestrigen Tag der Presse schilderte, betrachtet er die geplante Pressekonferenz als einzige Möglichkeit, der Bevölkerung zu beweisen, dass die Sicherheit zu jeder Zeit gewährleistet ist. Ob seine Worte sich bewahrheiten werden, wird sich im Laufe des Abends zeigen.

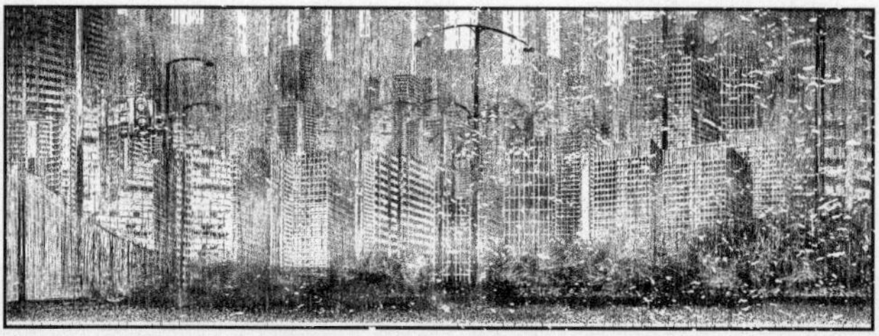

▲ Poster und Brandflaschen liegen willkürlich verstreut auf den verlassenen Straßen der Altstadt. (Foto: Antonio Vinte)

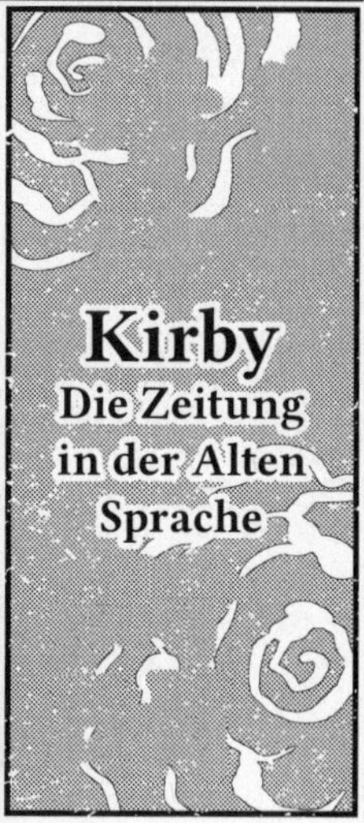

Armut in der Altstadt

Autor: Botticelli

Negative Auswirkungen der Maßnahmen des Bürgermeisters

Die vor 16 Jahren eingeführte neue Sprache wird noch immer von nur rund 40 % der Bevölkerung verwendet. In den letzten 16 Jahren tauchten nach und nach immer wieder Informationstafeln, Anzeigen und Dokumente in der neuen Sprache auf, doch die Lesefähigkeit der Stadtbewohner über 30 ist weiterhin niedrig. In der Neustadt werden Einkaufszentren und Gebäude, die Schriften der alten Sprache zieren, sukzessiv abgerissen, und an ihrer Stelle neue Gebäude errichtet, die ausschließlich Schriftzüge in der neue Sprache verwenden und erdbebensichere Strukturen aufweisen. In der Altstadt sind aufgrund des geringen Interesses derzeit keine entsprechenden Maßnahmen geplant. Andererseits beherrschen nur 5 % der 16-Jährigen oder jüngeren Generation die alte Sprache, da sie in den Schulen nicht mehr gelehrt wird. Eine Kluft zwischen den Altersgruppen scheint unvermeidbar.

△

Ziel ist eine 100%ige Verbreitung der neuen Sprache

Die neue Wirtschaftspolitik des amtierenden Bürgermeisters Grisaille Tenebrism, die sich vom ███ -System unabhängig machen soll, stößt bei den Bewohnern der Altstadt auf heftigen Widerstand. Nicht nur die Einkommensungleichheit nimmt weiter zu, auch die Nahrungsmittelverteilung ist in der Altstadt äußerst unzureichend. Bürgermeister Tenebrism behauptet, der Grund für die neue Politik sei, dass das aktuelle System das schlechte Wetter und die dunklen Wolken verursache. Als Beweis dafür verwies er auf den Vorfall von vor zehn Jahren, als der Notstopp des Systems zu einer beispiellosen wirtschaftlichen Stagnation führte, während sich das Wetter vorübergehend aufklärte. Er ist der festen Überzeugung, dass zwischen diesen Ereignissen ein Zusammenhang bestehe. Die ausgefallene Politik des Bürgermeisters zielt somit darauf ab, die Abhängigkeit vom System zu beenden und stattdessen dafür zu sorgen, dass sich die Stadt wie in der Antike selbst versorgt. Zusammen mit der Entwicklung der Altstadt wird über eine neue nationale Politik zur Errichtung einer großen Farm diskutiert, mit dem Ziel, die wirtschaftliche Stagnation so weit wie möglich zu begrenzen. Bis zur Fertigstellung der Farm wird die Gesellschaft auf das aktuelle System angewiesen sein.

Das Licht und die Finsternis der neuen Religion: Licht der Syzygie

Autor: Gustave Courbet

Die religiöse Organisation „Licht der Syzygie" lehnt sich gegen die gegenwärtige Regierung auf. Sind sie Terroristen oder Revolutionäre? Eine Dokumentation, für die der Autor sein Leben riskiert hat.

„Wie der Mond in Syzygie, wie sich ███ und ███ immer wieder wiederholen, wie Gott Tod und Wiedergeburt herbeiführt"

Leserinnen und Leser, es ist Zeit für den Triumph! Bereitet euch auf die Auferstehung Gottes und seinen Segen vor!

Religiöse Organisation: Licht der Syzygie

Unsere Gründerin ist Scuro Bonticelli, das Mädchen, das Gott mit einem Wunder segnete. Dieses Wunder manifestiert sich noch heute. Die Errettung aus den Leiden. Ein Lichtstrahl, der aus dunklen Wolken auf diese Stadt fällt. Wir haben ein Recht darauf, aus der Metempsychose des Leidens gerettet zu werden. Nun wird offenbar, dass die ███ Worte, die Scuro hinterlassen hat, lauteten: ███

Informationen zum Beitritt findet ihr hier: ███ ███

Vor zehn Jahren schockierte ein Mädchen die Welt mit ihren übernatürlichen Fähigkeiten. Ihr Name war Scuro Bonticelli. Ist unsere Erinnerung an sie das Ergebnis einer Gruppenhypnose? Existierte sie tatsächlich? Diese Sonderausgabe soll die Wahrheit ans Licht bringen.

Ist das Wundermädchen real?

Autor: Eugène Delacroix

Kirby Verlag 1.000 Yen (zzgl. MwSt.)

COFFEE MOON

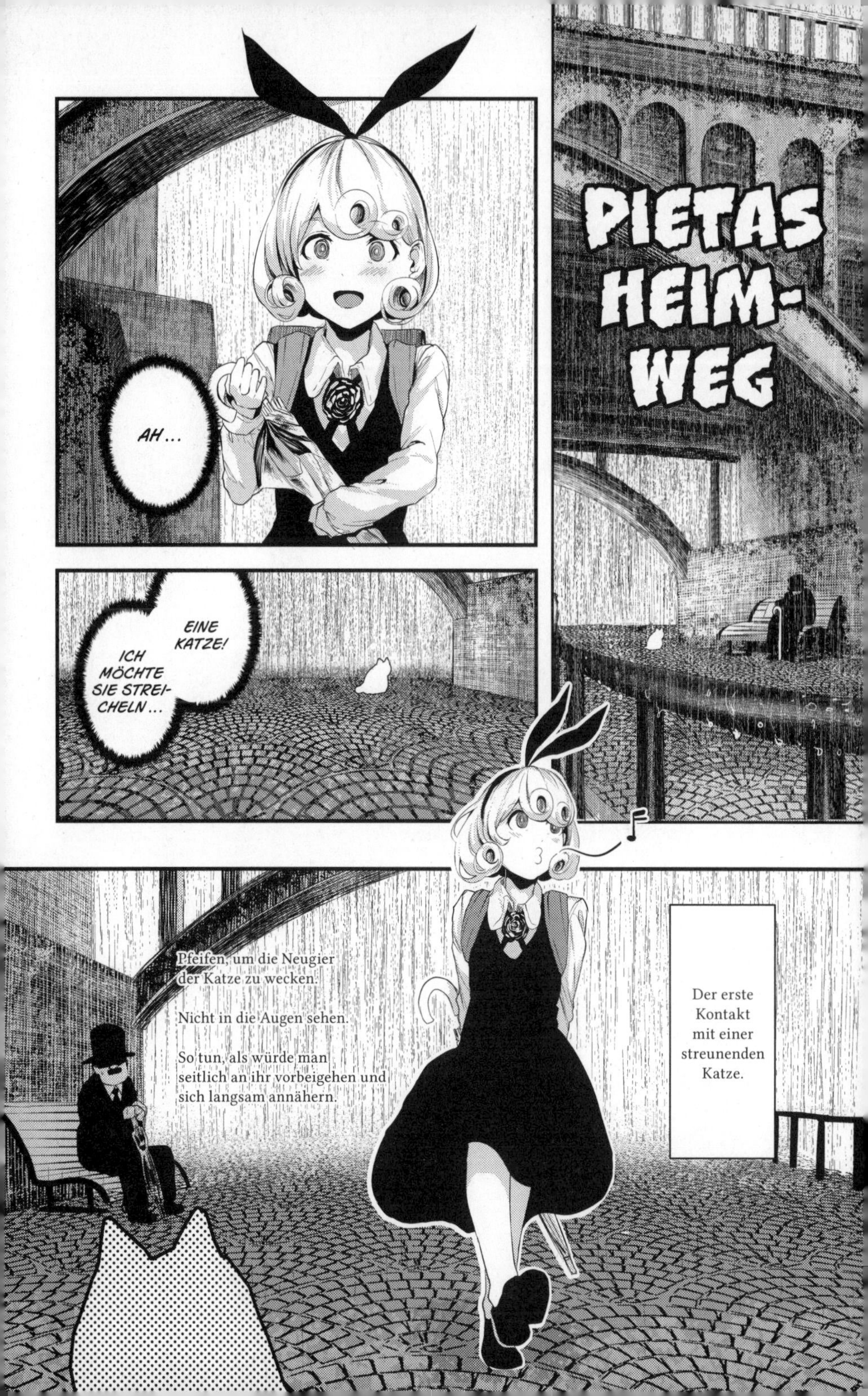
PIETAS HEIM-WEG
AH ...
EINE KATZE!
ICH MÖCHTE SIE STREI-CHELN ...
Der erste Kontakt mit einer streunenden Katze.
Pfeifen, um die Neugier der Katze zu wecken.
Nicht in die Augen sehen.
So tun, als würde man seitlich an ihr vorbeigehen und sich langsam annähern.

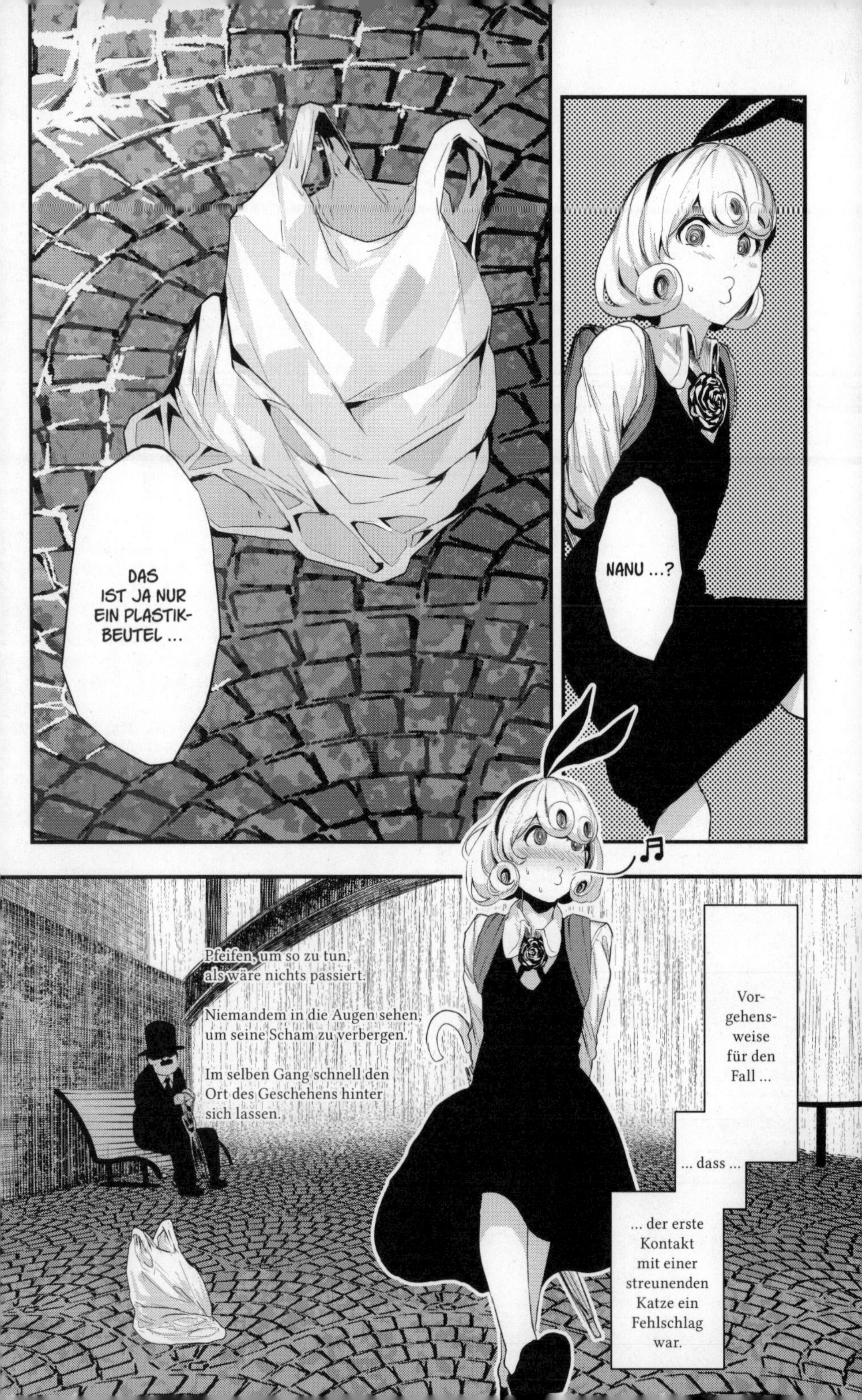
NANU …?
DAS IST JA NUR EIN PLASTIK-BEUTEL …
Vor-gehens-weise für den Fall …
… dass …
… der erste Kontakt mit einer streunenden Katze ein Fehlschlag war.
Pfeifen, um so zu tun, als wäre nichts passiert.
Niemandem in die Augen sehen, um seine Scham zu verbergen.
Im selben Gang schnell den Ort des Geschehens hinter sich lassen.

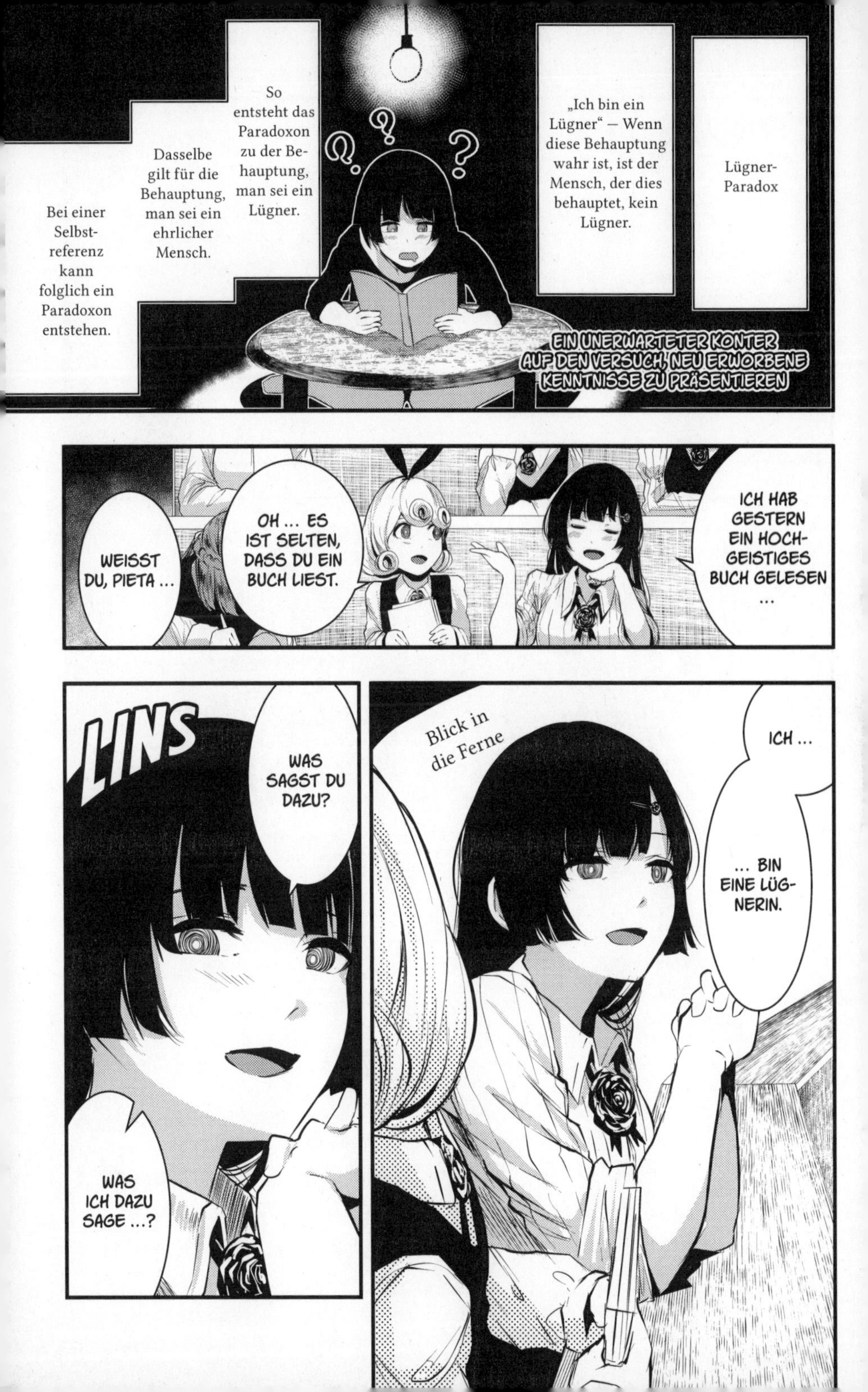
Lügner-Paradox
„Ich bin ein Lügner“ – Wenn diese Behauptung wahr ist, ist der Mensch, der dies behauptet, kein Lügner.
So entsteht das Paradoxon zu der Behauptung, man sei ein Lügner.
Dasselbe gilt für die Behauptung, man sei ein ehrlicher Mensch.
Bei einer Selbstreferenz kann folglich ein Paradoxon entstehen.
EIN UNERWARTETER KONTER AUF DEN VERSUCH, NEU ERWORBENE KENNTNISSE ZU PRÄSENTIEREN
ICH HAB GESTERN EIN HOCHGEISTIGES BUCH GELESEN …
OH … ES IST SELTEN, DASS DU EIN BUCH LIEST.
WEISST DU, PIETA …
ICH …
… BIN EINE LÜGNERIN.
Blick in die Ferne
LINS
WAS SAGST DU DAZU?
WAS ICH DAZU SAGE …?

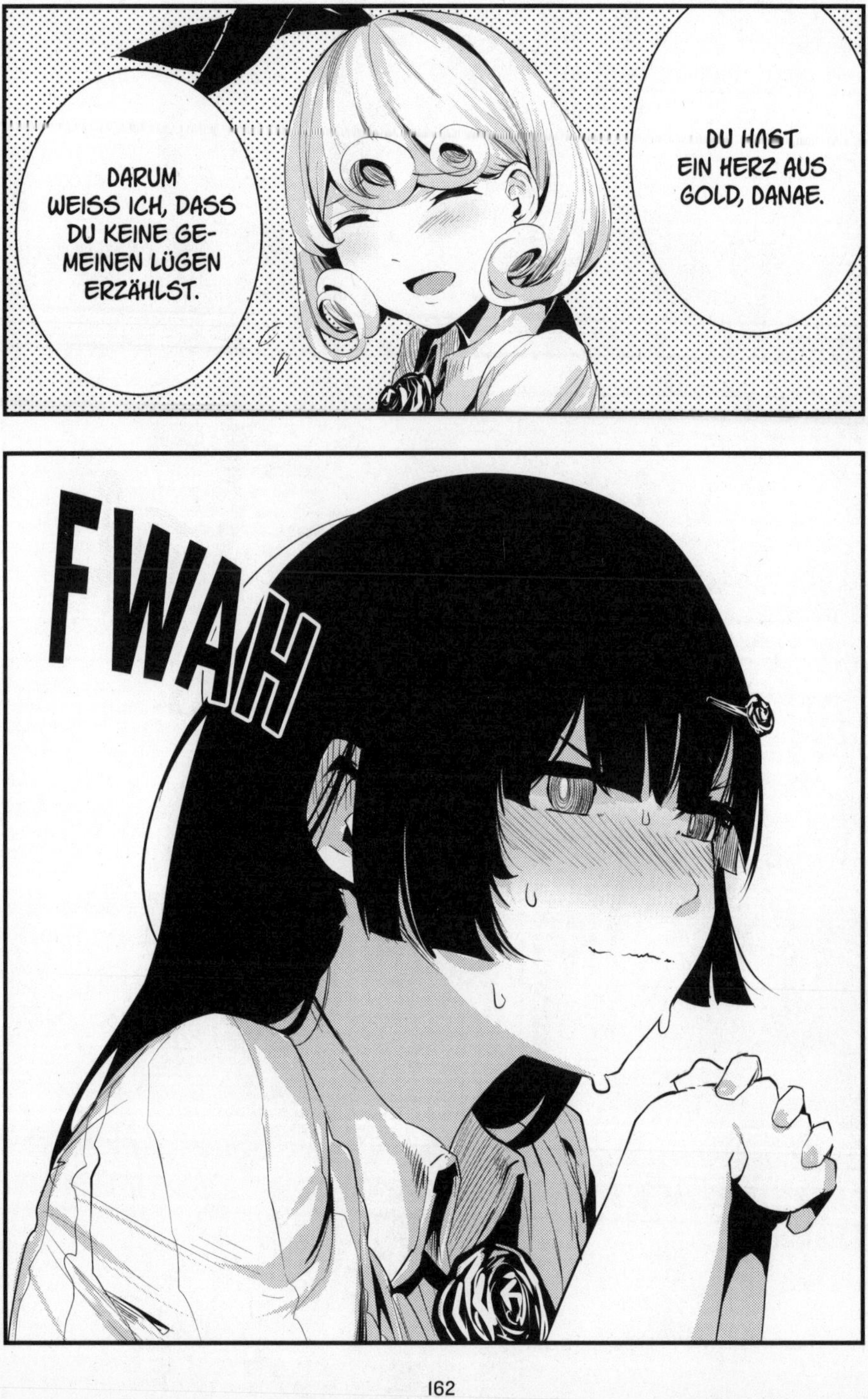
DU HAST EIN HERZ AUS GOLD, DANAE.
DARUM WEISS ICH, DASS DU KEINE GEMEINEN LÜGEN ERZÄHLST.
FWAH

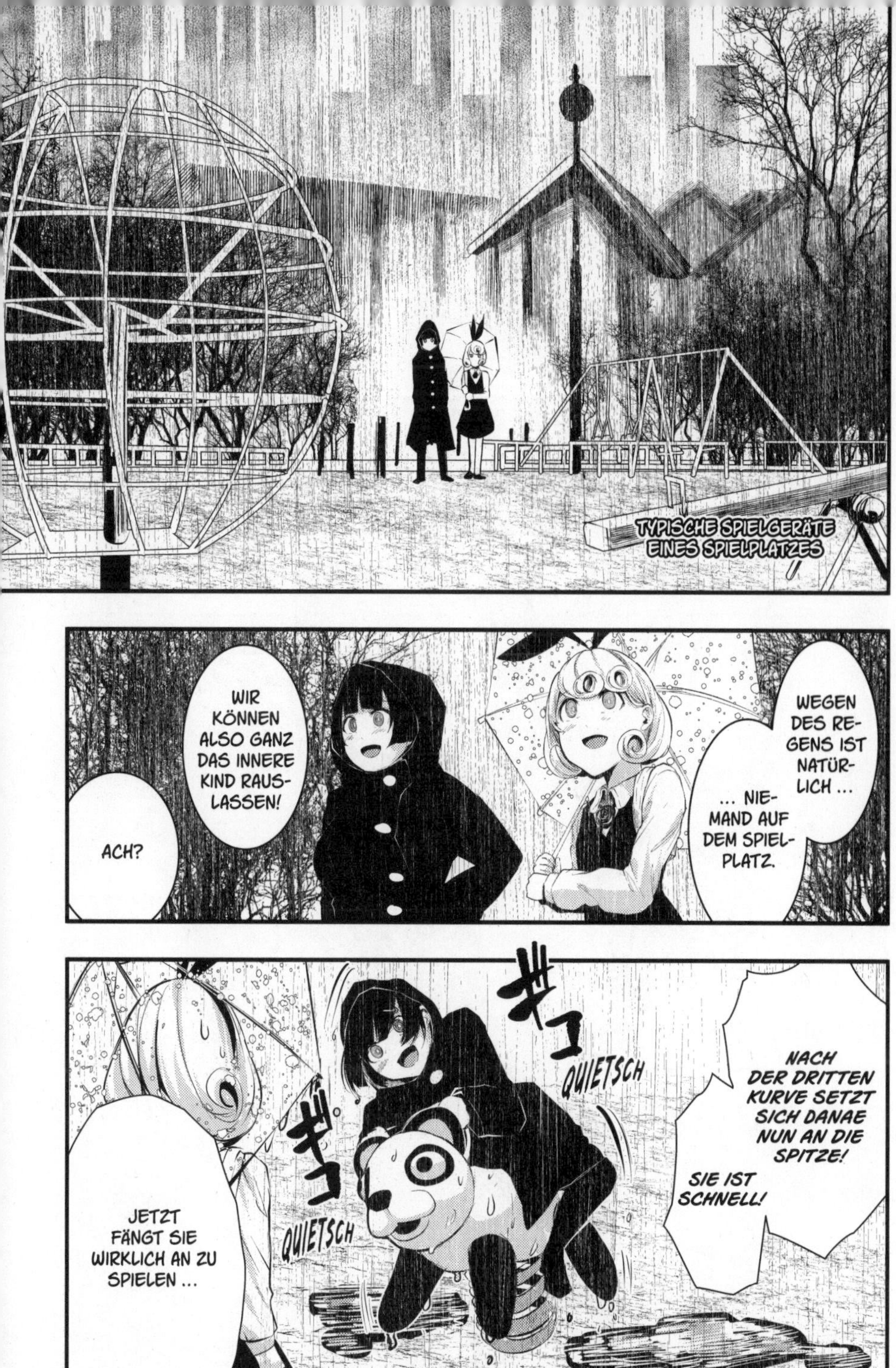
TYPISCHE SPIELGERÄTE EINES SPIELPLATZES
WEGEN DES REGENS IST NATÜRLICH …
… NIEMAND AUF DEM SPIELPLATZ.
WIR KÖNNEN ALSO GANZ DAS INNERE KIND RAUSLASSEN!
ACH?
NACH DER DRITTEN KURVE SETZT SICH DANAE NUN AN DIE SPITZE!
SIE IST SCHNELL!
QUIETSCH
QUIETSCH
JETZT FÄNGT SIE WIRKLICH AN ZU SPIELEN …

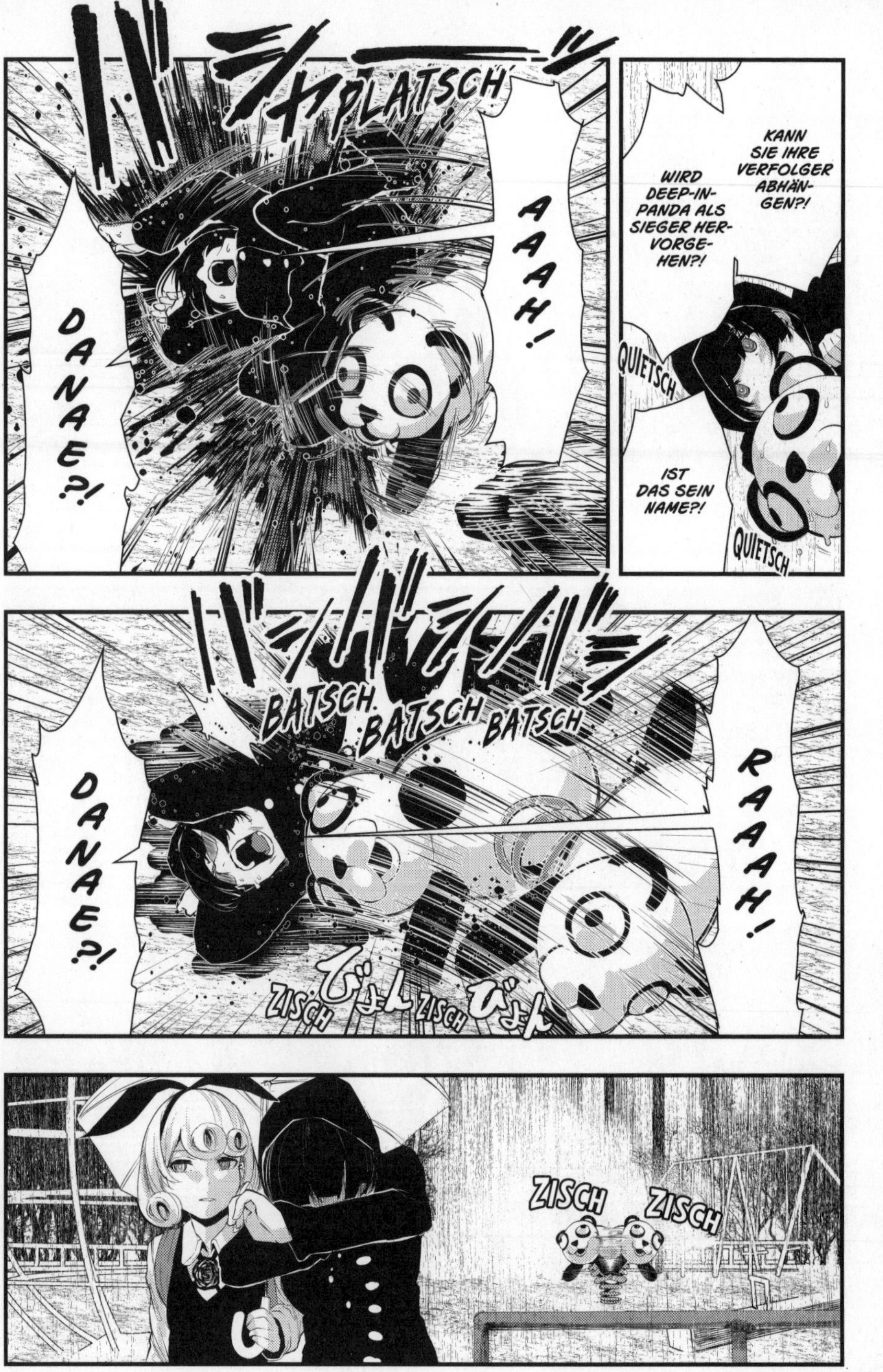

KANN SIE IHRE VERFOLGER ABHÄNGEN?!
WIRD DEEP-IN-PANDA ALS SIEGER HERVORGEHEN?!
QUIETSCH
IST DAS SEIN NAME?!
QUIETSCH
PLATSCH
AAAAH!
DANAE?!
BATSCH BATSCH BATSCH
RAAAAH!
DANAE?!
びょん ZISCH びょん ZISCH
ZISCH ZISCH

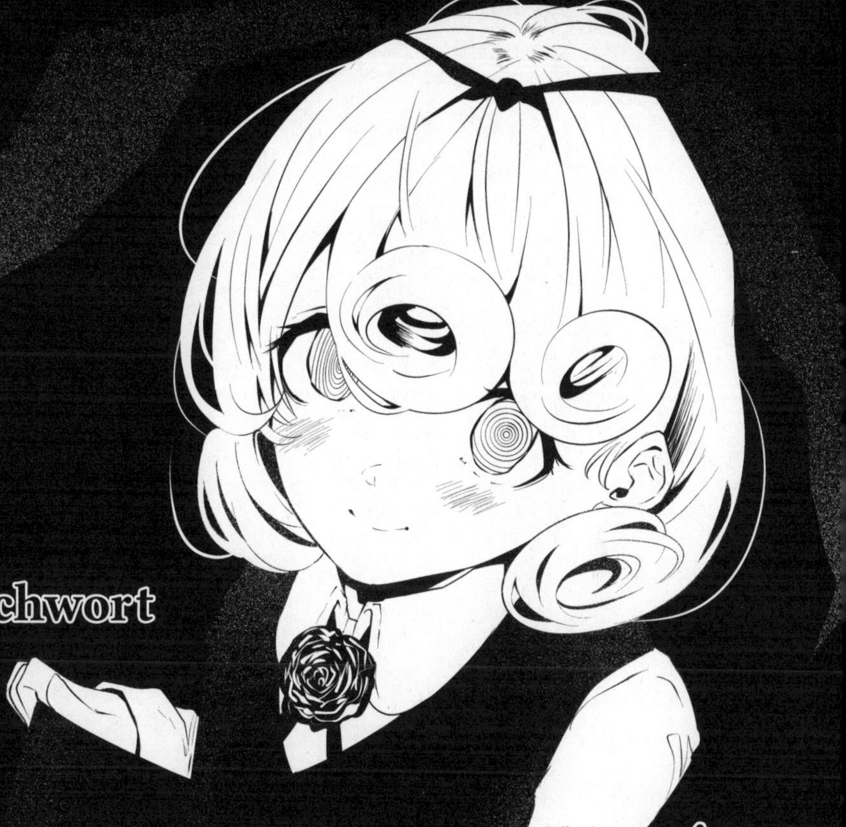

Nachwort

Guten Abend. Hier schreibt Mochito Bota.
Vielen Dank, dass ihr den ersten Band von
Coffee Moon zur Hand genommen habt.

Ich habe schon länger an anderen Manga gearbeitet und war manchmal frustriert, weil die Ideen, die mir in den Sinn kamen, nicht hineinpassten. Doch diesmal habe ich die Gelegenheit bekommen, sie zu verwirklichen – und daraus ist Coffee Moon entstanden.

Seit ich angefangen habe, diesen Manga zu zeichnen, frage ich mich jedoch, wem und auf welche Weise er wohl Freude bereitet.
Ich danke Redakteur S für das Umsetzen meiner vagen Ideen.
Danke auch an die Redaktion der Dengeki Maoh für die Zustimmung, danke an den Designer für die sorgfältige Aufmachung und danke an die Druckerei, die sogar dem feinen Regen Ausdruck verliehen hat.
Ich danke allen, die an diesem Buch beteiligt waren.

Vielen Dank auch an Dich und alle anderen Leserinnen und Leser von Coffee Moon. Vielen herzlichen Dank!

STOPP!

STOPP! DIES IST DIE LETZTE SEITE!

COFFEE MOON ist ein Manga, und einen japanischen Comic liest man von hinten nach vorne. Auch die Lesereihenfolge der Bilder und Sprechblasen auf den Seiten ist anders als gewohnt: von rechts oben nach links unten.

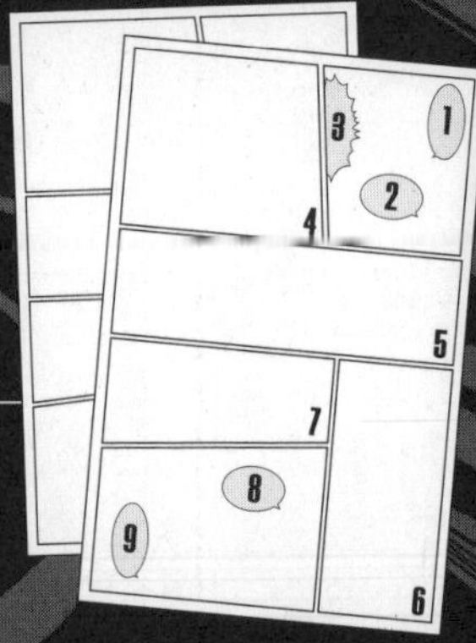

COFFEE MOON 01

von
Mochito Bota

1. Auflage, 2024
Deutsche Ausgabe/German Edition

Verlagsleitung: Andreas Mergenthaler & Luciana Bawidamann

Aus dem Japanischen von Nana Umino

First published in Japan in 2020 by KADOKAWA CORPORATION, Tokyo.
German translation rights arranged with KADOKAWA CORPORATION, Tokyo through TUTTLE-MORI AGENCY, INC., Tokyo.
Original Cover Design: Yukinobu Ito

Programmleitung: Alexandra Grimsehl
Redaktion & Lektorat: Natalia Pankeew
Korrektorat: Denise Hedrich
Grafik/Produktionsleitung: Elke Epple
Layout und Lettering: Manga Cult, Datagrafix GSP GmbH, Berlin
Druck: GGP Media GmbH, Pößneck

Print-ISBN: 978-3-7573-0354-9

www.manga-cult.de | August 2024